The Research on the Rhyme System of
the Jin Dynasty Chinese Language

金代汉语韵系研究

刘云憬 ◎ 著

东南大学出版社
SOUTHEAST UNIVERSITY PRESS
· 南京 ·

图书在版编目(CIP)数据

金代汉语韵系研究 / 刘云憬著. — 南京：东南大学出版社，2023.12
 ISBN 978-7-5766-1050-5

Ⅰ.①金… Ⅱ.①刘… Ⅲ.①古汉语-音韵学-研究-金代 Ⅳ.①H11

中国国家版本馆 CIP 数据核字(2023)第 251771 号

责任编辑：贺玮玮 陈 佳　　责任校对：子雪莲　　封面设计：王 玥　　责任印制：周荣虎

金代汉语韵系研究
Jindai Hanyu Yunxi Yanjiu

著　　者	刘云憬
出版发行	东南大学出版社
出 版 人	白云飞
社　　址	南京市四牌楼 2 号　邮编：210096
网　　址	http://www.seupress.com
经　　销	全国各地新华书店
印　　刷	江苏凤凰数码印务有限公司
开　　本	787 mm×1092 mm　1/16
印　　张	17.25
字　　数	340 千字
版　　次	2023 年 12 月第 1 版
印　　次	2023 年 12 月第 1 次印刷
书　　号	ISBN 978-7-5766-1050-5
定　　价	69.00 元

本社图书若有印装质量问题，请直接与营销部联系，电话：025-83791830。

序
近代语音史的一块关键拼图

汉语语音史是一项宏大的学术工程,对它的研究可以上溯到宋代。当宋儒对《诗经》《楚辞》押韵中的特殊语音现象展开研究的时候,先秦文献中的古韵现象就受到前所未有的关注,传统的古音学就此诞生。当时的研究者已经有了古音、今音两大概念。当他们指点诗骚音叶、谈古论今的时候,语音史的理念亦已隐于其中。不过,当时的古音既指先秦两汉音,又羼杂古体诗或仿古诗的用韵,常常真伪混杂,内涵模糊不清。相对而言,将切韵音及有韵书以来的语音通视为"今音",其范围就要清晰多了。不过,在今天看来,凭韵书来界定"今音",显然并未把握住时代特征,非常不妥,但这个"今音观"却在相当长时间里深入人心,几乎没有人怀疑。比如十九世纪中叶,清儒研究已经距"今"一千二百余年的《切韵》音系时,仍称之为"今音",就是一个明证。直到民国初年(1912年),随着《中原音韵》的语音价值被发现、被研究,才发现原来传统的"今音",其实应当分立为中古音、最初称为北音后来定为近代音这两大时段。至此,近代语音,这个曾长期附着于"今音"之中的历史语音阶段,才脱离附庸状态得以独立,成为语音史一个重要组成部分。随着上古音(《诗经》与《说文解字》谐声系统所代表的音系)、中古音(《切韵》音系)以及近代音(《中原音韵》音系)等各个时代音系渐成规模,汉语语音史的分期大致确定,现代音韵学汉语语音史的全景框架得以整合完成,形成一幅瑰丽浩大的长轴画卷,其宏伟之规模于焉大定。

然而框架所框定的时空范围既宽广又久远,借用梁启超的名句,可谓是"纵有千古,横有八荒"。"八荒"之内语言流淌的音符是如此之绚丽多彩,"千古"以来语音演变之进程又是如此之跌宕起伏,真所谓浩浩汤汤,一泻汪洋矣!处身于如此浩瀚流淌的语音长河之中,框架中各分期的音系也就只是各个历史时代的坐标而已,并不能涵盖时代的全部语音现象,更无法动态地直接展示其历史演变的复杂进程。这就意味着,框架初构之时,这部气势恢宏的长轴画卷之内其实留存着太多的空白,亦即曰框架之中内蕴有巨大的研究空间。

自兹厥后以迄于今,百有余年,数代学者殚精竭虑,孜孜矻矻,努力考求各个时代语音之全貌,疏理时代分期之关联,辨析语音演变之进程,探求音变发展之走向,描写语音细节之详情，或索隐钩沉，或考证推演，或精绘细描，或挥毫泼墨，以期这部纵贯数千年之久的皇皇史卷能够渐臻于充实与完善。

毫无疑问，最为后出、研究时程尚浅的近代时段，存留空白最多。只要将公元六世纪末七世纪初的《切韵》音系与十四世纪前期的《中原音韵》音系稍作比对，中古、近代语音变化之甚之巨，即赫然可见。尤以韵部变异为突出，姑看下面这组数字：从《广韵》的61韵类150多个韵母到《中原音韵》的19韵类40多个韵母，数量的大起大落，称之为翻天覆地亦不为过。变化如此之大，绝不可能一蹴而就。可以想见，自隋唐五代而宋而元，绵绵七百余年间，必有诸多的发展阶段、过渡环节，犹如画卷中间横亘着的一块块拼图空档，需要学者们持续地去发掘、去考证、去完善、去填充。故此，前辈时贤从诗文用韵入手，探求隋唐以至于宋元语音中的实际韵部系统的变化，以补足其空白、填充其拼图。

李荣《隋韵谱》（1961、1962）穷尽有隋一代诗文用韵，系联韵脚，归纳隋代韵部系统，填充了隋代这块拼图。隋韵，这个四声分押、基本没有跨摄通押的韵系，大致保持了切韵的规模，成为中古向近代音变的起点。随后周祖谟先生《敦煌变文与唐代语音》（1980）、鲍明炜《唐代诗文韵部研究》（1990）以及一大批学者的唐五代三个世纪的诗文用韵研究成果填充了唐代的部分。诸家成果显示了自隋之后近三百年之间，韵部一步一步简化合并的进程，从初盛唐29部到中晚唐23部，发展的大势逐渐形成，迈向近代的步伐愈益稳健。其后之宋辽金夏，初有魏建功《辽陵石刻哀册文中之入声韵》（1936）、周祖谟先生《宋代汴洛语音考》（1942）等论著，开拓了宋辽金用韵的研究领域；继有鲁国尧先生专注于最能反映宋代实际语音的宋词用韵研究，自二十世纪六十年代至二十一世纪之初，历三十余年笔耕不辍，终于从宋词用韵考明宋代通语18韵部系统，辅之以一大批学者宋诗词文用韵研究的成果，宋韵18部系统遂成定论，填入了唐音之后、元音之前举足轻重的一块。

以数量而言，宋韵较《中原音韵》的19部仅少1部，宋元相继，看似一步之遥，然实际情况并非如此简单。细核宋、元两个系统，真正相同的韵部其实只有10部，可见两者有很大的不同。不同诸部的差异，概言之有三：一是宋音有完整入声韵的共4个韵部，《中原音韵》入声韵已然消失。二是宋代18部中来自假摄、山摄、咸摄舒声的麻车部、寒先部、监廉部3部，在《中原音韵》中以洪细开合为条件分立为7个韵部。三是《中原音韵》出现了代表后代舌尖元音的、来自止摄开口及部分蟹摄开口的细音、齿音的支思部，这是近代语音的一个标志性音变，尤为重要。而宋代18部中混合止蟹二摄细音以及蟹摄合口一等组成的齐微部，其中并无任何舌尖元音的信息。系统上的三大差异，其实反映了不同层次的音变。其中有的可以肯定属于从宋到元音变的直接源头，如入声韵归入阴声韵的变化，大概经历了由唐而宋入声韵尾逐渐弱化，再由宋而元消弭的过程，既顺势而为亦顺理成章。但有的音变前后关联并不明晰，如宋韵麻车部在元韵中以洪细分解为车遮、家麻两部，但在宋代韵文中找不出征兆，难以遽定为元代音系二者分化之直接源头。更加困难的就是作为近代音变重要标志的支思韵，宋代韵系无法提供任何音变发生的有效信息。由宋入元，短短时间怎么就毫无征兆地冒出来一个在后续发展中非常重要的支思部呢？由此看来，宋代通语韵系恐怕还不是《中原音韵》音系的直接源头，从宋到元之间必定还有一块拼图。

从上文简单疏理的近代前段的韵部演变史，我们已经可以清楚地看到，经过隋、唐五代、宋三个阶段的考证与研究，虽然从中古《切韵》到近代《中原音韵》的宏伟画卷渐次接近完成，但仍差一块拼图，而且这无疑是中古韵系发展到近代韵系诸环节中的最后一环，"万事俱备，只欠东风"，这块拼图自然而然地成为这段历史长卷的一块关键拼图。我们欣慰地看到，经过学界自二十世纪后期迄于今的半个多世纪的不懈努力，这块关键拼图将随着刘云憬《金代汉语韵系研究》（下文简称为刘著）的面世而填充完成。

所谓"半个多世纪的不懈努力"，是说前辈学者很早就发现了这块空档，并已经着手研究、填充。研究的对象就是金代（1115—1234年）119年的诗文用韵。为什么是金代？这是因为既然《中原音韵》代表的是"北音"，则要补足这块拼图，仅有不分南北的宋韵是不够的，还需要到与南宋对峙的北方金朝旧地去窥探蛛丝马迹。最早想要打通唐宋金元韵系的是罗常培先生，他曾设想撰写《唐五代宋金元词韵谱》，一举解决从唐到元几百年间北音韵系演变的问题。惜天不假年，罗先生仅做了一些资料摘录就逝世了（参见《鲁国尧自选集》137页）。鲁国尧先生踵武前贤，在全面研究宋词韵的同时下探金元词韵，相继研究了元好问、白朴、张可久等金元词人的用韵，发现宋韵的支微部到了与南宋对峙的金朝诗人笔下，开始分解为支思、齐微两个部分使用。号称"音节则为中州之正"的元好问（1190—1257）尤为突出，如元好问词押支思部6次、齐微部12次，诗押支思部30次、齐微部43次，此疆彼界，了不相涉。元、白、张等都是《中原音韵》产生之前的北人，活动地域主要在今山西、河南、河北、山东一带，故可反映北方中州之音。鲁国尧先生（1991）由此推论："我们揣测在13世纪初年北方汉语发生了较大的变化，元好问的词韵（及其近体诗韵）是反映这种变化的较早的可靠证据……至14世纪终以周德清的《中原音韵》而集大成。"此后，又有李爱平、耿志坚、丁治民、黎新第、崔彦、陆华等或就某些金元词人、诗人的用韵进行研究，或就金代词曲某些具体问题进行考述，或就全金诗用韵作出归纳，不一而足，结果是"13世纪北方汉语"中的韵部系统发生的"较大变化"，陆续从不同的角度、不同的方面，得到了考察、论述和展示。现在，刘著穷尽考察金朝诗、文、词、曲四种有韵之文的全部用韵材料，归纳出整个金代汉语的韵系，提供了北音韵部系统由宋到元发展最后一段里程的有效信息，终于在前人研究的基础之上，基本完善或填充了由中古到近代之间的一块关键拼图。

刘著的目的是建立整个有金一代的跨越文体的通用韵部系统，故称之为全金韵系。其具体操作是先分后合、由分而合。先分别归纳出全金诗韵 19 部、全金词韵 17 部、全金曲韵 12 部和全金文韵 16 部，获得金代四种有韵之文各自的韵部系统。在这个基础上，参考金代韵书《五音集韵》及《四声等子》，比对异同，辨析音理，尽可能消除因文体与押韵规则等人为因素造成的用韵偏差，剥离异质，去伪存真，综合提纯形成金代汉语韵系 15 部，内含阴声韵 8 部，阳声韵 7 部，无入声韵。与宋韵相较，显而易见的变化是这个韵系中所有入声字均归入阴声韵，宋韵中的入声 4 部至此消失，由此宣告自唐以来入声韵舒声化的音变在北音中初步完成。前文所说的宋代韵系难以看出的麻车部洪细分化，在这里已经清晰出现，此一事实足以说明中古假摄的二、三等分韵乃宋元通语北音的变化，与南音无涉。又有宋韵中来自山摄的寒先部、来自咸摄的监廉部，在金韵系出现了非常清晰的洪细分组倾向，表明元代韵系中的寒山韵、先天韵及监咸韵、廉纤韵的分立，此时已具雏形。更为重要的是，宋代韵系中无法提供演变信息的支思部，在鲁国尧先生提出金代代表词人用韵的证据之后，进一步在"全金韵系"中清晰地显现出概貌。虽然韵系中原支微部中的开口三等齿音字仍有部分与其他声组字混押，还没有完全达到此疆尔界、判然两分的地步，但其内部自押已成体系，尤其在曲韵中更是如此。刘著将它们称为支微部中的支思组，而将其他声组的字称为齐微组，以示区别。关于支思组，刘著做了三项关键的工作。一是细致统计了押支思组的韵段数，即有多少个韵段押支思组、多少个韵段押齐微组、多少个韵段两组混押等等。二是入韵字数，即专押支思组、专押齐微组、两组混押的字表及其入韵统计，通过数据说明两组的分组倾向。三是将金元所谓的"北戏"与宋元南戏中支思组字入韵的数据进行对比，考察支思组在南、北两地的实际表现，借以了解支思组的空间分布，以探求音变起源的具体方域。南、北比较的结果是支思组字的内部自押北多南少，作者由此提出"《中原音韵》支思部的崛起和壮大是从北方汉语开始的"的观点。我认为，这个观点是有充分的事实根据的。从上可见，刘著跨越诗文词曲归纳金代通用韵系，不但首次考明了金代百余年的用韵系统，而且给大多数元代韵系的音变找到了直接源头。我们能够看到宋韵系中没有显示或情况尚不明朗的一些近代音变，在全金韵系中有了充分的表现，自然而然地与《中原音韵》韵系形成直接的接轨，显示出宋韵、元韵之间的过渡性阶段特征。至此，中原音韵的 19 韵，除来自山摄合口一等的桓欢韵外，都在全金韵系中找到了直接源头或初萌形态。而桓欢韵的建立是否基于北音，学界早有质疑。全金韵系显示的语音事实似乎更加有利于"桓欢韵与作者周德清的方音有关"的观点。这一切无疑都体现了刘著的学术价值。

除语音史的价值外，我认为刘著还有两个值得称道的地方。

一是下大力气穷尽材料。要建构全金韵系，就要收集所有的金代有韵之文，要一网打尽，没有遗漏。不用说，这项工作的体量是巨大的，尤其是以一人之力完成，困难之大可以想见。但我们从刘著中看到，这个工作做得相当全面而细致。所收诗词数量在书中都有准确的记述：诗韵方面，收 531 位诗人 12 000 首诗歌，其中近体 8 896 首，古体 3 104 首，共计 13 311 个韵段；文韵方面，收录金代有韵之文 328 篇，其中赋 34 篇，乐章 12 首，骚 1 首，箴 1 篇，铭 36 篇，赞 44 篇，上梁文 9 篇，碑铭 42 篇，墓志铭 149 篇，共 1 031 个韵段；词韵方面，收录金词共 3 569 首 3 892 个韵段，又对其中口语程度很高的全真道教词 2 424 首的用韵作了专题研究；曲韵方面，收录金代诸宫调与散曲，共计 14 个宫调 229 个曲牌 734 个韵段。之所以不惮其烦地一笔一笔抄录数字，就是要说明，做这项研究涉及面广，资料浩繁。也正是这样不畏繁难，详尽地考察各类韵文的用韵，系联韵脚字，归纳押韵系统，才首次全面提供了金代用韵的第一手材料，为学界获取汉语语音历史长河中金代时段的韵部材料以及当时通语、方言的相关语音信息打下了坚实的基础。

二是方法上，汇集不同文体的押韵系统以形成时代韵系方面的尝试。我们知道"诗""词""文""曲"四种有韵文体，押韵有不同的规则与要求，又有各种人为因素羼杂其中，所以系联韵脚形成的韵部系统各不相同。它们都能反映实际语音，又都不能反映全部实际语音。这就需要进行各种文体的用韵传统和用韵规则的考察，去除人为因素，消除文体规则的影响，来最大限度地获取当时实际语音的信息。刘著结合金代编订的韵书，比较四种文体用韵的共性与特性，去除因文体、方言以及用韵习惯、规则等带来的用韵差异，求其大同存其小异，归纳并构拟金代即近代前期通行于北方的通语韵部，成功地获得了金代实际语音的韵部系统。这种针对同一时代多个不同韵系作共时比较以获取时代通用之韵系的综合研究方法，刘著首次加以使用，可以说是一种有益尝试。

当然刘著也有某些遗憾，诸如考察和论述之中偶有不甚清晰的地方等等，但我觉得最大的遗憾是没有提供全金韵系的韵谱，使得具体材料难窥全貌。这当然是受篇幅限制的缘故，作者手头是有这个巨大韵谱的，只是篇幅不允许其全面展示。我想，是否可以在今后，就某些北音专题，比如"从支思组到支思部""假摄的洪细分部"等问题，再作细致、全面的专题考察与讨论，以金代北音为核心，纵论这些韵部在近代北音中的发展进程,在全面揭示具体韵部演变进程的同时,展示具体语言材料,以充实并完善音变过程的全貌及细节,使整个近代语音史更加丰满。

刘晓南

复旦大学教授,汉语言文字学专业博士生导师

前 言

十三世纪，由于少数民族政权入主中原，汉族和各少数民族之间发生着语言与文化的交流及融合，汉语也在悄无声息地发生着变化。至周德清《中原音韵》面世的时候，这种变化基本上大局已定。正处于这种变化过程之中的金朝，作为元朝之前的一个朝代，1115年建国，1127年入主中原，1234年灭亡。这一百多年的异族统治，以及少数民族语言的侵入给当时的汉语带来了怎样的影响？本书就是要在综合考察金朝时期诗、文、词、曲用韵的基础上显现这一时期北方汉语的总体情况，窥测《中原音韵》之前北方汉语通语的状态，补全从《切韵》系统经过宋代通语十八部到《中原音韵》十九部中间一段过渡时期的语言空白。

虽然，在金代用韵方面，前人已经作过一些研究，比如崔彦、耿志坚等学者对金代诗歌用韵作过一些研究，鲁国尧先生、李爱平先生对金词用韵作过一些研究，黎新第、廖珣英等先生都对金曲用韵作过一些探讨。但是，从诗、文、词、曲各个方面对金朝的用韵材料进行全方位研究并在此基础上对金代北方汉语通语的面貌做出整体探索的工作还从未有人做过，本书就是要在这方面做一些努力。

本书分为六章，第一章为绪论，先探讨女真族的历史，金朝的统治政策、文化政策、科举制度以及文学分期发展，然后探讨金朝用韵研究的现状，最后介绍研究金代有韵文体所用的材料和研究的方法。第二章金代诗文韵部系统，主要探讨金代诗、文用韵。第三章金代词曲韵部系统，主要考查金代词和散曲诸宫调的用韵情况，特别探讨了全真道教词，并对比考察了金代北曲用韵、宋元南曲用韵以及《中原音韵》的区别与联系。第四章金代北方汉语通语探析，先介绍金代北方汉语通语的形成背景，然后介绍金代编订的韵书所反映出的当时实际语音的情况，之后在考察诗、文、词、曲四种韵部系统的基础上，结合金代韵书反映出的当时实际语音的情况，确定金代北方汉语通语的韵部系统，并考察这个韵部系统在近代语音史中的地位。第五章主要探讨一些特殊韵脚字和特殊用韵。特殊韵脚字也是语音史研究的重要内容，因为它从一个一个字音的点折射出语音变化的情形，且更加详细而具体。因为方音、用韵习惯以及泥古的影响，文学作品的用韵中总会有一些特殊用韵出现，那么这些特殊用韵的出现到底是什么原因呢？我们要在这一章做出一些探讨。第六章为结语。

本书综合考察了金代诗、文、词、曲四种文体的用韵材料，参照《广韵》韵目标注韵脚字。先系联韵脚字，然后通过计算独用、通押等的比例来确定韵部的分合，我们采用刘晓南先生判断韵部分合的标准，一般通押在10%以上就可以认为两个韵部已经合并（特殊情形除外）。通过系联，我们得到金诗十九部的韵部系统，包括歌戈部、家车部、鱼模部、皆来部、支微部、萧宵部、豪肴部、尤侯部、监廉部、侵寻部、寒先部、真文部、江阳部、庚青部、东钟部、屋烛部、觉铎部、德质部、月帖部；得到金文十七部的韵部系统，包括歌戈部、家车部、鱼模部、皆来部、支微部、萧豪部、尤侯部、监廉部、寒先部、侵真部、江阳部、庚青部、东钟部、屋烛部、觉铎部、德质部、月帖部；得到金词十七部的韵部系统，包括歌戈部、家车部、鱼模部、皆来部、支微部、萧豪部、尤侯部、侵寻部、寒覃部、真文部、江阳部、庚青部、东钟部、屋烛部、觉铎部、德质部、月帖部；得到金曲十二部的韵部系统，包括东钟部、江阳部、寒覃部、侵庚部、支微部、鱼模部、皆来部、萧豪部、歌戈部、家麻部、车遮部、尤侯部。

以上述四个韵部系统为参照，通过对它们的比较综合，并结合金代编订的韵书《校订五音集韵》《四声等子》等反映出来的当时语音的实际情况，我们得到一个完整的金代北方汉语通语十五部的韵部系统：歌戈部、家麻部、车遮部、鱼模部、皆来部、支微部、萧豪部、尤侯部、监廉部、侵寻部、寒先部、真文部、江阳部、庚青部、东钟部。这个韵系最大的特点有：家麻部、车遮部的分立；支微部中支思组的独立性加强；寒先部中洪细分组的趋势渐趋明朗；入声派入三声（在探讨金代各种有韵文体的韵系时，独立的韵部我们称为"部"；讨论韵部内部情况的时候，《中原音韵》中的分部我们称之为"组"，比如寒先部中的先仙组和寒山组，支微部中的支思组与齐微组等）。

1. 与宋代通语十八部中家车部的麻二、麻三没有分成两类的现状相比，金代北方汉语通语中家麻部与车遮部已经分立，但是车遮部中包含的韵字还比较少，到《中原音韵》时期，车遮部中的字已经大大增加。

2. 在宋代通语十八部中还没有看到支思部的影子，但是在金代北方汉语通语中，支思组虽然还不能够独立，但是独立的趋势已经非常明显，而到《中原音韵》时代，支思部与齐微部的界限已经非常分明。本书对金代曲韵进行了详尽的考察，在支微部中参照《中原音韵》的韵部情况，从支思组与齐微组的入韵比例、支思组入韵字及出现的频率、两押的频率以及倾向等方面展开讨论，以探讨金曲中支微部支思组的独立情况以及它与齐微组的关系。从入声的保留与否、入声派入阴声韵的情况、入声韵的分派情况与《中原音韵》的差别等方面对金代曲韵中入声的情况进行了详尽的考察。

3. 寒先部内部的洪细分化虽然在一些方言的内部已有发生[①]，但是在整个宋代通

---

① 刘晓南《宋代四川语音研究》，北京大学出版社，2012，89-90页。

语中还没有看到端倪，而在金代北方汉语通语中分化已经非常明显，先仙元细音组已经表现出强烈的独立趋势。到《中原音韵》时代，寒先部的内部根据洪细弇侈进一步细分成了三部。

4. 宋代通语十八部中，入声已经由《广韵》的三十四部合并成了四部，而在金代北方汉语通语中，这四部也没有了，入声已经分部派入了阴声，分派的规则和规模与《中原音韵》大致相同，只是在有些字的分派上还有些摇摆不定，表现为入声演变已经接近尾声，但还没有最终完成的状态，而在《中原音韵》中，入派三声的演变已经完成。由此可以看出金代北方汉语通语处于由宋代通语音系到《中原音韵》音系的过渡状态，近代北方汉语的一些语音特点在这个音系中已经开始出现并逐渐发展起来。

目　录

| 第一章　绪论 | 001 |

第一节　女真族的历史 …… 002
第一节　金代的统治政策、文化政策、科举制度以及文学分期 …… 003
第三节　金代韵部研究的现状、意义以及目的 …… 009
第四节　研究的材料以及方法 …… 011

第二章　金代诗文韵部系统 …… 021

第一节　全金诗韵 …… 022
全金诗韵小结 …… 056
第二节　全金文韵 …… 056
全金文韵小结 …… 075

第三章　金代词曲韵部系统 …… 077

第一节　全真道教词 …… 079
第二节　全金词韵 …… 085
全金词韵小结 …… 108
第三节　全金曲韵 …… 109
第四节　金代北曲与宋元南曲用韵考辨 …… 133
第五节　金代北曲用韵与《中原音韵》 …… 143
全金曲韵小结 …… 158

第四章　金代北方汉语通语探析 …… 161

第一节　金代女真语与汉语 …… 162
第二节　金代北方汉语通语的形成 …… 168
第三节　金代韵书 …… 170
第四节　金代北方汉语通语的韵部系统 …… 174
第五节　金代北方汉语通语在语音史中的地位 …… 184
金代北方汉语通语小结 …… 190

第五章　特殊用韵 ··· 191
　　第一节　特殊韵脚字 ··· 192
　　第二节　特殊通押 ·· 204
　　第三节　金元曲韵中歌麻相通探析 ······················· 230
　　特殊用韵小结 ··· 241

第六章　结语 ·· 243

参考文献 ·· 247

附录　《全金元词》（金词部分）勘误 ···················· 250

01
第一章

绪 论

第一节　女真族的历史

女真，"本名朱里真，番语舌音讹为女真，或曰虑真，避契丹兴宗名，又曰女直"①，世代居住在中国的东北地区，即混同江以东的长白山下。《三国志》所说的"挹娄"，元魏所谓"勿吉"，唐所谓的黑水靺鞨就是他们居住的地方。《金史·世纪》记载："金之先，出靺鞨氏。靺鞨本号勿吉。勿吉古肃慎地也。元魏时，勿吉有七部：曰粟末部，曰伯咄部，曰安车骨部，曰拂涅部，曰号室部，曰黑水部，曰白山部。隋称靺鞨，而七部并同。唐初，有黑水靺鞨，粟末靺鞨，其五部无闻。"② 唐代贞观年间，靺鞨臣服于唐朝，始见记载。靺鞨的统治区域南邻高丽，北接室韦，西接渤海、铁离，东接大海。他们一共分为六个部分，其中的黑水靺鞨就是我们所说的女真。

唐朝末年，契丹趁着唐朝衰落在北方强大起来，女真于是臣属契丹。在辽后期，其统治日益腐败，于是女真不堪压迫，遂起反抗。之后女真首领完颜阿骨打出兵统一各部，向契丹统治者宣战，并于1115年称帝建国，国号大金。后来女真和北宋联合夹击辽，辽灭亡。于是大金进入了长期与北宋以及后来的南宋对峙的局面，直至1234年被蒙古军队消灭。

"金"这个国号的来历有两种说法：金国都城上京会宁（今黑龙江省哈尔滨市阿城区南），位于安出虎水（今阿什河）之侧，相传其水产金，女真语"金"念作"安出虎"。另据《金史》记载，由于女真长期受制于契丹，故完颜阿骨打立国时，针对"大辽"在契丹语中"镔铁"的意思，认为"镔铁虽坚，终亦变坏，而金不变不坏"③，取"金"为国号，以示对抗"大辽"。

金朝自建国以后，不断对辽、宋、西夏与高丽发动侵略战争。金太宗时，金先后攻灭辽与北宋，其疆域南以淮水、秦岭与南宋为界，东至日本海，东南与高丽接壤，西邻西夏、吐蕃，北边东段抵外兴安岭。它的统治区域包括了现在的东北地区、华北地区以及陕甘的一部分，亦即包括现在的东北三省、山东、山西、陕西、内蒙古、甘肃、河南和安徽、江苏的一部分。相当于中国北方的大部分地区都归入了它的统治之下，成为当时一个雄踞一方的封建帝国（表1.1）。

---

① 宇文懋昭、崔文印校正《大金国志校证》，中华书局，1986，2页。
② 脱脱等《金史》，中华书局，1975，1页。
③ 脱脱等《金史》，10页。

表 1.1　大金国三级行政区划以及管辖范围

路名	管辖区域	
	府	州
上京	会宁	肇、隆、信、韩
东京	辽阳	澄、沈、贵德、盖、复、来远
北京	大定、广宁、兴中、临潢	利、义、锦、瑞、懿、建、全、庆、兴、泰
西京	大同、德兴	丰、弘、净、桓、抚、昌、宣德、朔、武、应、蔚、云内、宁边、东胜
中都	大兴	通、蓟、易、涿、顺、平、滦、雄、霸、保、安、遂、安肃
南京	开封、归德、河南	单、寿、陕、邓、唐、裕、嵩、汝、许、钧、亳、陈、蔡、息、郑、颍、宿等州
河北东	河间	蠡、莫、献、冀、清、沧、景、深
河北西	真定、彰德、中山	威、沃、邢、洺、磁、祁、浚、卫、滑
山东东	益都、济南	滨、沂、密、海、莒、棣、淄、莱、登、宁海、潍
山东西	东平	济、徐、邳、滕、博、兖、泰安、曹等州
大名府	大名	恩、开
河东北	太原	晋、忻、平定、汾、石、葭、代、隩、宁化、岚、保德、管
河东南	平阳、河中	隰、吉、绛、解、泽、潞、辽、沁、怀、孟
京兆府	京兆	商、虢、干、同、耀、华
凤翔	凤翔、平凉	德顺、镇戎、秦、陇
鄜延	延安	丹、保安、绥德、鄜、坊
庆原	庆阳	环、宁、邠、原、泾
临洮	临洮	积石、洮、兰、巩、会、河
咸平	咸平	韩

第二节　金代的统治政策、文化政策、科举制度以及文学分期

金初没有文字，自金太祖完颜阿骨打（1068—1123）得辽人韩昉，才开始根据汉字和契丹文字创制自己的文字。这一时期女真可以说没有自己的文学。后来在由宋投金的赵宋文人进行文学创作的基础上，金才慢慢开始有了属于自己的文人和文学，之后在统治阶级文化政策和科举制度的积极推动下，金代的文学得到了发展，甚至一度达到了非常繁荣的局面。

一 "重北轻南"的统治政策

"靖康之变"后,北宋统治者南迁临安,带去了文武百官和大批文人,造成了北宋原有的中原文化中心的南迁;而女真官兵对新占领的北宋城池实行野蛮的屠城政策,造成百姓不是尸横荒野,就是四散逃亡,于是在金占领的中原地区出现了文化的真空。这种真空也直接导致了中原文化中心的北移。

而中原文化中心北移也与女真族的统治重心有关。"金初,为适应现实统治的需要,实施重北轻南政策,主要表现在两个方面:其一,是指地域空间上的'重北轻南';其二,是指人才选用上的'扬辽抑宋'"①。女真在侵占宋原有领土的时候,掠得了大量中原文献和大批中原文物,并带到了北方,即北宋的部分"文化"财富已经在空间上进行了转移,转移到了北方,这是中原文化北移的前提,也是金源地域空间上"重北轻南"的体现。同时,一方面一些来自辽宋的文化精英因为不服金的统治而被放逐到金源地区②,从而把先进的文化传播到北方;另一方面"重北轻南"的选士取向也使"金朝名士大夫多出北方"。于是金特殊的统治政策导致了中原文化中心的北移。

女真族建立的金起源于白山黑水之间,因此它的政治中心长期在北方。海陵朝时,海陵王完颜亮充满野心和抱负,于是选择了交通发达、物产丰富的燕京作为首都,并在1153年迁都燕京,改燕京为中都。与此同时,金为了巩固自己的统治,将大批中原汉人迁至女真地区,称为"实内地",又将大批的女真族人迁至中原,监视中原地区的汉人,于是大批女真人向南迁移,大批中原汉人向北迁移,二者在燕京一带会合,于是燕京逐渐发展成了新的政治、经济和文化中心,而这一新的政治、经济和文化中心的建立又促进了北方文人的崛起和政治地位的上升,进一步推动了北方地区的文化发展。

二 金代文化政策

金代文学的兴盛和统治阶级的文化政策不无关系。从熙宗到海陵王时期(1135—1161年),金朝的文化政策即已经开始得到确立和推行。金熙宗"谒奠孔子庙,北面再拜……"③,正式确立儒家思想为统治思想,实现了女真与汉人的文化认同④。而且统治阶级从自身做起,积极发挥表率作用。金熙宗"自少时赋诗染翰,雅歌儒服……尽失

---

① 沈文雪《试论金朝重北轻南政策与中原文化北移关系》,《文教资料》,2009年9期。
② 指女真人的发源地,以金朝上京会宁府为核心,基本囊括了今天呼兰河流域、菲克图河流域、少陵河流域、拉林河流域、牡丹江流域的左岸、木兰河流域,以及这些河流所注入的松花江中游流域。《金史》中将这一区域专门称为"金源内地"。
③ 《金史》卷4《熙宗纪》,27页。
④ 韩育臻《金朝文化政策研究》,青岛大学硕士学位论文,2008,17页。

女真故态……宛然一汉户少年子"①。上行必然下效，统治者如此，臣民自然要效仿。而且，从金太宗时期开始金政府即已经开始兴办教育，到海陵王时期，更是仿效唐宋之制，在中都开始设立国子监，"开始从地方到中央全面推行汉式儒学教育，推动了儒家思想在金源内地的传播，改变了统治阶级内部人员结构，培养了大批文化人才，提高了女真族和其他民族的文化水平"②。

而且从世宗到章宗时期（1161—1208年），"统治阶级在积极吸收和推广中原文化的同时，尤为重视本民族文化精神和民族意识，因此具有一代特色的国家文化开始形成，实现了从金源地区文化向国家文化即金朝文化的转变"③。这表现在教育方面就是积极创新本民族教育，设立女真族中央和地方学校，培养本民族文化人才，提高本民族文化素质。表现在科举方面就是设立女真进士科，选拔本民族的文化人才，实现民族文化复兴。

金朝政府对儒学教育和民族教育的大力推行，极大地提高了各民族的文化水平，培养了大批文化人才，提高了自己的执政水平，同时为文学的兴盛和发展创造了前提条件。

三 金代科举制度

前文已经说过，中原文化主体部分的南迁，女真侵略者对新占领的宋城池实行野蛮的屠城，再加上这一时期处于奴隶制时期的女真文化远没有达到兴盛的地步，造成了在金占领的中原地区出现了文化的真空。为了发展教育、兴盛文化、选拔官吏，一些有识之士劝说金朝的统治者恢复科举。

金朝统治者恢复科举制度是出于维护封建统治的需要。金朝统治者占领燕云地区以后，为了消弭民族矛盾，安抚汉人，制定了新的统治政策：对汉人依照汉族旧制进行统治。但是由于连年战乱，新占领地区的官吏或死亡或逃散，存留无几。与此同时，女真人不谙汉事，难以担起统治管理之责，为了稳定统治，从汉人士大夫中选拔官吏就成为必然的选择，于是汉族封建统治阶级选拔官吏的科举制度便重新被启用。"金代科举是女真人落后的奴隶制对先进的封建制的一种适应性改变，同时也是女真人在政治上走上封建制的必经之路，这也是金政权实现统一天下的一个重要步骤。"④ 金初科举，从天会元年（1123年）到天会四年（1126年），考试举行了多次，但是考试时间不固定，考试地点不固定，录取的人数也不固定。天会五年（1127年），"以河北、河

---

① 薛瑞兆、郭明志《全金诗·序》，南开大学出版社，1995。
② 韩育臻《金朝文化政策研究》，17页。
③ 韩育臻《金朝文化政策研究》，17页。
④ 都兴智《金代科举制度的特点》，《北方文物》，1988年2期。

东初降,职员多缺,以辽宋之制不同,诏南北各因其素所习之业取士,号为南北选"①。天会六年(1128年),在知枢密院事刘彦宗主持下,第一次辽宋进士统考在燕山竹林寺举行,考试内容"北人以词赋,南人以经义、词赋、策论"②。此后,"南北选"便成为金初科举的一种制度。天会七年(1129年),又颁布实行了三年一试和三级考试制度,"初乡荐,次府解,次省试,乃曰及第"③。至此,金代科举走向常态化。金代科举自太宗天会元年(1123年)开始,至哀宗正大七年(1230年)最后一期开科,一共实行了108年,开科43次,共取士约15 000人,很多考试录取多至数百人,最多的一次甚至达到了925人④。

金是以女真族为主体的多民族政权,境内民族众多。汉族在其统治区域内人数最多、文化水平也最高,金统治者为了巩固对其的统治,积极吸取汉族封建统治阶级先进的统治政策,采用科举制度选拔官吏。同时为适应多民族并存的国情,让除汉族和女真族以外的其他民族成员也有参加科举考试的机会,金统治者在大定十三年(1173年)又特设了女真进士科,又称策论科,与词赋、经义三科并立。"此举与女真文字建立、朝廷官府组织翻译印行女真文的经书和兴办女真族学校诸事有关,都是女真文化和汉文化交流、融合以及女真族在汉文化影响下本身素质日益提高的直接产物。"⑤ 与辽代的科举制度相比,金代的科举比较适合国情,也更加公平和公正。

在经历了连年战乱和朝不保夕的生活之后,知识分子的身份地位从北宋时的天之骄子跌落到了任人践踏的万丈谷底,特别是科举制度的废弛,使很多读书人失去了生活的目标和方向,有些人甚至投身于佛教和道教寻求精神寄托。而科举制度的重新实行,使读书人重拾信心,重新找到了自己的人生定位。虽然金朝的统治者实行"南北选",对北人和从宋侵占而来的地方的人们实行不同的政策,北人试词赋,南人试经义、词赋及策论,北人易于南人,但毕竟使这些读书人看到了晋身仕途的希望。这无疑对当时教育的发展和文化的兴盛起到了积极的推动作用。"它对文学产生过深广的影响:科举在金代文人生活中占重要地位,与各民族、各阶层的知识分子的出处、命运紧密相连,对其生存方式、生活特点、人生道路和心理状态有着明显的影响。"⑥ 而且刘达科先生还指出科举的实行不但丰富了作家的生活内容,更为文学创作提供了丰富的素材,使文坛涌现出一大批反映读书、应举、典试、登第和贡院生活等方方面面内容的诗、文;科举考试在金代中、后期更成为文学思想变革的杠杆,文坛领袖们利用

---

① 《金史·选举志》,1134页。
② 《金史·选举志》,1134页。
③ 《建炎以来系年要录》,中华书局,1988,559页。
④ 周腊生《辽金元状元奇谈·辽金元状元谱》,紫禁城出版社,2000,138-139页。
⑤ 刘达科《金代科举对文学的影响》,《江苏大学学报(社会科学版)》,2007年3期。
⑥ 刘达科《金代科举对文学的影响》,《江苏大学学报(社会科学版)》,2007年3期。

主文取士之机扭转创作中的不良习气，倡导健康文风，收到明显成效①。在《金诗纪事》中陈衍也指出"金代诗人，多出科举"，"翻阅金代诗、文的作家小传可以发现，金代文学家出身科举的几乎占了三分之二以上。从中我们可以不难看出金代科举对文学的积极影响"②。

科举制度的实行和女真统治者的文化政策推动了教育的发展和文学的兴盛。于是在经历了金初的文化断层、人才缺乏而需要借才异代的局面以后，属于金朝自己的文学群体——"国朝文派"逐渐兴盛起来，至蔡珪，"传其父松年家学，遂开金代文章正宗"③，"洎大定、明昌年间，赵秉文、杨云翼主文盟时，则有若梁襄、陈规、许古之劲直，党怀英、王庭筠之文采，王若虚、王渥之博洽，雷渊、李纯甫之豪俊"④，带来了金代文学的全盛局面。金灭亡以后，金的文学不但没有随之灭亡，反而发出嘹亮的回响，"有元好问以宏衍博大之才，足以上继唐宋，而下开元明，与李俊明、麻革之徒为之后劲，迹其文章，雄浑挺拔"⑤。

四 金代文学分期

关于金代文学的分期，学术界的看法并不一致。有分成三个阶段、四个阶段甚至五个阶段的，分歧很大。袁行霈先生主张分三个阶段，金代初期包括太祖、太宗、熙宗、海陵王四朝为第一个阶段，即所谓的"借才异代"时期；世宗、章宗时期为第二个阶段；最后的卫绍王、宣宗、哀宗三朝为一个时期。⑥阎凤梧、康金声先生也主张划成三段，只不过在第二阶段和第三阶段具体时间上面有些不同。他们把从世宗大定初年到卫绍王至宁元年（1161—1213年）定为第二个阶段国朝文派的崛起和形成期；从宣宗贞祐二年到元世祖至元八年（1214—1271年）为金末诗坛⑦。张晶先生主张把金诗分为"借才异代""大定明昌""南渡诗坛"和"金亡前后"四个阶段⑧。詹杭伦先生把金代文学分成了5个阶段：金初（太祖收国初到海陵王正隆末）、金中叶（世宗）、金中叶（章宗）、金末（卫绍王大安初到哀宗天兴末）、金亡（金亡到元朝建号前）⑨。在《全金诗·序》中薛瑞兆、郭明志两位先生也把金代的文学分成了四个时期⑩，考虑

---

① 刘达科《金代科举对文学的影响》。
② 刘达科《金代科举对文学的影响》。
③ 庄仲方《金文雅·序》，吉林人民出版社，1997。
④ 庄仲方《金文雅·序》。
⑤ 庄仲方《金文雅·序》。
⑥ 袁行霈《中国文学史·三》，高等教育出版社，1998，214页。
⑦ 阎凤梧、康金声《全辽金诗·前言》，山西古籍出版社，1999。
⑧ 张松如《辽金诗史·序》，东北师范大学出版社，1994。
⑨ 詹杭伦《金代文学思想史·序》，成都科技大学出版社，1990。
⑩ 薛瑞兆、郭明志《全金诗·序》。

到各个时期文学发展的特点,我们比较同意这个分法。因此,我们按照薛瑞兆、郭明志两位先生对金代文学的分期,也同样把金代文学分成四个时期:

第一个时期,太祖收国元年到海陵王正隆末年(1115—1161年),清代学者庄仲方称之为"借才异代"① 时期,此时金朝尚无文字,一切典章、制度、礼仪皆取自辽宋,诗歌也出自由辽宋入金的汉族文士之手,而此时女真族诗人尚未成长起来。这些文士原本就有深厚的文学功底,因而使金诗从一开始就获得了一个很高的起点。这一时期的代表诗人是宇文虚中、吴激、洪皓等人。

第二个时期,世宗大定初年到卫绍王至宁元年(1161—1213年),这一时期被称为"国朝文派"时期,也是金诗发展的一个重要时期,形成了多种风格争奇斗艳的局面。这一时期北方受到破坏的经济得到了迅速恢复和发展,金代的文化发展也在推行汉化政策的过程中取得了长足的进步,出现了一批金朝本土的作家群体,与父辈们被迫仕金、难以摆脱根深蒂固的民族意识、时时流露出无奈仕金的哀怨和对故国家园的怀念不同,他们生于金、长于金,是认同金朝政权的忠实臣民,在感情上也与金源王朝成为一体。这一时期的诗歌也摆脱了宋诗的附庸地位,逐渐确立了本朝特有的风貌。这一时期的代表诗人是刘迎、周昂、赵沨、蔡珪等人。

第三个时期,从卫绍王至宁元年到金哀宗天兴末年(1213—1234年),是金代文学发展的第三个时期,被称为"南渡文学"时期。贞祐二年(1214年),金国遭受了空前的劫难,女真贵族在蒙古军队的压迫下被迫南迁汴京,尖锐激烈的民族矛盾成为文风演变的契机。这一时期的金诗一扫前一时期浮艳的习气,产生出关心国计民生的现实主义文风。文风的转变必然使语言更加质朴和贴近现实口语。代表文人是赵秉文、杨云翼、李纯甫、王若虚、完颜璹等。

第四个时期,从金国灭亡到元好问去世(1234—1257年),是金诗发展的第四个时期,被称为"金声遗韵"时期。在此期间,"女真贵族的统治结束了,而诗坛却发出嘹亮的遗响"②。金亡以后仍有许多的遗民诗人不仕异代,潜心写作,取得了辉煌的成就,为金诗辉映出光彩夺目的余晖。这一时期的诗歌创作是金朝诗歌的最高成就,是一个"一代制作自树立唐宋之间"③ 的时期,也是金诗发展的高峰期,虽然金作为一个朝代已经灭亡。这一时期的代表诗人是赵秉文、王若虚和元好问等人。

金代的文学可以依据各个时期文学发展的特点分成这四个时期,但是在整理用韵的时候,我们发现这四个时期中有些时期韵部的韵段数量寥寥,而且这四个时期之间韵部的差别也并不是很大,所以在做韵系的时候,我们决定把这四个时期并在一起做,

---

① 庄仲方《金文雅·序》。
② 薛瑞兆、郭明志《全金诗·序》。
③ 庄仲方《金文雅·序》。

然后在韵部的下面分别讨论每个时期的特殊情况。

第三节　金代韵部研究的现状、意义以及目的

金代语音的研究很长一段时期都没有引起人们的重视，至当代才有一些改观，学者们分别从诗、词、曲等不同方面对金代的语音进行了研究。

对金代诗歌用韵做出整体考察的有崔彦，她的《〈全金诗〉韵部研究》分古体和近体两种诗体对有金一代的诗歌做出了研究，认为金代近体诗的韵部系统可以分为29部，她认为这个韵部系统83.38%符合平水韵的要求，16.62%则反映了实际语音；古体诗的韵部系统分为22部，这个韵部系统与《广韵》相比已经大大简化，处于《中原音韵》韵部系统的前期[①]。

丁治民先生《北京地区辽宋金用韵考》对北京地区的诗人用韵从辽、宋、金三代进行了历时考察，指出金代北京地区近体诗16部，阴声7部，阳声9部；古体诗18部，阴声7部，阳声7部，入声4部[②]。

耿志坚先生《全金近体诗用韵（阴声韵部分）通转之研究》独辟蹊径，从通转的角度对全金近体诗展开研究。其《金源入声诗词用韵初探》，通过对一些入声诗词的考察，推测金源时期的北方话读音在-p、-t、-k韵尾的界限上已经松动。

对金代曲子词作出研究的有李爱平先生的《金元山东词人用韵考》，他系联金元时期山东词人的韵脚字，归纳出17部的韵部系统，其中阴声7部，阳声7部，入声3部[③]。而宋洪民先生《金元词用韵与〈中原音韵〉》通过考察金元词用韵并与已有的曲韵研究成果相比较来进一步探求《中原音韵》的音系性质，提出《中原音韵》的音系基础是冀鲁官话[④]。耿志坚先生《金源全真教（含王重阳与全真七子）入声词用韵之研究》[⑤] 从入声韵的角度对金词展开研究；丁治民先生《金末道士侯善渊诗词用韵与晋南方言》和《李俊民、段氏二妙诗词文用韵考》[⑥] 从晋方言的角度对这些人的诗词做出了考察。

而鲁国尧先生的《论宋词韵及其与金元词韵的比较》，指出两宋词韵可以确定为18部，其中阴声7部，阳声7部，入声4部，在文中鲁先生也研究了元好问的词，把他的

---

① 崔彦《〈全金诗〉韵部研究·内容提要》，大连出版社，2011。
② 刘晓南、张令吾《宋辽金用韵研究》，香港文化教育出版社有限公司，2002，136页。
③ 刘晓南、张令吾《宋辽金用韵研究》，243页。
④ 宋洪民《金元词用韵与〈中原音韵〉》，中国社会科学出版社，2008，110页。
⑤ 耿志坚《金源全真教（含王重阳与全真七子）入声词用韵之研究》，《"国立"彰化师范大学文学院学报》，2013年8期。
⑥ 丁治民《李俊民、段氏二妙诗词文用韵考》，《东南大学学报（哲学社会科学版）》，2003年2期。

词韵分为19部①,与宋词相比有很大差别。他指出至金元时期北方汉语发生了很大的变化,这促使对语音敏感的词人们迅速捕捉到这种变化并反映在自己的诗词中。所以相较宋词的用韵模式,元好问、白朴、张翥等人一脉相承建立了属于自己时代的、植根于当时的中原之音的用韵模式,而这种用韵与《中原音韵》已经相当密合。在《元遗山诗词曲用韵考》中,鲁先生除了从诗词的角度,还从曲的方面对元好问的用韵做出探讨。在这篇文章里,鲁先生把元好问的古体诗和词并合进行考察,认为元好问古体诗和词的韵部共分为18部,阴声7部,阳声7部,入声4部②,虽然韵部数量与《中原音韵》相近,可是分部却不尽相同。

魏慧斌《宋词用韵研究》以唐圭璋先生编纂的《全宋词》为底本,研究了从北宋太祖建隆元年(960年)至南宋祥兴二年(1280年)320年间,1330多位词人的20191首词作,共26420个韵段。他采用计算机辅助研究和数理统计两种研究方法,对宋词电子文本进行标注,生成韵段、词人、词调等数据库。编制了韵段观察系统、韵字观察系统、丝贯绳牵系联等用韵研究程序,利用这些程序对宋词韵进行了穷尽式的研究,得到了宋词的17个韵部,包括阴声韵7部:歌戈部、麻邪部、鱼模部、灰哈部、萧豪部、支微部、尤侯部;阳声韵6部:寒覃部、侵寻部、真文部、江阳部、庚登部、东钟部;入声韵4部:屋烛部、药铎部、德质部、月帖部。他指出宋词用韵的主要特点有:部分尤侯韵合口字押入鱼模部;部分佳韵字丢失韵尾押入麻邪部;部分灰、泰韵合口字押入支微部;齐、祭、废韵押入支微部。歌麻合叶、支鱼合叶、灰支合叶、尤萧合叶是宋词用韵的普遍特点③。

研究金代曲韵的有黎新第先生《金诸宫调曲句的平仄与入声分派》④、陆华先生《曲韵研究的回顾与展望》⑤和廖珣英先生《诸宫调的用韵》⑥等等。黎新第先生《金诸宫调曲句的平仄与入声分派》,借助判定金诸宫调曲句特定位置的平仄,考察其中两种入声字的分派。廖珣英先生的《诸宫调的用韵》是在研究元杂剧用韵的基础上写的,他把诸宫调和杂剧的用韵结合起来互相参证进行研究,更充分地展现了那个时期北方汉语通语语音系统的轮廓。

这些研究虽然成就卓著,但都只是对一种韵文文体用韵的专题研究,对金代诗、文、词、曲等所有有韵文体的综合研究至今还没有出现,本书的目的就是从有金一代的各种有韵文体着手,找出各种文体韵部的相同和不同之处,对金代有韵之文的用韵

---

① 刘晓南、张令吾《宋辽金用韵研究》,51页。
② 刘晓南、张令吾《宋辽金用韵研究》,200页。
③ 魏慧斌《宋词用韵研究》,陕西人民教育出版社,2009。
④ 黎新第《金诸宫调曲句的平仄与入声分派》,《语言研究》,1993年2期。
⑤ 陆华《曲韵研究的回顾与展望》,《中国韵文学刊》,2007年3期。
⑥ 廖珣英《诸宫调的用韵》,《中国语文》,1964年1期。

做一个总体的把握，然后尝试描绘出金代北系通语的面貌。

以词韵为基础构建而成的宋代通语十八部韵系向我们描绘了宋代通语的大致轮廓。但是宋金对峙以后，地域上的阻隔再加上在南方受南方诸方言的影响，在北方则受到北方少数民族语言特别是女真语的影响，使得这种通语在南北之间产生了比较大的差异。武晔卿在《宋元南戏曲韵考辨》中认为宋代通语在南宋境内受到地方方言影响后产生了变体，它在以浙江为中心的南宋政权核心区域内有普遍性，但并非是能行之全国的正式通语，因此他称之为"南宋通语"，属于宋元南方系古官话，亦即南方通语[①]。而在与宋分庭而治的金，各个民族之间由于言语不通不得不选用汉语作为沟通交流的媒介，于是金代北方汉语通语得以早早形成并通行，这种通语是宋代通语在金统治的北方地区的变体。由于受南北分治、对峙以及以女真为主的少数民族语言的影响，金代北方汉语通语在语音、词汇等方面都发生了比较大的变化。而且关于近代汉语通语，早有分成南北两系的说法，吕叔湘、黎新第、蒋绍愚等先生都有论述。因此，我们有理由相信由金代诗、文、词、曲韵反映出来的音系同样也可能是一种通语——金代通行于北方的北方汉语通语。但是这个通语到底情形如何却没有人做更深入的探讨。现在我们就打算在研究金代诗、文、词、曲用韵的基础上，结合金代编订的韵书反映出的当时语音的实际情况，尝试勾勒出金代北方汉语通语的韵部系统。

金代，按照王力先生对汉语史的分期[②]，正好处于中古到近代的过渡期，那么金代北方汉语通语应该既具有中古汉语的一些特点也具有近代汉语的一些特点。这些特点具体是什么样的，我们通过金代北方汉语通语与宋代通语十八部、《中原音韵》的比较一一考察，并通过与宋代通语以及《中原音韵》的比较考察金代北方汉语通语在语音史中的地位，以填补从宋代通语十八部到《中原音韵》的语音空白。

第四节 研究的材料以及方法

研究金诗所依据的材料有（金）元好问《中州集》[③]，（清）郭元釪《御定全金诗增补中州集》[④]，今人薛瑞兆、郭明志编纂的《全金诗》[⑤]。

元好问不愧是有识之士，在世之时就已经意识到了文学作品的散佚问题，想到了保留金源一代文献，于是编辑了《中州集》。编这个集子的目的在于以诗存史，所以这个集子在每个作家的诗作前面附有小传，或者详细记载他的生平，或者评述他的名句，

---

① 武晔卿《宋元南戏曲韵考辨》，南京大学博士学位论文，2011，215页。
② 王力《汉语史稿》，中华书局，2004，43页。
③ 元好问《中州集》，吉林出版集团有限责任公司，2005。
④ 郭元釪《御定全金诗增补中州集》，上海古籍出版社，1994。
⑤ 薛瑞兆、郭明志《全金诗》。

这本集子虽是选集,但现在看来有金一代可传的诗词几乎均包括在内,其遗漏不足之处在于当时在世的诗人都没有选进去。

清人郭元釪《御定全金诗增补中州集》①（简称《全金诗》）在元好问《中州集》的基础上增补了很多金代的诗歌。元好问编选《中州集》的目的,在于保存一代文献,有以诗存史的用意,故而录诗不甚求全；再加上由于当时在世的人皆不入选,故多有遗漏。《全金诗》则力求广采博引,巨细无遗。较之《中州集》,卷数从10卷增加到74卷,作者从246人增加到358人,收诗从1 984首增加到5 544首。它保留了《中州集》的作者小传,又取刘祁《归潜志》、脱脱《金史》和诸家文集补其不足,以备考核,并有所论说,亦附见其后。因此可以说,郭元釪《御定全金诗增补中州集》是在《中州集》之后收录全金诗比较完备的一个本子。

现代学者薛瑞兆、郭明志两位先生编纂的《全金诗》是现在所能看到的收录有金一代诗歌最为完备的本子,而且该书非常注重校勘,"以时代较早之善本、足本为底本,择选其他有价值版本为参校本"②,修正了前人的很多失误之处。但是该书也有不足之处,对诗人的籍贯只是列出金时的地名,没有列出今日所属,使用起来颇为不便,因为如果想做地方诗人韵部的话,还要一一校验古今地名,颇多不便。我们根据薛瑞兆、郭明志的《全金诗》制作了关于金代文士名录及诗作数目的表格（表1.2）。该表将金代文学的发展分成了4个时期,然后根据作者的籍贯进行了分区辑录,作品在10首以上的作者录入,作者后面的数字即是该作者的诗歌数目。通过此表以期对金代诗歌的时期分布情况、地区分布情况以及作品情况有一个大概的展示。

表1.2 金代文士名录及诗作数目

借才异代时期		
籍贯		文士
四川益州（四川成都）		宇文虚中（53）
江西饶州鄱阳（江西鄱阳）		洪皓（112）
福建建州（福建建瓯）		吴激（27）
福建建宁（今福建建宁）		施宜生（18）
徽州婺源		朱弁（39）
舒州皖城		刘著（24）
中都路	蓟州（大兴府）	张斛（19）
	郑州（开封府）	朱之才（17）

---

① 郭元釪《御定全金诗增补中州集》。
② 薛瑞兆、郭明志《全金诗·序》。

续表 1.2

借才异代时期		
籍贯		文士
南京路	亳州（河南府）	高士谈（29）
山东西路	博州（东平府）	马定国（31）
	曹州（东平府）	祝简（12）
	徐州（东平府）	姚孝锡（33）
河北西路	真定（真定府）	蔡松年（59）
国朝文派时期		
籍贯		文士
籍贯失考		晋真人（21）、玄虚子（45）
京兆	咸阳	王喆（553）、萧贡（32）
山东东路	宁海（济南府）	孙不二（22）、马钰（530）、谭处端（87）、王处一（526）
	厌次（济南府）	朱自牧（20）
	莱州（济南府）	刘处玄（505）
	登州（济南府）	丘处机（426）
	东莱（益都府）	刘迎（78）
山东西路	泰安州（东平府）	党怀英（68）
	东平（东平府）	赵渢（33）
河东南路	泽州（平阳府）	李晏（11）
	平阳（平阳府）	毛麾（10）
	临汾（平阳府）	侯善渊（755）
河东北路	太原（太原府）	郝俣（21）
	忻州（太原府）	元德明（43）
中都路	蓟州（大兴府）	王寂（278）
河北东路	献州（河间府）	许安仁（10）
河北西路	真定（真定府）	蔡珪（49）、周昂（103）
西京路	丰州（大同府）	边元鼎（42）
	应州（大同府）	刘汲（14）
东京路	盖州（辽阳府）	刘仲尹（29）、王庭筠（44）
中都路	易州（大兴府）	任询（11）
北京路	兴州（兴中府）	刘昂（14）
凤翔路	平凉（平凉府）	师拓（13）

续表 1.2

南渡文学时期		
籍贯		文士
中都路	大兴府	完颜璹（44）
东京路	辽东（辽阳府）	庞铸（20）
西京路	弘州襄阳（大同府）	李纯甫（33）
河北西路	磁州（彰德府）	赵秉文（644）
	藁城（真定府）	王若虚（42）
河北东路	冀州（河间府）	路铎（28）
南京路	安阳（河南府）	郦权（22）
河东南路	陵川（河中府）	秦略（14）
	吉州（平阳府）	冯延登（19）
	潞州（河中府）	王良臣（12）
河东北路	乐平（太原府）	杨云翼（24）
河北西路	真定（真定府）	冯璧（15）
京兆府路	蒲城（京兆府）	张建（24）
山东东路	文登（济南府）	于道显（324）
	莱州（济南府）	尹志平（256）

金声遗韵时期		
籍贯		文士
籍贯失考		李道玄（158）、长筌子（44）
西京路	浑源（大同府）	刘从益（45）、雷渊（34）、刘祁（12）
	应州（大同府）	曹之谦（46）
	云中（大同府）	刘勋（17）
南京路	洛阳福昌（河南府）	辛愿（20）
	汝阳（开封府）	杨鹏（19）
中都路	大兴（大兴府）	王郁（12）
	霸州（大兴府）	杜瑛（11）
京兆府路	京兆（京兆府）	史肃（30）
	坊州（京兆府）	雷管（20）
	干州（京兆府）	杨奂（118）
	华州（京兆府）	李庭（206）

续表 1.2

金声遗韵时期		
籍贯		文士
河东南路	泽州（河中府）	李俊民（824）
	陵川（河中府）	刘昂霄（13）、秦志安（16）
	河中（河中府）	李献能（21）、李献甫（13）
	临晋（河中府）	陈赓（20）、麻革（36）、陈庚（19）
	泽州（平阳府）	姬志真（421）
	绛州稷山（平阳府）	段克己（117）、段成己（199）
河东南路	平阳（平阳府）	张宇（21）、房皞（35）
	运城（平阳府）	刘志渊（76）
河东北路	忻州（太原府）	赵元（35）、元好问（1383）
	莫州（河间府）	麻九畴（33）
	太原（太原府）	王渥（15）
	平晋（太原府）	李汾（29）
大名府路	夏津（大名府）	宋九嘉（12）
河北东路	冀州观津（河间府）	张本（10）
河北西路	真定（真定府）	李冶（10）
	祁州蒲阴（真定府）	杨果（11）
	相州汤阴（彰德府）	王志坦（74）
	平州（真定府）	王元粹（41）
	洺州（真定府）	王盘（11）
山东东路	淄州淄川（济南府）	杨宏道（289）
	济南（济南府）	杜仁杰（28）

　　研究全金词所依据的是唐圭璋先生编的《全金元词》[①]（继《全宋词》之后，唐先生又依《全宋词》的体例编纂了《全金元词》），该书共分上下两册，上册是金词部分，下册是元词部分。金词部分共收 70 个作家的 3 572 首词作。从数量上看，已经大大超过了前人所辑金元词，"尽管仍不免有所遗漏，但已经基本具备了'全'的规模"[②]。

　　《全金元词》虽然全，但仍然不免有疏漏，断句之处也常有不当，这和词牌众多、

---

① 唐圭璋《全金元词》，中华书局，1979。
② 唐圭璋《全金元词·出版说明》。

一个词牌又有多种变体有关。所以我们根据《钦定词谱》①和《道藏》②等对其中有疏漏的部分进行了校正（详见最后附录的勘误）。

金代散曲部分用的是隋树森先生编纂的《全元散曲》③。由于金代留存在世的散曲非常少，所以没有记录金曲的单独的本子，《全元散曲》在前面一部分辑录了金代一些作家的散曲，说不上全，但已是能看到的收录金代散曲的不多的本子之一了。金代的戏剧表演非常发达，作为杂剧表演底本的院本应该最能够反映当时的语音实际，可惜的是这些院本如今都已经失传，我们只能从南宋周密《武林旧事》和元代陶宗仪《辍耕录》里面记载的院本繁多的名目来感受当时戏剧表演的繁荣。不过幸运的是，尽管院本我们看不到了，另一种表演形式的诸宫调还是保存下来了一些。诸宫调是一种有说有唱、以唱为主的文艺形式，这种文艺形式在金元时期非常流行，可是保留下来的作品却不多，仅有首尾完整的董解元《西厢记诸宫调》、中间残缺的《刘知远诸宫调》两本。其中董解元的《西厢记诸宫调》从唐代元稹的《莺莺传》改编而来，但内容更加充实，情节更加丰富，人物也更加丰满；《刘知远诸宫调》写后汉高祖刘知远发迹以及与其妻子李三娘悲欢离合的故事，是残本，少了中间的八回。

研究金代文赋用韵所用的材料大部分来自《金文最》④，小部分来自《金文雅》⑤。《金文最》120卷，清代张金吾编纂，他认为"宋自南渡后议论多而事功少，道学盛而文章衰，中原文献实归金源，总集一书似不可少"⑥。于是他广收博采，历时13年，三易其稿，终于在道光二年（1822年）完成了此书。取名为"最"，"取公羊会最之义"⑦。所取文章1 790多篇，上自收国，下至金末元初。

与《金文最》的"全"不同，《金文雅》选取文章讲究的是"雅"。清代学者庄仲方感叹金文不传，于是"广搜严遴，汰其粗率，取其雅驯……附以作者考略……聊存一代之文献云耳"⑧。这本书的大部分文章《金文最》都有收录，只有少数几篇文章没有，我们也把它们选出来作为研究金代文韵的材料。

为了保证材料的准确性，我们对所用的材料进行了精心的校勘。诗的部分，崔彦做了很多的校勘，为我们带来很大的方便。在金词方面，因为词谱纷繁复杂，而同一种词谱又有多种变体，所以人们在断句的过程中难免出现失误，同时在词的流传过程中也可能出现词句抄录的错误，例如在摘录元好问《玉楼春》韵脚字的时候就发现了

---

① 陈廷敬《钦定词谱》，中国书店出版社，1983。
② 《道藏》，文物出版社、上海书店、天津古籍出版社，1988。
③ 隋树森《全元散曲》，中华书局，1964。
④ 张清吾《金文最》，中华书局，1990。
⑤ 庄仲芳辑《金文雅》，江苏书局，1891（清光绪十七年）。
⑥ 张清吾《金文最·序》。
⑦ 张清吾《金文最·英和序》。
⑧ 庄仲方《金文雅·序》。

问题："烟炉不断腾金兽。香雾入帘波形皱。秋堂锦席艳群仙，不惜醉□□舞袖。繁弦脆管春风□。娇媚如花轻似絮。劝君须尽眼前欢，酹酒十分千百岁。"这首词上下两阕换韵，上阕用的是流摄的仄声韵"兽、皱、袖"，下阕的韵脚字缺一个，但不管这个韵脚字缺或不缺，"絮"和"岁"押韵都不和谐。查检《续修四库全书·集部·词类·遗山新乐府·卷五》，发现这首词下阕的录入错误很多，原词应该是："繁弦脆管春风手。娇媚如花轻似柳。劝君须尽眼前欢，酹酒十分千百寿"。"手、柳、寿"三个字都属于流摄的仄声字，押韵便没有问题，而且"寿"有长寿之意，更符合及时行乐的文意。再比如王喆的《黄莺儿》："堪嗟浮世如何度。酒色缠绵财气□沉埋人人，都缘四般留住。因上上起荣华，节节生迷误。总夸伶俐，惺惺各斗，机关皆结贪妒。今古几个便回头，肯与神为主。任从猿马，每每调和无由，得知宗祖。唯转转入枯崖，越越投深土。大限直待临头，难免三涂苦。"这首词押的是遇摄的仄声韵，而"气"字在《广韵》中是止摄未韵，音韵不谐。查检《钦定词谱》，发现这里断句有误。正确的断句应该是："酒色缠绵，财气沉埋，人人都缘，四般留住。"那么押韵便没有问题。这些抄录和断句造成的错误难免会影响到韵脚字的正误和确定，进而影响到韵部的划分、韵系的确定和特殊押韵的界定。所以，我们根据清代陈廷敬等人编纂的《钦定词谱》、元好问《中州乐府》[①]、段氏兄弟《二妙集》[②]、《道藏》[③] 等底本进行了认真的刊正，并撰写了校勘记附录在本书最后。

在研究方法方面，本书主要用了如下几种。

一 区分文体

诗、文、词、曲，每一种文体因为所用的场合不同、功用不同，因而对押韵的要求也不同。同是诗，近体诗因为科举考试的需要而严守功令，而古体诗则相对比较自由，但同时古体诗有时因为泥古也会出现使用一些过时语音的现象。文、词因为不受功令的束缚，所以相对比较自由，但词还有词谱的制约，因此在用韵方面的自由比文又少一些。用韵方面最自由的当然是散曲和诸宫调了，因为它们的目的是用来演唱娱乐大众，所以需要平白如话，明白易懂，因此也更能反映出当时语音发展的实际。正是因为散曲和诸宫调最能够反映当时的口语实际，在考察金代北方汉语通语的时候我们要把金代曲韵作为最重要的参照标准。

二 系联韵脚字，归纳总结

按文体分开以后，我们先摘录出诗、文、词、曲的韵脚字，查检出《广韵》所属

[①] 元好问《中州乐府》，中国书店，2010。
[②] 段成己、段克己《二妙集》，山西书局，1936（民国二十五年）。
[③] 《道藏》，文物出版社、上海书店、天津古籍出版社，1988。

韵部，对照《广韵》音系系联出押韵组合，然后通过计算押韵组合的独用、通押等的比例来确定各种有韵文体韵部的分合，之后在此基础上确定各种有韵文体的韵部系统。合并的原则是刘晓南先生提出的，在海量数字的前提下，"当一个诗韵韵部大部分常用字比较多地与别的韵通押"[①]，而且通押的比例达到10%以上时即可认定两个韵部可以合并。但是也会有特殊情况，特殊情况我们只能特殊处理。比如在金代曲韵的支微部里面，支思组的入韵比例已经超过了10%，但是因为它和齐微组的通押比例远远超过支思组独用的比例，支思组与齐微组之间的联系依然非常紧密，所以我们认为还是不能把支思组独立出来。

在各种有韵文体的韵部系统归纳总结出来以后，我们对照金代编订的韵书反映出来的语音实际再进行分析和归纳，总结出金代北方汉语通语的韵部系统。因为文体不同，反映实际语音的程度不同，我们对这四种文体的侧重程度也不尽相同。我们主要依据曲韵，同时参照诗韵、词韵和文韵。在这四种文体的韵部系统中，有些韵部在各系统中都是相同的，那么我们就直接认定它们在金代北方汉语通语中是客观存在的韵部；有些韵部在各系统中是不同的，这些不同中有的反映了实际语音的分混，有些则反映了方音的影响。实际语音分开的，在通语中则同样分开，比如车遮部与家麻部；受方言的影响的，在通语中则需要剥离，比如-m、-n、-ng三种韵尾的混用。在此基础上，我们尝试得到一个完整的金代北方汉语通语的韵部系统。

三 区分韵类，罗列用韵形式

金受中原文化影响很深，其科举考试所用的诗韵——平水韵，是在合并唐人韵部的基础上得来的，与《广韵》差别不大，所以在考察金代诗、文、词、曲四种文体用韵形式的时候，我们选择以《广韵》作为参照系。我们以《广韵》规定的各韵之间的独用、同用为标准，把押韵组合区分为三类：常韵、出韵和特韵。常韵是符合《广韵》同用、独用标准的用韵形式，平声同用、仄声同用同样包括在内。出韵是指超出《广韵》同用、独用的范围，但是符合金代诗、文、词、曲各用韵系统的用韵形式。特韵是指超出《广韵》独用、同用的标准，同时也不符合金代诗、文、词、曲各用韵系统的用韵形式。我们把同摄之内各韵之间的上去通押和通押比例超过10%，已经影响到韵部合并的跨摄通押定为出韵。跨摄之间的通押组合，如果通押的比例很大，超过了10%，已经涉及韵部的合并，我们就把它放在出韵部分。把平仄通押和通押的比例很小因而没有影响到韵部合并的跨摄通押定为特殊通押。因为跨摄通押的比例很小，不涉及韵部合并的问题，我们就把它当作特韵来处理。不过因为诗、文、词、曲这四种

---

① 刘晓南《宋代四川语音研究》，北京大学出版社，2012，74页。

文体用韵的自由程度不同，反映实际语音的程度不同，导致韵类的归并也有所不同，断定是否是出韵、特韵的标准也就有所不同，比如入声的归派问题。在诗、文、词中，入声作为独立的韵部还存在着，那么阴入通押我们就当作特韵来处理。而在金代的曲韵中入声已经派入了阴声各部，那么阴入通押我们就分成两类来处理，阴声与在金代北方汉语通语派入该部的入声之间的通押我们当作出韵的形式来处理，只有那些阴声与在金代北方汉语通语中没有派入该部阴声的入声之间的通押才当作特韵的形式来处理，本书第五章讨论的特殊通押，就是这些韵例。

在各个韵部的后面我们还详细列出了各韵部的用韵形式，以期对各韵部的用韵形式有一个详细的展示。在列出的各韵部的用韵形式中，括号中的数字，前面的是用韵形式的种类，后面的是韵段数，词、文、曲的韵部讨论均是如此。

还有元、魂、痕通押的问题。《广韵》沿袭《切韵》依旧规定元、魂、痕同用，《切韵》时代这样规定是有实际语音基础的，到《广韵》时代，语音已经发生了很大的变化，元韵在实际读音中与寒先诸韵更加接近，而魂、痕则入了真文部。但是《平水韵》依旧沿用以前的诗韵，规定元、魂、痕同用，因而造成后代诗人用韵中有许多元与魂、痕通押的韵段，但这显然是不符合语音实际的。所以关于元、魂、痕的处理我们借用刘晓南先生在《宋代闽音考》里面的做法，把元、魂、痕出现在一起看作人为的规定，不用来作为合并韵部的根据，把元、魂、痕与山摄的通押和元、魂、痕与臻摄的通押看作是元、魂、痕的扩展表现，而不看作是与山摄、臻摄的特殊通押。在没有元韵出现的情况下魂、痕与山摄字的通押或者在没有魂、痕出现的情况下，元韵与臻摄字的通押才看作特殊通押[①]。

四 处理特殊押韵

语音的变化是一个大的现象，但它是通过一个个汉字表现出来的，因此每个时期的特殊韵脚字也是语音研究的重要内容，第五章的第一节就是讨论一些特殊韵脚字以及它们的读音折射出的语音变化。由于方音、泥古、个人习惯等因素的存在，也会有一些不同于通语的特殊押韵的存在，对于这些特殊通押出现的原因，这些特殊通押在历史上的记载情况以及在现代方言中的存在情况，本书也尝试作出一些探讨。

---

① 刘晓南《宋代闽音考》，岳麓书社，1999，78页。

第二章

金代诗文韵部系统

第一节　全金诗韵

　　女真族建立的金在占领中原等广大的北方地区以后，对北宋的灿烂文明表现出积极的认同，积极学习北宋的政治、经济、文化等，当然也包括诗歌等方面的学习。女真的统治阶级特别是完颜璹、完颜璟、完颜亮等人都非常喜欢中原的诗歌，甚至在艺术上取得了很高的成就。统治阶级的表率作用，使得汉文的学习和汉诗的写作成为一种流行的风尚，再加上"借才异代"的赵宋文人的加入，使得金代的诗歌取得了光辉夺目的成就。从根本上来说，"金诗作为金源文化的重要组成部分，无论思想内涵或是艺术面貌都属于中原文化的范畴"①，因此金诗也是中华文化的重要组成部分。

　　金诗也仍然可以分为近体诗和古体诗两种。近体诗又叫今体诗，它和古体诗是对立的。王力先生认为："唐代以后，大约由于科举的关系，诗的形式逐渐趋于划一，对于平仄、对仗和诗篇的字数都有很严格的规定，这种依照严格的格律写出来的诗，是唐以前所未有的，所以后世叫做近体诗。"② 它大致可以分为三种，律诗、排律和绝句。律诗就是依照一定的格律写成的诗，共有八句，分成五言律诗和七言律诗两种。排律是十句以上的律诗，也分为五言和七言两种。绝句的字数是律诗的一半，只有四句，也分为五言和七言两种。

　　王力先生也同样给古体诗下了定义。古体诗或者叫古风，是在唐代近体诗产生以后，人们仍旧按照古代的形式写的诗，这些诗并不严格遵循近体诗的平仄、对仗和语法，而是模仿古人那种少拘束的风格，于是形成律绝和古风两种对立的诗体③。由于科举制度的实行，读书人要求得功名，必须参加科举，必须作出严守功令（即官韵）的诗歌或者律赋，如果"出韵"，即使诗文作得再好，也不能被录用，因此官韵的影响深入诗人们的骨髓，而这种影响自然就会延伸到古体诗，人们在作古体诗的时候总是会自觉不自觉地参照近体诗的平仄、对仗或者语法。所以虽然说形式还像古体诗，但已是"旧瓶装新酒"。

　　近体诗在押韵、对仗等方面要严守功令，因而在语音的表现方面也比较保守，而古体诗由于没有功令的限制，则相对比较自由。所以在研究诗歌用韵的时候，人们常常把诗歌分成古体诗和近体诗两种诗体来进行考察。但是在研究金代诗歌用韵的时候，我们发现古体诗和近体诗的用韵差别不大，所以我们把两种诗体放在一起讨论。

　　有近体诗就不可避免地要说到首句借韵的问题。钱大昕在《十驾斋养新录·借韵》

---

①　薛瑞兆，郭明志《全金诗·序》。
②　王力《汉语诗律学》，上海世纪出版集团、上海教育出版社，2005，18页。
③　同②，315页。

里说:"五七言近体第一句,借用旁韵,谓之借韵。"① 这个旁韵大多是邻近的韵,也就是按照诗韵的顺序,排列相近而音又相似的韵。王力先生《汉语诗律学》认为:"盛唐以前这种情况很少,中晚唐慢慢多起来,而宋代则更加变本加厉。"② 王力先生还指出诗的首句本来并不要求入韵,即使首句入韵也不把它算在韵数之内(即使首句入韵也是由该诗的格律规定的)。正是因为首句不算在韵数之内,不会有出韵的嫌疑,诗人们便利用这一点来求得一些自由,于是出现了偶然借用邻韵的情形。这种情形的出现归根究底和科举取士的诗韵有关。"诗韵"在唐代制定出来以后,几乎一直没有变过,所以说是个僵化的系统,可实际的语音却是在不断发展变化的,于是这偶然的借用于不经意间反映出了语音实际的变化。

二十世纪八十年代,鲁国尧先生系统地考察了元好问的近体诗,发现在有"律切精深"③ 之称的元好问诗中,1 048首押平声韵的近体诗中,首句入韵900首,借韵现象出现101次,出韵现象出现22次④,而且这些借韵不一定是借用邻近之韵,如下平七阳竟然超越多韵借用到了三江,上平四支竟然可以借到八齐。鲁先生进一步指出,这显示出某些在金代官韵中分开的韵,甚至表面上看起来距离较远,实际上关系非常密切,即某些主要元音和韵尾(如果有)相同的韵,是可以归为一类的,这必然是当时实际语音的反映⑤。刘晓南先生也认为,唐宋近体诗借韵具有非常重要的价值,"唐宋近体诗借韵不但是当时实际语音的反映,而且它们与韵书之间的差异,更是实际语音演变的真实记录"⑥。正因为借韵反映了实际语音的现状,所以我们一定要予以重视。

但是在如何处理首句借韵的问题上,人们所用的方法上却又不尽相同。因为首句可以不算入韵,所以,有的人把借韵排除在外,例如唐作藩先生把借韵处理为首句不入韵;而鲁国尧先生则把借韵处理为和偶句押韵相同。这里我们也处理为和偶句押韵相同,不把首句借韵的诗单独拿出来处理。

还有全真道士的七言藏头诗问题。王梦琪认为藏头诗实际上是一种杂体诗,它有三种表现形式:一种是首联与中二联六句皆言所寓之景,而不点破题意,直到结联才点出主题;二是将诗头句一字暗藏于末一字中;三是将所说之事分藏于诗句之首。现在常见的是第三种,每句的第一个字连起来读,可以传达作者的某种特有的思想⑦。我

---

① 钱大昕《十驾斋养新录》,上海世纪出版股份有限公司,2011,320页。
② 王力《汉语诗律学》,53页。
③ 徐世隆《元遗山集·序》中统本。
④ 鲁国尧《元遗山诗词用韵考》,刘晓南、张令吾《宋辽金用韵研究》,香港文化教育出版社有限公司,2002,208页。
⑤ 同④。
⑥ 刘晓南《唐宋近体诗借韵的语音依据与语料价值》,《古汉语研究》,1999年1期。
⑦ 王梦琪《浅论"言不尽意"——以中国古典诗歌中作者本意的隐匿为例》,《开封教育学院学报》,2012年2期。

们考察了以后觉得，全真道士的这些七言藏头诗应该属于第三种。因为少了一个字它们就属于六言诗了。六言诗也可以依据是否遵循格律和对仗分为六言古体诗和六言近体诗。六言近体又可以根据句数分为六言律诗和六言绝句。林亦先生有一篇文章《论六言诗的格律》[①] 专门讨论六言诗的问题。她认为六言诗属于双音部组合，由二字格的平仄形式组合而成。二字格的平仄格式有：平平、仄仄、平仄、仄平。按照近体诗格律，只取平平和仄仄二式，以此二式可以组成六种六言律句：

　　A 仄仄平平仄仄　　B 平平仄仄平平　　C 平平仄仄仄仄
　　D 仄仄平平平平　　E 平平平平仄仄　　F 仄仄仄仄平平

她还认为与五七言近体诗一样，六言近体也允许破格形式，即二字格的第一个字可以不合律，但作为节奏点的第二个字不能出律。我们利用林亦的格律去分析了王重阳的六言藏头诗，发现它们并不符合近体诗的格律。比如下面这首《别坟》：

　　凡修道本如然，灭烟消占得先。
　　兀腾腾慵谑戏，虚寂寂懒狂颠。
　　心故别坟前土，性须成物外仙。
　　上不唯余显迹，令七祖尽生天。

这首诗的平仄分别是：

　　平平仄仄平平，仄平平仄仄平。
　　仄平平平仄仄，平平仄仄平平。
　　平仄仄仄平仄，仄平平仄仄平。
　　仄平平仄仄仄，仄平仄仄平平。

其平仄并不完全符合近体六言诗的平仄格式，特别是中间的四句。我们用这种平仄规律去考察所有的七言藏头诗，发现大多数不符合这种平仄规律，所以我们把这些七言藏头诗归入古体诗进行探讨。

马钰的两首六言诗《慈惠歌》和《普救歌》不押韵，薛瑞兆、郭明志《全金诗》附录里的一些各朝民谣有的也不押韵。

在绪论里面我们已经说过，金代诗歌的发展可以分为四个时期。诗人多来自辽宋的"借才异代"时期，本土作家踊跃出现、多种风格争奇斗艳的"国朝文派"时期，国家遭受劫难、文风更加质朴而贴近现实的"南渡文学"时期和"一代制作自树立唐宋之间"[②] 的金声遗韵时期。文学风格的转变导致了文学语言的不同，使各个时期的用

[①] 林亦《论六言诗的格律》，《文学遗产》，1996年1期。
[②] 庄仲芳《金文雅·序》。

韵也体现出不同的特点。鉴于将金代文学分成四个时期，用韵我们原打算也分成四个时期，逐一来考察它们的韵系，比较它们的异同，但是在具体操作的过程中，我们发现各个时期的韵部差异并不是很大，而且有的时期韵段只有几个，所以我们把四个时期的用韵情况并在一起，各个时期有什么特殊的语音现象再分条陈述，这样既不至于太烦琐，又可以把各时期的语音情况清楚地呈现出来。

我们做全金诗韵依据的材料是薛瑞兆、郭明志先生的《全金诗》。崔彦《〈全金诗〉韵部研究》中已经做了大量的校勘工作，为我们省却了不少麻烦。《全金诗》共收录531位诗人的12 000首诗，其中近体诗8 896首，古体诗3 104首，共13 311个韵段。我们参照《广韵》韵目给《全金诗》的有韵诗歌标注韵脚字，先系联韵脚字，根据《广韵》音系确定押韵组合，然后通过计算押韵组合独用、通押等的比例来确定韵部的分合，一般通押在10%以上就可以认为两个韵部已经合并（特殊情况除外）。对于在宋代通语十八部中已经合并而在这里更多表现为分用趋势的韵部，我们以尊重事实为原则把它们分开。比如效摄的豪肴、萧宵两组之间通押的比较少，大多数都是组内通押，因此我们把它们分成了豪肴、萧宵两个韵部。

同时在用韵形式方面，我们把符合《广韵》同用、独用规定的用韵形式定为常韵；把超出《广韵》同用、独用范围的，同摄之内各韵之间的上去通押和通押的比例超过10%，已经影响到韵部合并的跨摄通押定为出韵；把平仄通押、阴入通押和通押的比例很少，因而没有影响到韵部合并的跨摄通押定为特殊通押。在下文列出的各韵部的用韵形式中，括号中所标数字分别是用韵形式的种类、韵段数，二者用逗号隔开。

通过系联，金代诗歌可以归纳为十九个韵部，具体分析如下。

一 阴声韵

(一) 歌戈部

本部包含《广韵》的歌、戈两韵（举平以赅上去，下同）。《广韵》规定歌、戈同用，在金代诗歌用韵中也表现出两韵同用的趋势。本部共入韵379次，其中歌、戈通押300次，在本部所有韵例中占了79%，两韵同用无疑，故合并成立歌戈部。本部与觉铎部的铎韵、支微部的支韵各通押1次，与家车部的麻韵通押2次，属于特殊通押，我们将在第五章讨论。

在诗韵中，歌戈部一直都很稳定，在金代文学的四个阶段中，歌戈部都变化不大。

需要特别说明的是"他"字，在曲韵中多和家麻部混押，可是在诗韵中这个字仍然与歌戈部通押，不见与家车部混押。

本部在金代文学四个时期的表现如下：

1. 在国朝文派时期，"他"入韵5次，与歌、戈通押。

2. 在南渡文学时期，"他"入韵 2 次，与歌、戈通押。歌、麻通押出现 1 次，乃"花"字押歌戈部。

3. 在金声遗韵时代，"他"入韵 2 次，与歌、戈通押。

歌戈部用韵形式

常韵（9，319）

歌 50　哿 1　戈 4　过 3　果 2　歌、戈 244　果哿 13　过个 2

出韵（8，21）（上去通押）

个哿 1　果过 6　果哿过 6　果哿个 2　哿个过 1　果哿过个 1　果过个 2　果过个哿 2

特韵（16，39）

1. 平仄通押（12，35）

戈—果 1　歌—过 7　歌戈—过 8　歌戈—个 2　歌戈—果 5　歌—果 9

歌—过个 1　歌—果哿过个 1　歌戈—过个 1

2. 跨摄通押（3，3）

歌戈—麻 1　戈—麻 1　歌戈过—支 1

3. 阴入通押（1，1）

歌—铎 1

歌戈部韵例

吴激五古《夜泛涡河龙潭》：涡戈河多歌波莎磨戈鼍歌劘螺梭戈

蔡松年七律《初至遵化》：和戈多柯歌禾戈河歌

刘处玄四言《马姑到东莱州》：我哿果火锁果卧过颗朵果个个堕果

（二）家车部

本部包含《广韵》的麻韵二等和三等，佳韵的"娃、涯、差、佳、蛙、蜗"等字，蟹韵的"罢"字，卦韵的"画"字，夬韵的"话"字。由此不难看出，金代的诗韵既继续大致保持着宋代通语十八部的格局，又有将皆来部的一些字派入家车部、麻韵重新调整的趋势，未见麻韵二、三等分化的痕迹，可能与诗韵的保守有关。同时，本部与皆来部、歌戈部、鱼模部的通押各出现 1 次，属于特殊通押，我们将统一在第五章讨论。

发展到了《中原音韵》时期，麻韵内部已经发生了巨大的变化，麻韵二等加上派入家麻部的入声字和麻韵三等加上派入车遮部的入声字之间产生了分化，形成了家麻和车遮两部，这种分立变化我们在用韵相对比较保守的诗、文、词韵中难觅踪迹，但是在与当时口语更为接近的曲韵中则能清楚地看到。

刘晓南先生认为，"佳夬韵系一分为二，一部分逐渐归于麻韵系，其他归入皆来部,这是由唐宋到元的汉语语音演变的普遍现象"[1]。张金泉先生则认为"佳"与麻韵系字通押,唐人已经有了,不过除了"佳"字以外,佳韵系其他的字未见与麻韵通押者[2]。而这种通押,在曲子词中除了"佳"字,还有"涯""罢"等字,变文更多[3]。张先生同时还指出"涯"字押入麻韵,在李白和陆龟蒙的诗中也出现了,"诗韵通叶与曲子词用韵如此一致,表明这一语言现象的稳定性与广泛性"[4]。在中唐白居易的诗中,押入麻韵的佳韵系字,不仅出现了"佳、涯、罢",还出现了"娃、画、话"等[5]。这些都说明这种通押是唐代语音的新发展。而发展到了宋代,佳、夬韵系中"涯、画、罢、挂、佳、娃、差、洒、衩、蜗"等字只与麻韵字通押,所以魏慧斌先生把它们归入了麻邪部[6]。

金代的诗歌用韵延续了宋代的这种发展趋势。不过在金代诗人的用韵中,部分佳、夬韵系字并不是只与麻韵系字通押,而是出现了很多两押的情形,这显示出金代诗韵保守的一面,不过从两押的情形看(表 2.1),这些字还是押家车部多一些,所以我们还是把这些字归入家车部。

表 2.1 佳韵系字两押情形比较表

韵部	佳	涯	画	罢	娃	话	差	洒	蛙	蜗
家车	15	133	5	2	1	4	25	4	7	5
皆来	3	3	3			2				

本部在金代文学四个时期的表现如下:

1. 在借才异代时期,属于《中原音韵》车遮部的韵字之间的通押出现 1 次,属于《中原音韵》家麻部的韵字之间的通押 7 次,佳、麻通押出现了 3 次,佳韵用的是"娃、涯、蜗"字,卦韵用的是"画"字。

2. 在国朝文派时期,属于《中原音韵》车遮部的韵字之间的通押只出现 2 次,车遮部与家麻部的通押则出现 22 次。佳韵系与家车部的通押出现次数更多,其中"蛙"字出现 1 次,"涯"字出现 41 次,"佳"字出现 2 次,"差"字出现 12 次,卦韵的"话"字出现 2 次,蟹韵的"罢"字出现 1 次。

3. 在南渡文学时期,属于《中原音韵》车遮部的韵字之间的通押只出现 1 次,家麻部的韵字之间的通押出现 19 次,车遮部与家麻部的韵字之间的通押出现 22 次。除

---

[1] 刘晓南《宋代四川语音研究》北京大学出版社,2012,90-91 页。
[2] 张金泉《敦煌曲子词用韵考》,《杭州大学学报》,1981 年 3 期。
[3] 周大璞《〈敦煌变文〉用韵考(续一)》,《武汉大学学报(人文科学版)》,1979 年 5 期。
[4] 鲍明炜《李白诗的韵系》,《南京大学学报》,1957 年 1 期。
[5] 鲍明炜《白居易元稹诗的韵系》,《南京大学学报》,1981 年 2 期。
[6] 魏慧斌《宋词用韵研究》,50 页。

了蟹韵的"罢"字、夬韵的"话"字以外，佳韵系的"涯、佳、卦、差"等字也都出现了。另外佳、麻两属的"蜗"字出现了1次，"画"字出现了1次与皆来部的通押。

4. 在金声遗韵时期，属于《中原音韵》车遮部的韵字之间的通押只出现4次（其中有2次是首句借用邻韵），家麻部韵字之间的通押出现70次，车遮部与家麻部韵字之间的通押出现62次，因此在金代诗韵中《中原音韵》车遮部没有出现的迹象。佳韵系字入本部的情况如下：涯34次，蛙5次，洒4次，佳6次，画1次，差2次，蜗2次。另外，"佳、画、钗"分别押入皆来部1次。

家车部用韵形式

常韵（3，290）

麻273　祃6　马11

出韵（7，135）

1. 上去通押（1，19）

马—祃19

2. 摄内通押（6，116）

麻—佳108（娃、涯、差、佳、蛙、蜗）　马祃—卦2（画）　马—卦2

祃—蟹1　祃—卦1（画）　祃—夬2（话）

特韵（5，6）

1. 平仄通押（2，3）

佳—马1　麻—马2

2. 跨摄通押（3，3）

马—海1　麻—歌1　祃—麌1

家车部韵例

蔡松年七古《晚夏驿骑再之凉陉观猎山间往来十有五日因书成诗》：花沙霞麻

姚孝锡五律《用峰山旧韵二首·其一》：赊斜家槎麻

王寂五古《跋群獐出谷图》：暇驾亚讶稼赦祃

马钰七古《发叹歌》：也马化祃舍马

毛麾七律《魏城马南瑞以异香见贻且索诗为赋二首·其二》：加夸花斜家麻

（三）鱼模部

本部包含《广韵》的模、虞、鱼三韵。《广韵》规定鱼独用，模、虞同用，在金代的诗韵中，三韵更多地表现出同用趋势。在金代的诗歌用韵中，本部共入韵751次，其中模虞、鱼两组韵之间通押353次，占模虞、鱼两组韵总出现次数的47%，可以视为同用，合并成立鱼模部。同时，本部出现了3次与屋烛部的特殊通押，1次与支微部的特殊通押。

关于模、鱼、虞三韵，周祖谟先生指出，在魏晋宋时期，作家一般都是模、鱼、虞三韵通用，到齐梁以后，鱼韵独成一部，而模、虞两韵为一部，作家中也有两部通押的，但鱼、虞通押多，模、鱼通押少①。从唐朝开始，鱼、模两韵已经呈现出合流的趋势。初唐时代，除了关中地区，鱼与模、虞的分界已经不是很清楚，到了盛唐时代，差不多整个北方地区都出现了鱼与模、虞合流的趋势。到了宋代通语十八部，它们合并为一部，即鱼模部，包括了模、虞、鱼韵和尤侯部的部分唇音字，如"亩、母、浮、否、妇、负、阜"等②。

据鲍明炜先生的研究，在初唐诗文中已经出现流摄唇音字如"母、亩、茂"等字与遇摄字通押的现象，在中唐白居易的诗里也有这种情况③。张金泉先生认为"尤韵唇音读同虞韵是西北方音之规则"，但同时又指出这一规则不限于西北，在白居易的诗里有5个尤侯部的唇音字"妇、母、茂、覆、亩"通模、鱼、虞三韵④。魏慧斌先生指出，除湖南词人以外，部分尤、侯韵唇音字与鱼模部通押频繁，虽然尤、侯韵唇音字与鱼模部都通押，也有与尤侯部通押的情形，但他根据两押的资料，把"复、妇、母、亩、富、负、阜"等字归入了鱼模部，而把"否、不、浮、茂"等字依然归入尤侯部⑤。

在金代的诗韵中，押入鱼模部的尤、侯韵唇音字只有3个。根据表2.2列出的数据，我们把"富、母"等字归入鱼模部，把"浮、亩、谋、负、妇"等字依然归入尤侯部。

表2.2 尤侯部部分唇音字两入情况表

韵部	浮	富	母	亩	谋	负	妇
鱼模	2	4	6				
尤侯	14		1	2	8	2	1

本部在金代文学四个时期的表现如下：

1. 在借才异代时期，不见尤侯部的部分唇音字押入本部的韵例。但没有韵例不等于说没有这种语音现象，只是由于诗人少，诗歌数量少，没有发现韵例而已。

2. 在国朝文派时期，出现了尤侯部的部分唇音字押鱼模部的现象。其中尤韵的"浮"字押2次，宥韵的"富"字押3次，厚韵的"母"字押6次。

---

① 周祖谟《魏晋南北朝韵部之演变》，东南大学出版社，1996，720页。
② 鲁国尧《论宋词韵及其与金元词韵的比较》，刘晓南、张令吾《宋辽金用韵研究》，香港文化教育出版社有限公司，2002，52页。
③ 鲍明炜《初唐诗文的韵系》，《音韵学研究》第二辑，中华书局，1986。
④ 张金泉《敦煌曲子词用韵考》，《杭州大学学报》，1981年3期。
⑤ 魏慧斌《宋词用韵研究》，103页、123页。

3. 在南渡文学时期，没有出现尤侯部的部分唇音字押鱼模部的现象。

4. 在金声遗韵时期，只出现了 2 次尤侯部唇音字押鱼模部的现象，一个是"富"字，一个是"亩"字。

鱼模部用韵形式

常韵（11，340）

鱼 106　语 2　御 3　模 23　姥 5　暮 13　虞 30　遇 3　麌 5　模、虞 134　姥麌 16

出韵（62，392）

1. 上去通押（38，65）

语—御 4　姥—暮 4　麌—遇 3　语姥—暮御 2　语姥—暮 1　姥—暮遇 5
麌—暮遇 3　姥—遇 2　姥麌—暮 2　姥麌—暮 2　麌—遇御 1　语—遇 1
麌语—御 2　姥—御遇暮 6　姥麌—御暮 1　语—暮遇御 1　麌姥—暮御 1
麌姥—暮遇御 2　麌—暮遇御 2　麌姥—御暮遇 1　麌—御暮 1　语姥—暮御 2
语姥麌—遇御暮 2　姥—暮御遇 1　麌语—遇御暮 1　姥语—御暮 1　姥—暮 1
麌语姥—暮 1　语姥麌—御 1　麌姥—御 1　语—遇暮 2　麌—暮御 1
语姥麌—遇 1　语—暮 3

2. 摄内通押（14，317）

模、鱼 39　暮御 12　姥语 8　语麌 19　遇暮 15　姥麌 9　鱼虞 97　御遇 4
模、鱼虞 88　语姥麌 2　暮遇御 11　语麌姥 13

3. 跨摄通押（10，10）

暮御姥—宥 1　姥语—厚 1　麌姥暮遇御语—厚 1　姥语麌—厚 1　姥麌—厚 1
暮遇—有厚 1　姥语御暮遇麌—宥 1　暮语姥御—有 1　暮御语姥暮—厚 1
麌—有厚 1

特韵（17，19）

1. 平仄通押（14，16）

模—姥 3　模、鱼—姥 1　模—语姥 1　鱼—姥 1　模—遇暮 1　模、鱼虞—语 1
鱼虞—暮 1　模—暮御 1　模—遇御 1　鱼虞—语 1　模、鱼虞—语 1
鱼虞—姥 1　虞—语姥御麌 1　虞—暮 1

2. 阴入通押（3，3）

暮麌—屋 1　遇暮—屋 1　麌—沃屋 1

鱼模部韵例

张斛五古《平安关道中二首·其二》：路暮树遇暮暮处御雾趣遇

蔡松年五律《闲居漫兴》：徂湖模儒虞孤模

党怀英七古《题春云出谷图》：无虞孤模纡虞晡模居鱼虚鱼俱虞污图模

元德明七律《从赵敷道觅石榴》：俱虞除如鱼珠虞

（四）皆来部

本部包含《广韵》的佳（部分）、皆、灰（除部分合口字）、咍、泰（除部分合口字）、夬（除"话"字）六韵。《广韵》规定，佳、皆同用，灰、咍同用，卦、怪、夬同用，在金代诗韵中，表现出来的是几韵同用的趋势。在金代的诗歌用韵中，本部共入韵586次，其中佳（部分）皆、灰（除部分合口字）咍、泰（除部分合口字）、夬（除"话"字）怪、卦五组韵之间分别通押93次，在本部所有的通押中约占15.9%，可以视为同用，合并成立皆来部。

金代诗韵中同样也存在灰、泰韵合口的问题。灰、泰韵部分合口字押入支微韵，刘晓南先生认为这种现象在初唐北方诗人的笔下已经开始出现，但是在盛唐和中唐诗人的诗中却很少见到，不过在变文和曲子词中这种通押现象却已大量存在①。鲁国尧先生把灰、泰韵合口字的小部分归入了宋代通语十八部中的支微部，并指出"事实上，《广韵》灰韵及泰韵合口字在宋词中，入皆来部较多，入支微部较少，有若干字兼入两部。这表示正处于音变的过程中，至元代方才完成"②。而魏慧斌先生指出在宋词中，只有"对、回、会"等少数字与支微部的关系比较密切，但是这些字还是以押皆来部为主（魏慧斌称为"灰咍部"），所以魏慧斌把这些字全部归入了皆来部③。在金代诗韵中表现出来的也同样是这种情形，诗韵中的灰、泰韵合口字很多表现出支微、皆来两押的情形，不过还是以押皆来为主，甚至在元好问的古体诗中这些字全部押入皆来部，鉴于此，我们把它归入皆来部（表2.3）。上述信息显示出，此时灰、泰韵合口字正处在向《中原音韵》齐微部演变的过程中，而且这一演变几乎与宋词处于同一阶段，同时元好问所作诗中的特殊表现也显示出金代诗人用韵的保守性。

表2.3 灰泰韵部分合口两押情况表

韵部	堆	推	催	摧	回	会	最	罪	辈	溃	佩	蕾	坏
皆来	15	2	37	8	18	6	1	1	0	1	1	0	0
支微	0	4	3	1	2	4	0	3	1	0	0	1	1

本部在金代文学四个时期的表现如下：

1. 在借才异代时期，齐韵4次独用，5次与支微部通押，不见与皆来部通押的韵例。

2. 在国朝文派时期，"崖"字不见与家车部通押的韵例，与皆来部通押5次；"涯"

---

① 刘晓南《宋代闽音考》，岳麓书社，1999，97页。
② 鲁国尧《论宋词及其与金元词韵的比较》，刘晓南、张令吾《宋辽金用韵研究》，香港文化教育出版有限公司，2002，52页。
③ 魏慧斌《宋词用韵研究》，59页。

字与皆来部通押1次,与支微部通押2次;卦韵的"画"字、夬韵的"话"字与皆来部各通押1次;灰韵合口的"推、催、摧、回"等字与皆来部分别通押1次、16次、5次和18次,而它们分别与支微部通押1次、2次、1次和2次。泰韵合口的"会"字与皆来部、支微部分别通押2次;贿韵合口的"罪"字与皆来部通押1次,与支微部通押3次;队韵合口的"辈"字与支微部通押1次。

3. 在南渡文学时期,"画"字押入皆来部2次,"涯"字押入皆来部1次,"最、会"两字押入皆来部各1次,"崖"字押入皆来部5次。"堆"字押入皆来部6次,"摧"字押入皆来部3次,"催"字押入皆来部2次。

4. 在金声遗韵时期,佳韵系字除了通押家车部字以外,也同样出现了一些字与皆来部、支微部通押的情况,其中"佳"字押入皆来部1次,"画"字押入皆来部1次,"崖"字押入皆来部7次,"涯"字押入皆来部1次,"话"字押入皆来部2次,"废"字押入皆来部1次。灰韵合口的"坯"字押入支微部1次。贿韵合口的"蕾"字押入支微部1次。泰韵合口的"会"字押入皆来部3次,押入支微部2次;"催"字押入皆来部19次,押入支微部1次;"推"字押入皆来部1次,押入支微部3次;"堆"字押入皆来部9次。队韵合口的"溃、佩"两字押入皆来部各1次。

皆来部用韵形式

常韵(10,430)

咍143 海2 灰12 队1 皆4 卦1 泰1 佳皆4 灰咍261 代队1

出韵(48,112)

1. 上去通押(2,2)

海—代1 海—代队1

2. 摄内通押

A 同调通押(23,72)

代泰4 怪泰2 卦夬2 泰队1 皆咍20 佳咍7 代泰怪1 佳灰咍4 代泰队1
卦代队怪1 夬怪蟹卦2 佳皆咍2 代卦怪1 蟹怪夬卦1 佳皆灰咍2
夬泰怪卦代1 代蟹2 队夬怪泰卦代1 代怪蟹1 队代怪1
皆灰咍14 队泰怪1

B 上去通押(23,38)

海—泰代2 海—泰8 海—代泰2 海—代泰怪1 海—怪2 海—代怪1
海—泰怪1 骇—代1 海—泰怪5 海—队2 海—代泰队怪1 海蟹—泰3
海蟹—泰怪代夬1 海—代怪泰1 蟹海贿—队夬泰代怪1 海蟹—怪代夬1
海蟹—怪泰代卦1 海—卦代泰队怪1 海—泰队代夬1 海—队代泰怪1
海—泰怪纸代1

特韵（41，44）

1. 平仄通押（4，4）

佳皆—骇1　灰咍—泰1　灰咍—怪1　皆咍海—泰代怪蟹夬卦1

2. 跨摄通押（37，40）

A 上去通押（13，13）

止—置泰1（会）　尾—霁泰1（会）　尾—至泰1（会）　止—泰1（会）

荠贿—泰1（会）　止尾—泰1（会）　止—置泰1（会）　贿纸—志1（罪）

尾贿—置1（罪）　贿—未泰1（会）　贿—至志1（罪）　止旨尾—置祭泰1（会）

止至队1（配）

B 同调通押（19，22）

至霁泰1（会）　至未泰1（会）　祭置泰1（会）　微灰1（推）　脂灰1（魋）

之支脂微齐灰2（催、回）　脂齐灰1（灰）　队代废1（对）　支脂灰1（碑）

之支灰2（催）（搥）　未至祭泰1（沛）　之支脂灰1（胚1）　代泰至1

止旨贿1（蕾）　齐微灰1（回）　之微灰1（回）　之支微灰1（催1）

之支脂灰2（推）（衰）　至置未泰队霁祭1（会、外）（内、溃、配）

C 平仄通押（5，5）

灰咍队—霁1　支—队1（辈）　支脂—志至贿1　灰咍霁1　灰咍霁队1（溃）

皆来部韵例

姚孝锡七律《九日题峰山》：台_咍杯_灰回_灰开_咍

刘处玄六言《藏头拆字》：催_灰来_咍回_灰腮_咍杯_灰

侯善渊七律《育性颂》：胎_咍胚_灰台_咍怀_灰来_咍

刘昂霄五古《游五渡谷》：开哉苔来_咍雷_灰排_皆陉_灰哀_咍隈_灰徊_灰材_咍

（五）支微部

本部包含《广韵》之、支、脂、微、齐、祭、废七韵。《广韵》规定，之、支、脂同用，微独用，齐独用，祭独用，废独用。在金代的诗歌用韵中，本部共入韵1 078次（包括与皆来部的通押韵例），其中之支脂、微、齐三组韵之间互相通押的有303次，占之支脂、微、齐三组韵总出现次数的28.1%，可以视为同用，合并成立支微部。祭韵共押入本部22次，而它在皆来部的韵例一个也没有出现，所以我们可以说在金代诗韵中，祭韵已经归入了支微部。废韵共押入本部1次，而它在皆来部一次也没有出现，所以我们把废韵也归入支微部。

在宋代通语十八部中，支微部的内部还没有显示出分化的迹象，而在《中原音韵》中支微部已经分化，支微部的齿音三等字和某些派入的入声字一起形成了支思部，非齿音三等字和另一些派入的入声字则形成了齐微部，那么对于处于宋元之间的金代来说，支微部又处于怎样的状态呢？对应《中原音韵》的支思部和齐微部，我们把支微部的齿音三等字称为支思组，非齿音三等字称为齐微组，这里的支思组与齐微组都不包括入声。在金代的诗歌韵例中支思组的韵例一共出现了183次，与本部1 117次的入韵次数相比，所占比例非常小。所以我们认为虽然由于诗歌在用韵方面的保守性，支思组在金代的诗歌用韵中表现得非常弱小，但已经出现了萌芽。

本部在金代文学四个时期的表现如下：

1. 在借才异代时期，支思组韵字之间的通押出现了3次。

2. 在国朝文派时期，支思组韵字之间的通押出现了50次，还有13次偶句是支思组，而首句借用邻韵。

3. 在南渡文学时期，支思组韵字之间的通押出现了29次，其中有5首诗是首句借用邻韵。

4. 在金声遗韵时期，支思组的韵字之间的通押出现了101次，其中有6首七律和22首七绝是首句借用邻韵。

支微部用韵形式

常韵（27，723）

脂3　至1　旨1　微138　未4　支24　之23　志5　止3　至置1　之支143　志置2　止纸5　止旨6　至志4　之支脂125　止旨纸4　至志置4　之脂49　止旨10　支脂37　齐127　荠4

出韵（81，318）

1. 上去通押（7，8）

止—志2　旨—置1　止—至1　止旨纸—志至置1　止—至置1　止旨—置1　止旨—至置志1

2. 摄内通押（21，176）

A 同调通押（14，167）

未至2　旨尾1　脂微18　之微30　之支脂微3　志至置未1　止旨纸尾2　支微56　置未1　之支微28　止纸尾3　之脂微5　止旨尾2　支脂微15

B 上去通押（7，9）

尾—志置1　止旨—至志1　旨—志1　止—志至3　止—至未1　止—志至置1　止旨纸—至1

3. 跨摄通押（53，134）

A 同调通押（37，118）

齐微13　支齐13　之齐4　止荠1　之微齐1　止尾荠1　志至祭霁1　之支微齐1　支微齐12　脂微齐2　至未霁2　脂齐5　至霁3　霁祭5　之支齐9　止纸荠4

至志霁1　支脂齐4　之支脂齐7　纸旨止荠1　之脂齐1　止旨纸尾荠1　未霁祭1
之支微齐4　支脂微齐2　霁祭1　齐之支微1　齐之支脂微4　止旨纸尾荠1
止荠3　未至寘志祭1　志至寘霁1　止旨纸荠1　之脂齐微3　止纸旨尾荠1
志至寘祭1　至祭1

B 上去通押（16，16）

旨纸—志寘祭1　旨—霁1　止尾荠旨纸—至1　止纸—霁1　止旨荠—至1
荠—志至1　止荠—至1　止—至霁1　止—至寘祭1　纸—至霁1　荠—至1
荠—至志寘未1　纸尾—至霁祭1　荠—霁祭1　纸—至志祭1　纸—至祭霁1

特韵（36，37）

1. 平仄通押（35，36）

支—寘1　支—纸1　之—止1　脂—纸1　之—尾1　微—止1　之—止纸1
支—脂志1　之支—至1　支微—尾1　微—止纸1　支—止1　之—至2
之—旨1　之脂—止1　之微—至1　支微—至1　支—至1　微—寘1
齐—止2　齐—止荠2　微齐—寘1　脂微—荠1　支—止霁1　之支—荠1
支齐—寘1　之支脂—霁1　齐之支脂—纸1　支—止至荠1　支—祭志1
齐—祭1　齐—旨纸1　齐—霁1

2. 阴入通押（1，1）

祭—职1

支微部韵例

朱弁七古《刘善长出示李伯时画马图》：靡纸几尾喜始止美旨齿止比旨里止止底荠起止毁纸体荠纸纸洗荠拟芷止鄙旨征已止沘纸

吴演五排《山居》：祠之陲支扉微怡之薇微期之讥微辞之

党怀英五古《西湖晚菊》：涯支菲微滋时之霏微期之悲脂

王处一七古《显道吟》：飞机微时之知支梯齐微微泥西齐奇为支迷齐

麻革七律《晚步张巩田间》：稀围飞肥晖微

杨奂五律《陶君秀，晋人，尝为司竹监使……》：丝时祠诗之

李道玄七绝《寄杨先生》：时之儿支知支

（六）萧宵部

（七）豪肴部

萧宵部包含《广韵》的萧、宵两韵；豪肴部包含《广韵》的豪、肴两韵。对于中古效摄各韵，《广韵》规定萧、宵同用，豪、肴独用。豪、肴、萧、宵共入韵 374 次，其中萧宵通押 99 次，在四韵的总入韵次数中约占 26.5%，可以视为同用。豪出现 217

次；肴出现了 57 次，其中 12 次独用，33 次是和豪通押，肴与豪的通押次数约占肴韵出现次数的 57.9%，因此豪肴同用无疑。萧宵与豪肴两组韵之间通押 31 次，在两组韵的总出现次数中仅约占 9%，因此萧宵与豪肴两组韵之间不能合并，我们尊重二韵在金代诗韵中的表现，分成两部。

其实在魏晋南北朝时期，萧、宵、豪、肴已经合并成了一个韵部①，金代的诗韵之所以出现四韵分立两部的现象，大概和诗韵的用韵严格有关，不管主元音是否相同，在介音的影响下，把有语感差别的韵严格分开。

萧宵部用韵形式

常韵（5，115）

宵 37　笑 4　萧宵 63　小筱 4　笑啸 7

出韵（6，9）（上去通押）

筱—笑 1　小—啸 1　小—笑啸 2　小筱—笑啸 2　小—啸 1　小筱—笑 2

特韵（22，66）

1. 平仄通押（6，6）

肴—效 1　豪宵—晧 1　宵—晧 1　萧宵—筱 1　萧宵肴—笑效 1　宵—笑 1

2. 摄内通押（16，60）

A 同调通押（11，54）

豪肴 15　巧晧 1　豪宵 9　小晧 3　肴宵 8　豪肴宵 3　豪萧宵 7　肴萧宵 3　小筱晧 1　豪萧 3　巧筱 1

B 上去通押（5，6）

晧—笑 2　晧小—笑 1　晧—号效笑 1　晧—啸 1　小—巧筱晧 1

萧宵部韵例

姚孝锡七律《题滕奉使祠》：镳宵凋萧标桥招宵

刘处玄四言《述怀》：少小了筱妙醮笑晓筱笑笑掉啸

侯善渊七绝《王仙问三要混一》：窍啸照小妙笑

豪肴部用韵形式

常韵（5，154）

肴 10　效 1　豪 102　晧 40　号 1

出韵（7，30）

1. 同调通押（2，16）

豪肴 15　巧晧 1

---

① 周祖谟《魏晋宋时期诗文韵部研究》，194 页。

2. 上去通押 (5, 14)

皓—号 4　皓—效 5　皓—效号 3　巧皓—号效 1　皓巧—号 1

豪肴部韵例

周昂五律《丘家庄早发》：号高劳涛_豪

丘处机七古《度世吟》：罩教较豹_效

曹之谦五古《感寓二首·其一》：草好保早_皓表小

(八) 尤侯部

本部包含《广韵》的尤、侯、幽三韵。《广韵》规定尤、侯、幽三韵同用，在金代的诗韵中表现出来的仍然是这种趋势。在金代的诗歌用韵中，本部共入韵 717 次，其中尤、侯通押 392 次，在本部所有的通押中占 54.7%，同用无疑，故合并成立尤侯部。幽韵共入韵 36 次，都是与尤、侯的通押，因此不具有独立性，也可以并入本部。在宋代通语十八部中，尤侯部的部分唇音字，如"浮、副、阜、负、富、亩"等已经归入了鱼模部[①]，金代诗韵表现出的却是这些字与尤侯部的大量通押，原因在鱼模部中已经讨论过，这里不再赘述。

鱼模部押入本部 5 次，属于特殊通押，我们在第五章讨论。

本部在金代文学四个时期的表现如下：

1. 在借才异代时期，由于韵例较少，没有发现尤侯部唇音字与尤侯部通押的韵例，也没有发现与鱼模部通押的韵例。

2. 在国朝文派时期，尤韵的"浮"字与尤侯部的通押出现了 6 次，与鱼模部的通押出现了 2 次。其余的，比如宥韵的"富"字、厚韵的"母"字等则未见与尤侯部的通押。

3. 南渡文学时期，"浮"字押入尤侯部 1 次，"谋"押入尤侯部 1 次，"负"押入尤侯部 1 次，尤侯部与鱼模部特殊通押出现 1 次。

4. 在金声遗韵时期，尤侯部唇音字押入鱼模部的韵例比较少，倒是有很多与尤侯部通押的韵例。其中"亩"字、"负"字、"妇"字、"浮"字、"母"字、"谋"字分别押入尤侯部 2 次、1 次、1 次、7 次、1 次和 11 次。

尤侯部用韵形式

常韵 (11, 669)

尤 261　有 16　宥 2　侯 1　厚 5　尤侯 325　候有 3　幽尤 13　幽侯 1　幽尤侯 19　有厚 23

---

① 鲁国尧《论宋词韵及其与金元词韵的比较》，刘晓南、张令吾《宋辽金用韵研究》，香港文化教育出版社有限公司，2002，52 页。

出韵（8，30）

有—宥13　厚—宥4　有厚—宥8　有厚—候宥1　有厚—宥候幼1

有厚黝—宥1　厚—宥候2

特韵（13，18）

1. 平仄通押（8，13）

尤—有4　侯—有厚5　侯—有宥1　幽尤—有1　侯—有宥厚1　尤侯—有1

2. 跨摄通押（5，5）

尤—虞1　尤侯—虞1　尤模—虞1　厚—姥语麌1　宥—暮遇1

尤侯部韵例

朱之才七古《后薄薄酒二首·其一》：首咎_有取_麌有_有

周德清七绝《阙题》：求留_尤投_侯

刘迎古风《楼前曲》：瘦袖绣_宥

马钰六古《题怡老亭二首》：酒友叟_有厚

侯善渊五律《劝门人》：后_厚就兽佑_宥

李汾五古《云溪晓泛图》：丘流_尤头侯游洲_尤鸥_侯

元好问七律《雨夜》：秋舟雠留_尤头_侯

二 阳声韵

（一）监廉部

本部包含《广韵》的谈、覃、咸、衔、严、凡、添、盐八韵。《广韵》规定谈覃同用，盐添同用，咸衔同用，严凡同用。在金代的诗歌用韵中，四组韵更多地表现出同用趋势，本部共入韵103次，谈覃、盐添、咸衔、严凡四组韵之间互相通押19次，在本部所有的入韵次数中约占了18.4%，可以视为同用，故合并成立监廉部。

本部与寒先部通押16次，属于特殊通押，我们在第五章讨论。另外，本部与侵寻部、真文部和江阳部的通押各出现1次，也属于特殊通押，同样在第五章讨论。

本部在金代文学四个时期的表现如下：

1. 在借才异代时期，监廉部与寒先部通押出现了3次。

2. 在国朝文派和南渡文学时期，本部与寒先部通押15次，与真文部通押1次，与侵寻部通押1次，与阳唐部通押1次。

3. 在金声遗韵时期，本部与寒先部、真文部的通押各出现1次。

监廉部用韵形式

常韵（7，64）

覃 7　谈 1　添 1　盐 3　添盐 13　忝琰 1　谈覃 38

出韵（13，17）

1. 上去通押（2，2）

琰—艳 1　酽桥—艳 1

2. 摄内通押（11，15）

严添 1　凡衔 1　衔覃 2　咸覃 1　覃添盐 1　盐添严 2　盐覃谈 2　凡谈覃 2　谈衔覃 1　严覃衔 1　忝琰艳桥酽 1

特韵（21，22）

1. 平仄通押（4，4）

盐添—桥 1　添盐—艳 1　谈衔—阚 1　凡严咸衔覃—鉴 1

2. 跨摄通押（17，18）

A 同调通押（10，11）

覃删 1　覃山 1　仙添盐 1　仙覃 1　删衔 1　谈寒删 1　山删凡 1　覃谈真 1　覃侵 2　寒谈 1

B 平仄通押（7，7）

覃衔—谏 1　覃寒—翰 1　山—琰 1　严添—狝 1　盐添—潜 1　先仙—桥 1　先—桥漾 1

监廉部韵例

李之翰七律《题密云州学壁》：堪谙覃谈谈岚潭覃

谭处端六言《颂》：伴缓谈谈潭覃

刘处玄四言《上敬奉三教》：剑酽检琰验艳闪琰占艳险琰点忝焰艳渐染掩琰念桥

王琢五律《和张仲宗雪诗不用体物诸字》：占檐帘盐嫌添

李俊民七古《壬申岁旱官为设食以济饥民》：沾炎黔盐甜添严严潜盐

（二）侵寻部

本部包含《广韵》的侵韵。在金代的诗歌用韵中，本部共入韵 308 次，其中侵韵独用 302 次，在本部所有的韵例中占了 98.1%，所以侵韵还是独立保持为一个韵部。

本部与真文部通押 6 次，属于特殊通押，我们在第五章讨论。

本部在金代文学四个时期的表现如下：

1. 在借才异代时期，侵韵只有独用的韵例出现。

2. 在国朝文派和南渡文学时期，本部出现了 1 次与监廉部的通押，5 次与真文部的通押。

3. 在金声遗韵时期，出现了1例与真文部的通押。

侵寻部用韵形式

常韵（2，296）

侵 295　寝 1

出韵（1，3）

寝沁 3

特韵（6，9）

1. 平仄通押（2，3）

侵沁 2　侵寝 1

2. 跨部通押（4，6）

侵真 3　侵文 1　侵魂 1　侵真谆 1

侵寻部韵例

蔡松年七古《晚夏驿骑再之凉陉观猎山间往来十有五日因书成诗》：寻心岑侵

姚孝锡七绝《花前独酌二绝句》：音斟吟侵

洪皓七律《和吴英叔寒食》：禁吟侵心深侵

周昂五律《侍祠太室》：深沈歆心侵

李献能五古《别冯驾之》：阴心襟任深吟寻斟簪参临林骖沈音侵

雷渊七律《刘御使云卿挽词二首·其一》：寻任深襟林侵

（三）寒先部

本部包含《广韵》的寒、桓、山、删、先、仙、元七韵。《广韵》规定寒、桓同用，山、删同用，先、仙同用，元、魂、痕同用。而在金代的诗歌用韵中，元韵更多地表现出与先仙同用的趋势。从表2.4中可以看出，元韵与先仙通押63次，与山删组通押10次，与寒桓组通押13次，元韵与先仙组通押的次数远远超过与寒桓、山删两组通押的次数，因此我们可以确定，在金代元韵的实际读音与先仙更加接近。

本部共入韵1 367次，其中先仙元组出现227次，寒桓组出现372次，山删组出现355次，仍然和《广韵》山摄内部的同用、独用一样，呈现出一种三足鼎立的局面。但同中有异。在本部的11种组合中，洪音韵例出现112次，细音韵例出现58次，洪细通押韵例出现73次，三组数字在本部所有的韵例中分别占了46.1%、23.9%和30%，洪细独用的韵例次数相对较大，显示出洪细已经有了分组的趋势。但是寒桓、山删这组洪音与先仙元这组细音之间通押的比例达到了30%，表明洪细之间的联系依然非常紧密，这说明在金代的诗韵中洪细虽然已经表现出一定的分组趋势，但分立仍需时日。因此寒、桓、山、删、先、仙、元七韵可以视为同用，合并成立寒先部。

表 2.4 寒先部的组合方式

韵类组合方式	平声	平仄	仄声	洪细组合方式	总计
寒桓—山删	97	12	3	洪音	112
寒桓—先仙	24	6	3	洪细	65
山删—先仙	17	1			
寒桓—山删—先仙	1	1			
元—寒桓	4	1	1		
元—山删	5		1		
元—先仙	44	2	12	细音	58
元—寒桓—山删	2		1	洪细	8
元—寒桓—先仙		2	2		
元—先仙—山删	1				
元—寒桓—山删—先仙					

在金代诗韵中，本部元与魂、痕通押 44 次，在元韵与先、仙发音逐渐接近的金代，这种通押只能说是泥古。关于元韵的归属问题，周祖谟先生在《魏晋音与齐梁音》中认为，在东汉和三国时代，元部包括寒、桓、山、删、元、先、仙七韵，称为寒部。到了晋宋时代分为寒先二部，寒部包括寒、桓、删三韵的字，先部则包括山、元、先、仙四韵的字。齐梁之际起，元韵字转而与魂、痕合为一部，而寒、先两部分为寒、删、山、先四部①，因此隋陆法言《切韵》把元、魂、痕放在一起。在唐韵中元韵非常活跃，鲍明炜先生认为："元部与其他韵的通押面最广，关系最为复杂，既与臻摄通押，又与山摄通押。……总体来看，元部与臻摄的关系比与山摄的关系要密切一些，关系最密的是魂痕，其次是先仙。可以认为元部既与魂痕同用，又与先仙同用，但魂痕很少与先仙通押。"② 而在宋代，语音发生了很大的变化，元韵在实际读音中与寒先部更加接近，而魂、痕则入了真文部。可是《平水韵》依旧沿用以前的诗韵，规定元、魂、痕同用，因而造成后代诗人用韵中有许多元与魂、痕通押的韵段，并获得了"该死十三元"的声名。但是从实际语音来看，元主要与山摄通押，可以归入寒先部，虽也有与魂、痕通押的现象，但那大概是严格遵守诗韵的结果。

关于元、魂、痕的处理，我们借用刘晓南先生在《宋代闽音考》里面的做法，把元、魂、痕出现在一起看作人为的规定，不作为合并韵部的根据，把元、魂、痕与山摄的通押，以及元、魂、痕与臻摄的通押看作是元、魂、痕通押的扩展，而不看作是

---

① 周祖谟《魏晋音与齐梁音》，177–178 页。
② 鲍明炜《初唐诗文的韵系》，153 页。

与山摄、臻摄的特殊通押①。在没有元韵出现的情况下，魂、痕与山摄字的通押，或者在没有魂、痕出现的情况下，元韵与臻摄字的通押才看作特殊通押。

本部在金代文学四个时期的表现如下：

1. 在借才异代时期，先仙组入韵 26 次，山删组入韵 16 次，寒桓组入韵 10 次，寒桓与山删两组之间通押 5 次，山删与先仙两组之间通押 1 次，寒桓与先仙两组之间通押 1 次，由次数不难看出寒桓、山删、先仙三组韵内部通押的比例远超三组之间互相通押的比例，符合《广韵》同用独用的规定。先仙与元同用的韵例只出现了 1 次。

2. 在国朝文派和南渡文学时期，本部共入韵 327 次，其中山、删同用 47 次，寒、桓同用 54 次，先、仙、元同用 197 次。本部与真文部的特殊通押出现 13 次，与监廉部的特殊通押出现 2 次，与月帖部的特殊通押出现 1 次。

3. 在金声遗韵时期，本部共入韵 779 次，其中山、删通押 131 次，寒、桓通押 76 次，先、仙、元通押 282 次；元韵出现了 62 次，其中与真文部通押 29 次，与监廉部通押 1 次。

<h3 style="text-align:center">寒先部用韵形式</h3>

常韵（23，1 051）

先 93　霰 1　山 42　删 4　仙 52　线 1　寒 51　翰 3　桓 9　换 4　元 11　阮 1　先仙 478　线霰 11　山删 165　缓 2　寒桓 92　换翰 6　元痕 2　元魂 16　阮混 1　元、魂、痕 6

出韵（65，231）

1. 上去通押（14，19）

铣霰 1　狝线 1　旱翰 1　铣线 1　狝霰 3　狝铣霰 1　狝线霰 4　狝霰 1　缓翰 1　缓旱翰 1　缓谏 1　换翰缓线 1　线狝铣 1　线翰霰旱缓换 1

2. 摄内通押（25，142）

先山 1　寒山 28　寒删 9　谏翰 1　寒仙 2　寒先 3　先桓 3　仙桓 3　桓删 2　桓山 7　寒先桓 2　寒桓山 10　寒桓删 1　换翰谏 1　寒山删 27　桓山删 9　仙山删 4　先山删 1　寒先仙 5　线霰翰 1　先仙桓 6　先仙山 7　先仙删 4　寒桓山删 4　寒山删先 1

3. 跨摄通押（26，70）

A 同调通押（20，64）

先元 9　霰愿 3　仙元 4　寒元 2　寒桓元 2　山删元 1　元山删 1　先仙元 28　寒山删元 1　寒桓山删元 1　阮狝 2　线愿 2　产阮 1　线霰愿换 1　仙元山删 1

---

① 刘晓南《宋代闽音考》，78-80 页。

仙元魂 1　元魂谆 1　元仙魂痕谆 1　先元、魂、痕 1　元文魂 1

B 上去通押（6，6）

铣—愿 1　阮铣—愿 1　阮—翰 1　狝—线霰愿 1　阮狝铣—线 1　阮裥旱—翰 1

特韵（51，85）

1. 平仄通押（44，77）

寒—翰 11　桓—换 6　删—潸 1　仙—霰 1　先仙—狝 1　先仙—线 3　先仙—霰 1
先—阮 1　山删—谏 1　寒山—翰 1　寒删—翰 1　寒—翰霰 1　寒桓—翰 14
寒桓—换 4　桓—翰 3　寒—换翰 1　寒—换 1　寒—缓翰 1　桓—缓翰 1　山—换 1
寒桓元—翰 1　寒桓—谏 3　寒删—缓 1　寒删桓—换翰 1　寒删—换 1
删—翰旱换缓翰 1　先仙—翰 2　先仙元—铣 1　先仙—换 1　先仙—线缓 1
先仙桓—翰 1　寒桓山—翰 1　寒桓山删—缓翰 1　寒桓山删—缓 1　元—文魂恩 1
先仙元—旱 1　仙—缓换霰翰狝裥 1　仙桓—霰旱换线狝愿谏 1　元—阮痕 1

2. 跨摄通押（6，7）

A 同调通押（3，4）

勘换 1　元山文 2　桓魂 1

B 上去通押（1，1）

轸阮狝缓—霰 1

C 平仄通押（2，2）

元魂山—艳 1　桓—愿恩线恨 1

3. 阳入通押（1，1）

先删阮辖 1

寒先部韵例

洪皓古风《所居三章》：门魂繁元怨愿园元阆魂

张公药七绝《新年》：年先娟仙

刘处玄四古《出家冷七翁》：饭阮看赞难翰幻裥罕旱岸翰间裥汉翰

刘从益五古《泛舟回澜亭坐中作》：澜寒官桓闲山山还颜删宽桓阑寒

元好问七律《即事》：官桓寒肝寒欢宽桓

张宇五律《送李仲晖之洛西》：鞭仙天田年先

（四）真文部

本部包含《广韵》的真、谆、臻、文、欣、魂、痕七韵。《广韵》规定，真、谆、臻同用，文、欣独用，元、魂、痕同用。前文已经说过元韵归入寒先部，这里不再赘述。在金代的诗歌用韵中，本部共入韵 757 次，真谆臻、文、欣、魂痕四组韵之间分别通押 156 次，在本部所有的通押中占 20.6%，可以视为同用，故合并成立真文部。

本部与别的阳声韵也有一些通押,其中侵寻部押入本部 1 次,庚青部押入本部 5 次,东钟部押入本部 1 次,这些属于特殊通押,我们在第五章讨论。

本部在金代文学四个时期的表现如下:

1. 在借才异代时期,元韵押入本部 3 次。

2. 在国朝文派和南渡文学时期,臻韵没有独用和同用的韵例出现,本部与侵寻部的特殊通押出现 1 次;与寒先部的特殊通押出现 2 次,1 次是与先韵的通押,1 次是与元韵的通押;与庚青部的特殊通押出现 1 次;与东钟部的特殊通押出现 1 次。

3. 在金声遗韵时期,臻韵出现了 3 次。本部与庚青部的特殊通押出现了 2 次。

真文部用韵形式

常韵(7,585)

真 215　文 69　魂 52　谆 5　真谆 215　魂痕 28　真臻 1

出韵(33,156)

1. 上去通押(5,6)

轸—震 2　轸—焮震 1　轸—问震 1　轸吻—稕震焮 1　隐轸—问 1

2. 摄内通押(28,150)

魂谆 2　真魂 10　真痕 3　很轸 1　真殷 1　文魂 13　文痕 3　文欣 15　问焮 1
真文 51　真欣 3　文谆 8　真谆文 13　文魂痕 4　文魂欣 1　谆魂痕 2　真魂痕 2
真谆魂 6　文谆魂 1　真谆欣 1　真文欣 1　真谆痕 1　真谆臻 1　真欣谆 2
真文谆欣 1　真谆文魂 2　文魂元臻 1

特韵(10,16)

1. 平仄通押(5,9)

真—震 1　魂—恩 4　真—震稕 2　真谆—震 1　文—隐 1

2. 跨摄通押(5,7)

真—侵 1　真—清 3　震—劲青映 1　震—劲径映 1　文魂真痕—东 1

真文部韵例

洪皓古风《所居三章》:门盆昏魂论谆

姚孝锡五律《春日书怀》:新真春谆频人真

滕茂实七律《雨后蔬盘可喜偶成》:新贫邻因人真

刘处玄六言《藏头拆字》:宾臣新真春均谆

冯子翼七律《赠张寿卿》:孙樽鲲魂魂

元好问五古《曲阜纪行十首·其八》:粼邻闉真沦谆亲民身真榛臻荀谆新陈人真

(五)江阳部

本部包含了《广韵》的江韵和阳、唐韵。《广韵》规定阳、唐韵同用,江韵独用。

在金代的诗歌用韵中，本部共入韵771次，其中阳、唐韵通押530次，在本部所有的韵例中占68.7%，同用无疑。江韵共出现了22次，其中9次是与阳、唐韵的通押，占江韵出现次数的40.9%，因此可以把江韵和阳、唐韵合并，成立江阳部。

周祖谟先生认为，在刘宋时期，东、冬、钟、江四韵是完全通用的，在梁代和北齐，江韵大部分与冬、钟两韵通押，到北周、陈、隋之间则大部分与阳、唐两韵通押，这是很显著的变化①。因此江韵归入阳、唐不是始于唐宋以后，而是在隋代以前就已经开始了。《切韵》把江韵放在东、冬、钟之后，显然志在存古。

本部在金代文学四个时期的表现如下：

1. 在借才异代时期，江韵独用3次，江、唐韵通押1次。

2. 在国朝文派和南渡文学时期，江韵字共出现了9次，6次是独用，3次是和阳、唐韵通押。

3. 在金声遗韵时期，江韵字共出现了8次，3次是江韵独用，5次是和阳、唐韵通押。

江阳部用韵形式

常韵（7，681）

阳188　漾9　养6　阳唐464　养荡1　宕漾3　江10

出韵（8，18）

1. 上去通押（4，9）

养—漾6　荡—宕漾1　养—宕漾2

2. 跨摄通押（4，9）

江唐2　江阳3　江阳唐2　讲荡养2

特韵（17，72）（平仄通押）

阳—漾23　阳—养漾6　阳—养2　阳—宕2　阳—荡2　阳唐—漾18　阳唐—宕4
阳唐—养荡漾1　阳唐—养漾1　阳—荡漾宕1　阳—漾宕养1　阳唐—养5
唐—漾1　唐—养1　阳唐—养宕1　江—绛3

江阳部韵例

洪皓五古《过封邱见熊主簿》：良常张阳荒唐羊乡量觞霜长阳藏昂唐章阳苍唐装忘香阳行唐

姚孝锡五律《次韵李相公偶成》：凉方阳黄唐床阳

丘处机七古《因旱作》：阳昌殃阳放漾王阳

段成己七律《漫书二首·其二》：忙唐凉狂肠长阳

---

① 周祖谟《魏晋南北朝韵部之演变》，707-709页。

（六）庚青部

本部包含《广韵》的青、清、庚、耕、蒸、登六韵。《广韵》规定，青独用，清、庚、耕同用。在金代的诗歌用韵中，本部共入韵 1 020 次，其中青、清庚耕两组之间分别通押 272 次，在青、清庚耕两组韵的总出现次数中占了 26.7%，可以视为同用，故成立庚青部。蒸、登共入韵 81 次，其中 42 次是与庚青部的通押，占蒸、登入韵次数的 51.9%，因此可以把蒸、登并入庚青部。

关于曾、梗摄的关系，鲍明炜先生指出，在初唐诗文用韵中，两摄之间韵尾相同、主元音相近，因而关系较多，但主要是庚、清与蒸韵通押，与一等韵的登韵通押较少①。曾、梗摄之间的关系其实从《切韵》中韵目的排列也可以看得出来。《切韵》把曾摄的字与梗摄的字放在一起，说明二者在当时的读音已经比较接近。中晚唐两摄逐渐出现通押，到宋代通押之例更多。宋代通语十八部中它们的读音已经没有区别，被归为一部。金代诗人的用韵同样体现了曾、梗两摄合并的语音事实。

本部在金代文学四个时期的表现如下：

1. 在借才异代时期，曾摄字出现 4 次，其中 2 次是与梗摄字的通押。

2. 在国朝文派和南渡文学时期，曾摄字共出现了 85 次，其中与梗摄字的通押 44 次，与东钟部的特殊通押 1 次。

3. 在金声遗韵时期，曾摄字一共出现了 62 次，其中与梗摄字的通押 37 次。另外，本部与真文部的通押出现 2 次。

庚青部用韵形式

常韵（16，615）

清 41　劲 2　青 74　庚 49　映 2　清庚 375　登 13　蒸 9　蒸登 14　梗静 4　清耕 4　庚耕 15　梗耿 1　映劲 8　梗 3　静梗 1

出韵（48，342）

1. 上去通押（3，6）

迥—径 1　静—劲映 3　梗—径 2

2. 摄内通押（16，264）

A 同调通押（13，260）

青清 40　青庚 51　静梗迥 1　梗迥 1　径映 1　青耕 3　清青庚 116　清青耕 1　清庚耕 28　梗静耿 1　青庚耕 6　清青庚耕 9　梗迥静耿 2

B 上去通押（3，4）

梗径 2　径劲静梗 1　梗静径劲耿迥 1

---

① 鲍明炜《初唐诗文的韵系》，《鲍明炜语言学文集》，153 页。

3. 跨摄通押（29，72）

A 同调通押（27，70）

劲嶝2　登青4　登庚4　蒸庚4　蒸清5　证劲1　蒸青4　蒸清庚14　蒸庚耕3
证净映1　蒸青庚2　映劲径3　清登1　蒸青清3　证径映劲1　登蒸庚1
蒸登青2　登清庚1　诤映静劲1　登庚青1　登庚耕1　蒸青清庚3　蒸清庚耕2
蒸登青清庚1　蒸登青清庚耕1　青蒸登4

B 上去通押（2，2）

梗静—径证1　证等静梗—映劲径1

特韵（48，63）

1. 平仄通押（35，50）

青—迥2　青—径1　清庚—静2　庚—劲1　庚—劲映1　清庚—梗1　清庚—映1
清—静迥2　青清—迥1　青清—径1　青清—劲1　青—证径1　青—梗1
青—映1　青清庚—静1　庚—径劲映2　清庚—迥1　登蒸—证2　庚—径劲1
庚—映径梗劲1　青清庚—劲11　青—梗静劲1　登—证1　青—梗静耿1
蒸庚—映劲1　登蒸青—径证1　青蒸庚—等映劲静径梗迥1　蒸登青—嶝1
青—证劲映径1　登蒸青清庚—静1　庚—证映静劲1　庚—证映径劲梗1
青庚—等映径静劲1　青—嶝梗静劲1　青清庚—梗1

2. 跨摄通押（13，13）

A 同调通押（8，8）

清—真1　清庚—真1　清青庚—真1　登—魂痕1　青—侵1　青清—侵1
清庚—侵1　青庚—侵1

B 上去通押（2，2）

寝—迥劲1　隐—静映1

C 平仄通押（3，3）

青清庚文—震1　清庚—送1　清庚—肿1

庚青部韵例

王处一七古《教授吟》：行庚兴蒸庭青清精清明庚灵青生庚婴程清惊庚声成清

刘处玄四言《出家冷七翁》：静静行病镜映正劲等等圣劲

党怀英五律《送高智叔归济南》：行生庚程清明庚

麻革五古《阻雪华下》：永境梗井静暝径屏静请劲岭颖静猛冷景警梗耿耿顶迥

李汾七律《上清宫三首·其一》：陵蒸卿庚城清平京庚

（七）东钟部

本部包含《广韵》的东、冬、钟三韵。《广韵》规定东独用，冬、钟同用。在金代的诗韵中两组韵之间呈现出同用趋势，本部共入韵 1 124 次，东钟通押 242 次，在本部所有的韵例中占 21.5%，可以视为同用，故合并成立东钟部。冬韵共入韵 41 次，41 次都是与东钟部的通押，所以冬韵不具有独立性，可以并入东钟部。

本部与真文部的特殊通押出现 17 次，与江阳部的特殊通押出现了 1 次，我们将在第五章讨论。

周祖谟先生指出，在东汉时期，东部包括钟韵字、东韵一等字和江韵字，冬部包括冬韵字、东韵三等字和江韵的"降"字。刘宋时期，东、冬、钟、江四韵通押，合为一部，齐梁以后，东韵为一部，冬、钟为一部，江韵为一部[①]。《切韵》规定东独用，冬、钟同用，江独用。在宋代通语十八部中，东、冬、钟三韵已经合并成了一个韵部，而江韵与阳、唐韵合并为江阳部，金代的诗歌用韵也反映了这种语音事实。

本部在金代文学四个时期的表现如下：

1. 在借才异代时期，本部没有出现与别的韵部字通押的韵例。

2. 在国朝文派和南渡文学时期，与江阳部的特殊通押出现了 1 次，与真文部的特殊通押出现了 17 次。

3. 在金声遗韵时期，本部没有出现与别的韵部通押的韵例。

东钟部用韵形式

常韵（6，856）

东 461　送 3　钟 372　肿 1　冬钟 4　东、冬、钟 15

出韵（8，239）

1. 上去通押（5，25）

董—送 2　董—用送 6　董—用 2　董肿—送 2　肿—送用 13

2. 摄内通押（3，214）

东钟 190　送用 2　东冬 22

特韵（26，29）

1. 平仄通押（10，11）

东—董 1　东—送 1　钟—肿用 2　东—肿 1　东钟—董 1　东—用 1　东钟—肿 2　东钟—用 1　冬钟—肿 1

2. 跨摄通押（16，18）

A 同调通押（9，11）

文魂真痕—东 1　文魂谆—东钟 1　东—魂 1　东钟—谆 1　东—真 2　东钟—真 2　文魂—东 2　东钟—魂 1

---

① 周祖谟《魏晋音与齐梁音》，《周祖谟学术论著自选集》第二版，177 页。

B 平仄通押（4，4）

东钟—养1　真文—问焮恩董1　文—问轸焮恩董1　东—问1

C 上去通押（3，3）

董轸—焮用1　董—问焮恩1　董—问焮用送1

东钟部韵例

马定国七律《送图南》：东中同红翁东

施宜生五律《社日二首·其二》：功童风中东

刘处玄六言《藏头拆字》：翁穹丰功公东

元好问七古《游黄华山》：翁东蓉钟功东容钟风东胸钟虹公雄空穷红东

李献能五古《郯城秋夜怀李仁卿》：蒙风铜东胸钟鸿通同东容蛩钟钟空东

三 入声韵

（一）屋烛部

本部包含《广韵》的屋、沃、烛三韵。《广韵》规定，屋独用，沃、烛同用。在金代的诗韵中两组韵之间呈现出同用趋势，本部共入韵104次，其中屋、烛通押69次，在本部的总入韵次数中占66.3%，同用无疑，故合并成立屋烛部。沃韵共入韵10次，10次都是与屋烛部通押，因此不具有独立性，可以并入屋烛部。

本部也出现了一些与别的入声韵的通押。与德质部通押11次，其中没韵押入本部5次，物韵押入本部3次，德韵押入本部2次，锡韵押入本部1次；鱼模部押入本部1次。这些都属于特殊通押，我们将在第四章和第五章统一讨论。

在鲍明炜先生《初唐诗文的韵系》的通摄独用同用表[①]中，屋韵出现81次，烛韵出现64次，屋烛通押19次，屋烛通押在屋、烛韵的韵例总数中占13.1%，可以认定二者同用。沃韵出现7次，没有独用的韵例，都是与屋、烛韵的通押韵例，因此可以把三韵合并在一起。由此可见，屋烛部在唐代已经成立，《广韵》中的同用、独用只是人为规定，并没有反映语音现实。

而在宋代词韵和宋代通语十八部中，屋、沃和烛三韵合并成了屋烛部。

本部在金代文学四个时期的表现如下：

1. 在借才异代时期，本部与德质部的特殊通押出现1次。

2. 在国朝文派和南渡文学时期，与鱼模部的阴入通押出现1次，与德质部的特殊通押出现了4次。

3. 在金声遗韵时期，与德质部的特殊通押出现5次。

---

① 鲍明炜《初唐诗文的韵系》，《鲍明炜语言学文集》，134页。

屋烛部用韵形式

常韵（3，30）

烛 8　屋 20　沃烛 2

出韵（3，64）

屋烛 56　屋沃 3　屋、沃、烛 5

特韵（10，10）

1. 阴入通押（1，1）

屋烛—暮 1

2. 跨摄通押（9，9）

屋烛—物 1　屋烛—德没 1　屋烛—没 1　屋—没 1　屋—物 1　屋—物没 1

屋烛—德 1　屋烛—物没 1　屋烛—锡 1

屋烛部韵例

蔡松年五绝《庚戌九日还自上都饮酒于西嵓以野水竹间清秋岩酒中绿为韵十首·其三》：竹_屋足_烛

马定国五律《读庄子》：足_烛腹_屋鹄_沃烛_烛

党怀英七古《雪中四首·其二》：粟玉_烛肉_屋腹_屋烛_烛足菊_屋

周昂七绝《清放斋》：俗束_烛屋_屋

房皞五古《寄呈岳阳诸友》：触烛_烛谷_屋欲_烛足_屋缪_德辱俗_烛幅熟_屋曲_烛复腹肉速_屋束_烛菊_屋

姬志真七律《住院》：局束狱浴_烛谷_屋

（二）觉铎部

本部包含《广韵》的觉韵和药、铎韵。《广韵》规定，药、铎同用，觉独用。在金代的诗歌用韵中，本部共入韵 52 次，其中药、铎通押 27 次，在本部的韵例总数中占 51.9%，可以视为同用。觉韵共入韵 16 次，其中 10 次独用，6 次与药、铎韵通押，虽然觉韵独用占的比例相对大一些，但是考虑到对应的江摄舒声与宕摄舒声的合并，我们还是把觉韵与药、铎韵合并为一个韵部。

本部和德质部通押 8 次，其中麦韵入本部 3 次，末、合、没、陌、职韵分别入本部 1 次，这些属于特殊通押，我们在第五章统一讨论。

在鲍明炜先生《初唐诗文的韵系》的宕摄同用独用表[①]中，铎韵出现 114 次，其中独用 70 次；药韵独用 3 次；药、铎通押 42 次，在药、铎韵的韵例总数中占 35.9%，可以视为二韵同用。另外觉韵共使用 27 次，其中 5 次是与药、铎通押，在觉韵的韵例

---

① 鲍明炜《初唐诗文的韵系》，《鲍明炜语言学文集》，158 页。

总数中占 18.52%。因此我们可以说在初唐诗文的韵系中，觉韵与药、铎韵的联系已经非常紧密，完全可以合并为一个韵部。

而在宋代词韵和宋代通语十八部中，觉、药与铎韵合并为觉铎部。

本部在金代文学四个时期的表现如下：

1. 在借才异代时期，药、铎通押的韵例只出现了 1 次。
2. 在国朝文派时期，本部与德质、月帖两部的通押各出现了 1 次。
3. 南渡文学时期，本部与月帖、德质两部的特殊通押各出现了 2 次。
4. 在金声遗韵时期，本部与德质部的特殊通押出现 3 次。

觉铎部用韵形式

常韵（4，41）

觉 10　药 1　铎 13　药铎 17

出韵（3，6）

觉药 2　觉铎 2　觉药铎 2

特韵（5，5）（跨摄通押）

铎—麦 1　药—末合 1　药铎—没 1　铎—陌麦职 1　药铎—末 1

觉铎部韵例

宇文虚中五律《庭下养三鸳鸯忽去不反戏为作诗》：缴药廓鹤铎雀药

丘处机七古《先天吟》：作错廓托酢铎药药萼铎弱酌药恶霍铎钥药乐诺博铎

刘处玄《五绝》：恶铎着约药

谭处端七绝《赠张殿试》：烁约药错铎

段克己五古《兴上人驻锡姑射之麓他日邀余所居之净乐斋勉为赋此》：脚药壑寞薄落铎钵末缚药药错铎乐觉凿铎着药廓铎

姬志真古风《觉照》：觉觉错索落铎

（三）德质部

本部包含《广韵》的缉、没、栉、质、术、迄、物、德、职、陌、麦、昔、锡十三韵。《广韵》规定质、术、栉同用，物、迄独用，月、没同用，陌、麦、昔同用，锡独用，职、德同用，缉独用。在金代诗歌的用韵中，本部共入韵 200 次，其中质术栉、物、迄、月没、陌麦昔、锡、职德、缉几组韵之间通押 135 次，在本部所有的通押中占 67.5%，同用无疑，合并成立德质部。

本部与别的入声韵也出现了一些通押。与屋烛部通押 6 次，与月帖部通押 5 次，与觉铎部通押 3 次。本部与阴声韵也有一些通押，其中支微部押入本部 10 次。这些都属于特殊通押，我们在第五章讨论。

在鲍明炜先生《初唐诗文的韵系》的曾梗两摄的独用同用表①中，职韵共出现 185 次，其中独用 99 次，与德韵通押 78 次，职、德通押在职韵的韵例总数中占 42.2%。德韵共出现 143 次，其中独用 65 次，与职韵通押 78 次，职、德通押在德韵的韵例总数中占 54.5%。由上述数据可以确定职德二韵同用。

在梗摄的独用同用中，昔韵共出现 127 次，独用 38 次；锡韵共出现 50 次，独用 7 次；昔、锡通押 37 次，在昔、锡的韵例总数中占 20.9%，可以视为二韵同用。陌韵出现 74 次，陌、昔通押 60 次，在陌、昔的韵例总数中占 29.9%，可以定为与昔、锡同用。麦韵共出现 22 次，与陌韵通押 19 次，陌、麦通押在陌、麦的韵例总数中占 19.8%，可以定为与陌、昔、锡同用。

而在曾、梗两摄的入声之间，职韵共出现 185 次，锡韵共出现 50 次；职、锡通押 10 次，在职、锡二韵的韵例总数中占 4%。德韵共出现 144 次，锡韵共出现 50 次，但德韵与锡韵的通押仅出现 6 次。职韵共出现 185 次，昔韵共出现 127 次，二韵通押仅出现 8 次。职韵共出现 185 次，锡韵共出现 50 次，二韵通押仅出现 10 次。从这些通押数据中不难看出，曾、梗两摄的入声在初唐诗文用韵中还是表现出各自抱团、互相联系不是很紧密的状态。

鲍明炜先生在说到曾、梗两摄入声的时候指出，在初唐诗文用韵中，止摄与臻摄、山摄、深摄的入声都和曾、梗两摄的入声有一定数量的通押，这些通押表明-n、-m 与-ŋ 通押，-p、-t 与-k 通押，止摄无辅音韵尾的字与-ŋ 韵尾字及其入声通押，但是这种情况在中唐诗韵中非常罕见，因此他猜测或许这种现象更接近当时的语音情况，或在某些方言中这些韵尾的界限并不十分明显，以至于可以通押，犹如现代汉语中各方言韵尾分混不同一样。他还指出，这种现象到了盛唐、中唐，随着近体诗的成熟，用韵趋于规范化，古体诗用韵也受其影响，不同的韵尾系统，虽在读音上已不甚区分，但是用韵规范的界限却不可逾越②。

而在宋词韵和宋代通语十八部中，曾、梗两摄的入声缉、没、栉、质、术、迄、物、德、职、陌、麦、昔、锡十三韵之间联系紧密，合并成了德质部。

本部在金代文学四个时期的表现如下：

1. 在借才异代时期，本部与支微部通押 2 次，与月帖部通押 1 次。

2. 在国朝文派和南渡文学时期，德质部出现了 4 次与支微部的特殊通押，3 次与屋烛部的特殊通押，4 次与月帖部的特殊通押。

3. 在金声遗韵时期，与月帖部通押 1 次，与支微部通押 3 次，与觉铎部通押 4 次，与屋烛部通押 2 次，与登庚部通押 1 次。

---

① 鲍明炜《初唐诗文的韵系》，《鲍明炜语言学文集》，160 页。
② 鲍明炜《初唐诗文的韵系》，《鲍明炜语言学文集》，161-162 页。

德质部用韵形式

常韵（12，68）

职 16　德 1　缉 4　陌 5　质 5　锡 3　昔 5　物 1　质术 1　陌昔 5　陌麦 3
德职 19

出韵（74，107）

缉质 2　缉昔 2　缉职 3　缉锡 2　缉术 2　术缉 1　质昔 2　职昔 5　质职 3
职陌 6　质锡 3　昔锡 1　职锡 1　德昔 2　德陌 1　物质 1　物没 1　质职昔 1
德物 1　德锡 1　职麦 1　昔德 1　职术 1　职昔陌 2　没术 1　昔陌锡 1
栉职德 2　质职德 1　德职昔 4　质职缉 3　职陌麦 2　陌昔职 4　德职锡 1
德职麦 2　德职陌 1　职质昔 1　德缉昔 2　职德昔 1　德缉麦 1　职缉锡 1
昔锡缉 1　德质术 1　缉职术 1　职缉昔 1　职昔锡 2　麦昔锡 1　德职质 1
缉昔陌锡 1　德陌麦昔 1　职缉昔锡 1　职缉质陌 1　缉昔陌麦 1　质术锡昔缉职 1
质职缉昔 1　质职德昔 1　昔锡职质 1　缉职昔质 1　物缉术质 1　缉职锡昔迄质 1
昔职德质物 1　职陌麦昔锡 1　德陌麦昔缉 1　职昔物德术 1　缉质术昔职 1
德职昔锡陌 1　昔锡质术缉职 1　职陌质术缉 1　职德陌麦昔缉 1
职德昔麦陌质缉 1　职昔锡麦陌质术缉 1　德职陌麦昔锡 1　德陌昔锡质栉 1

特韵（25，25）

1. 阴入通押（10，10）

齐—质 1　至—质 1　尾—职 1　祭—术物德职陌 1　志—质昔 1　霁—昔锡 1
志—德职 1　志未—德职昔锡缉 1　止—质职 1　止—职 1

2. 跨摄通押（14，14）

缉陌—月 1　缉陌—屋 1　物—屋烛 1　职陌麦昔—铎 1　昔—月 1　德—屋 1
陌—月 1　职昔—铎 1　德—屋 1　职锡质缉—铎 1　昔—薛 1　职德昔—屋 1
质昔—屑 1　德—屋烛 1

3. 阳入通押（1，1）

迥—昔陌麦 1

德质部韵例

高士谈五排《梨花》：食职藕昔寂锡白陌刻德碧昔色职夕昔客陌息职
蔡松年五律《庚申闰月从师还自颍上，对新月独酌十三首·其九》：得德识食职碧昔
党怀英五古《题张维中华山图》：翊色职刻北德窄陌墨德揖湿缉国德客陌石昔得德隔麦识息职
马钰七绝《仲冬二十八日复入环墙》：出术日质入缉
侯善渊杂言《液体》：液昔息职质室质滴锡日毕质

元好问七古《驱猪行》：食力职夕射屈物黑德术术

（四）月帖部

本部包含《广韵》的合、盍、洽、狎、叶、业、乏、帖、曷、末、黠、辖、薛、月、屑十五个入声韵。《广韵》规定月、没同用，曷、末同用，辖、黠同用，薛、屑同用，合、盍同用，叶、帖同用，洽、狎同用，业、乏同用。在金代的诗歌用韵中，本部共入韵119次，其中月、曷末、辖黠、薛屑、合盍、叶帖、洽狎、业乏几组之间通押84次，在本部的韵例总数中约占70.6%，同用无疑，故合并成立月帖部。

本部与别的入声韵有一些通押，其中德质部押入本部23次，觉铎部押入本部8次，屋烛部押入本部2次；本部与阴声韵有一些通押，其中歌戈部押入本部1次。这些都属于特殊通押，我们放在第五章讨论。

在鲍明炜先生《初唐诗文的韵系》的山摄同用独用表中①，薛韵独用22次，屑韵没有独用的韵例出现，屑、薛通押84次，在屑、薛的韵例总数中占79.25%，可以定为同用。月韵独用28次，与屑、薛通押24次，在月韵的韵例总数中占46.15%，可以定为和屑、薛同用。叶韵没有独用的韵例出现，只出现了1次与屑、薛的通押，可以定为与屑、薛、月同用。黠韵出现5次，没有独用的韵例出现，与屑、薛、月、叶通押3次，在黠韵的韵例总数中占60%，可以定为与屑、薛、月、叶同用。合韵出现了1次，没有独用的韵例出现，与黠、韵通押1次，可以定为与屑、薛、月、叶、黠同用。辖韵没有独用的韵例出现，只有与屑、薛、月、叶、黠、合的通押出现了1次，可以定为与屑、薛、月、叶、黠、合同用。没韵没有独用的韵例出现，只有与屑、薛、月、叶、黠、合、辖的通押出现了1次，可以定为与屑、薛、月、叶、黠、合、辖同用。末韵出现8次，没有独用的韵例出现，与屑、薛、月、叶、黠、合、辖、没的通押出现2次，在末韵的韵例总数中占25%，可以定为与屑、薛、月、叶、黠、合、辖、没同用。曷韵出现了8次，没有独用的韵例出现，2次是与屑、薛、月、叶、黠、合、辖、没、末的通押，可以定为与屑、薛、月、叶、黠、合、辖、没、末同用。从上面的数据中我们可以发现，山摄的入声在初唐诗文的用韵中联系是非常紧密的，但是这些入声与咸摄入声的关系没有非常紧密。

而在宋词韵和宋代通语十八部中，山咸两摄的入声合、盍、洽、狎、叶、业、乏、帖、曷、末、黠、辖、薛、月、屑十五韵之间联系紧密，彼此通押频繁，因而合并在一起，组成了月帖部。

本部在金代文学四个时期的表现如下：

1. 在借才异代时期，本部与德质部的特殊通押出现了1次，与月帖部的特殊通押

---

① 鲍明炜《初唐诗文的韵系》，《鲍明炜语言学文集》，152页。

出现 3 次。

2. 在国朝文派和南渡文学时期，本部与德质部的特殊通押出现 2 次，与屋烛部的特殊通押出现了 2 次。

3. 在金声遗韵时期，本部与觉铎部的特殊通押出现 1 次，与歌戈部的特殊通押出现 1 次，与德质部的特殊通押出现 15 次。

月帖部用韵形式

常韵（10，43）

薛 11　叶 1　屑 1　末 2　合 1　月 4　曷末 1　薛屑 16　叶帖 1　没月 5

出韵（20，58）

辖末 1　薛辖 1　薛叶 1　狎月 1　月末辖 1　薛、屑、月叶 1　薛、屑、月帖 4　叶业 1　薛月 12　薛业 1　月屑 5　月辖 2　狎乏 1　辖乏 1　薛月帖 1　薛月叶 1　薛月屑 19　薛屑帖 1　薛屑业 2　薛屑黠 1

特韵（18，18）

1. 阴入通押（1，1）

过—薛 1

2. 跨摄通押（17，17）

薛月屑—质 1　月薛—没物 1　月薛叶帖业—药 1　薛—铎 1　薛、屑、月叶—陌 1　薛—陌 1　合—没物 1　乏合—觉屋 1　合乏黠觉曷—屋 1　薛月—没 1　月—没物 1　薛月屑—末没 1　黠—没末 1　月—没陌 1　业—末德陌没 1　曷—质职德陌麦 1　薛月屑辖—觉铎 1

月帖部韵例

朱之才古风《七夕长短句》：月$_{月}$月$_{月}$热$_{薛}$物$_{物}$物$_{物}$滑$_{辖}$

刘着五排《次韵彦高占雪》：雪$_{薛}$热$_{薛}$说$_{薛}$拙$_{薛}$屑$_{屑}$穴$_{屑}$屑$_{屑}$月$_{月}$决$_{屑}$辙$_{薛}$餟$_{薛}$

马钰四言《修仙立志集句》：撇$_{屑}$烈$_{薛}$彻$_{薛}$月$_{月}$月$_{月}$

王处一七古《得道吟》：诀$_{屑}$掣$_{薛}$结$_{屑}$凛$_{寝}$月$_{月}$越$_{月}$谒$_{月}$

王喆七绝《和武功赵清明》：节$_{屑}$雪$_{薛}$别$_{薛}$

侯善渊杂言《法》：法$_{乏}$答$_{合}$学$_{觉}$啄$_{觉}$岳$_{觉}$朴$_{觉}$

段克己五古《岁己酉春正月十有一日吾友张君汉臣下世·其二》：烈$_{薛}$穴$_{屑}$绝$_{薛}$泄$_{薛}$饕$_{薛}$血$_{屑}$决$_{屑}$劣$_{薛}$说$_{薛}$辙$_{薛}$咽$_{屑}$

李汾七律《拟张水部行路难》：折$_{薛}$月$_{月}$月$_{月}$血$_{屑}$别$_{薛}$

全金诗韵小结

诗韵因为功令的限制，表现出极大的保守性，因此金代的诗韵与宋代通语十八部相比并没有表现出很大的变化。但是语音毕竟已经变化发展了，即使官韵也不能完全束缚住新的语音现象的出现，演变的现象犹如"满园春色关不住，一枝红杏出墙来"，于不经意处露出了端倪。

金代的诗歌文学可以分成四个阶段，但是语音的变化与文学的变化常常并不一致，经过观察，我们认为金代的诗韵可以分成三个阶段，第一个阶段是借才异代时期，这一时期的文人多是从赵宋过来的，这一时期金代的诗韵与宋代的用韵有着直接的延续关系，因此与宋代通语十八部相比，表现出来的用韵变化并不明显。国朝文派时期和南渡文学时期，用韵的变化不大，可以作为金代诗韵的第二个阶段。这个阶段，文学呈现出百花齐放的局面，用韵方面也更多地透露出实际语音的变化，从山摄细音、止摄齿音三等的壮大等都可以窥见一点端倪。金声遗韵时期可以作为金代诗韵变化的第三个时期，这一时期，本来期望看到一些表现得更加明显的新的语音现象，但却并不明显，诗韵的更加保守让人很是意外。

金代诗韵中的一些语音现象：佳韵系字在宋词中很多押入家车部，在金诗中这些字很多是家车、皆来两押，但还是押家车部多一些，所以我们把"佳、罢、画、涯"等字归入家车部。尤侯部唇音字押入鱼模部的不是很多，很多是两押，结合两押的数据，我们把"富、母"两字归入鱼模部，其他的仍然归入尤侯部。灰、泰韵合口字在宋代词韵中还是以押皆来部为主，所以魏慧斌把它们全部归入皆来部。在金代的诗韵中也是这种情形，灰、泰韵合口字以押皆来部为主，押入支微部的比较少，甚至在元好问的古体诗里这些字全部押入皆来部。

总之，由于诗韵的保守性，金代的诗韵较之宋代通语十八部变化不大，但是一些新的语音现象还是隐约有所表露。

第二节　全金文韵

在考察诗文用韵的时候，很多人常常把诗韵和文韵放在一起，因为诗有官韵的限制，而文常常倾向于文雅和泥古，所以这两种有韵文体用韵的差别常常不是很大。但是我们在分析金代文韵的时候，发现金文用韵与金诗用韵还是存在一定的差别，所以这里把金文用韵单独列出来讨论。

金文用韵所依据的材料大多数来自《金文最》，极小部分来自《金文雅》。《金文最》120 卷，由清代张金吾编纂，他认为"宋自南渡后议论多而事功少，道学盛而文章衰，中原文献实归金源，总集一书似不可少"①。于是他广收博采，历时十三年，三易其稿，终于在道光二年（1822 年）完成了此书。取名为"最"，"取公羊会最之义"②，所取文章一千七百九十多篇，上自收国，下至金末元初，共一百多年。所收的文章之中有韵之文一共 328 篇，其中赋 34 篇，乐章 12 首，骚 1 篇，箴 1 篇，铭 36 篇，赞 44 篇，上梁文 9 篇，碑铭 42 篇，墓志铭 149 篇，共 1 031 个韵段。用韵形式中，常韵、出韵、特韵的界定以及押韵组合的范围与诗韵相同。

通过系联韵脚字，在计算同用、独用的比例，确定韵部分合的基础上，得到金代文韵的 17 个韵部，具体分析如下。

一 阴声韵

（一）歌戈部

本部包含《广韵》的歌、戈两韵（举平以赅上去，下同）。《广韵》规定歌、戈同用，金代文韵表现出来的也是这种趋势。在金代的文韵中，本部一共出现了 16 次，其中歌、戈两韵通押 11 次，在歌、戈所有的韵例中占了 68.8%，同用无疑，故合并成立歌戈部。

另外还有一个值得注意的现象，就是在金代的文韵中歌戈和家车两部出现了大量的通押（7 次），我们称之为歌麻通押，在歌、麻两部的通押总次数中占了 17.5%，本着通押比例达到 10% 以上就可以合并的原则，可以把歌、麻两部合并为一个韵部。但是这里有一个问题，这 7 例歌、麻通押的韵例全部出自元好问之文，而别的作家的作品之中歌、麻通押则未见，这就使得歌、麻通押看起来更像是个别作家的特殊用韵，缺乏普遍性。因此我们不能把歌、麻合并为一部，而要分成两部来处理。同时，在金代的诗韵、词韵以及曲韵里，歌、麻两部也有一些通押现象出现，但次数很少。

周祖谟先生在《魏晋音与齐梁音》中认为，《广韵》中的歌、麻两部在东汉是一个韵部，齐梁以后才分为歌、麻两部③。而罗常培先生在《唐五代西北方音》中认为，歌、戈、麻三韵在《切韵》时代只是元音微有拿侈的不同，但是到了《四声等子》时代，虽然把它们同列一图，但是已分了果、假两目。可见宋元以来，这三韵已经分化成两部了④。金代文韵中表现出来的仍然是这种趋势，只在个别文人的文中出现一些歌、麻通押的韵例，大概是受方言的影响。

---

① 张金吾《金文最·序》。
② 张金吾《金文最·英和序》。
③ 周祖谟《魏晋音与齐梁音》，《周祖谟学术论著自选集》，176 页。
④ 罗常培《唐五代西北方音》，商务印书馆，2012，61 页。

在金文中没有见到"他"入歌、戈或者家车的韵例。

歌戈部用韵形式

常韵（3，8）

歌 1　歌、戈 6　果哿 1

出韵（0，0）

特韵（5，8）

1. 跨摄通押（4，7）

A 同调通押（3，6）

歌、戈—麻 4　歌—麻佳 1　歌、戈—麻佳 1

B 平仄通押（1，1）

麻—哿 1

2. 阴入通押（1，1）

歌、戈过—麦 1

歌戈部韵例

元好问《张君墓志铭》：嘉遐耶芽华麻多歌家麻涯佳何歌

元好问《恒州刺史马君神道碑》：蛇嗟华麻摩戈荷它歌磨戈婀歌波颇戈华遐家麻

（二）家车部

本部包含《广韵》的麻韵，以及佳韵系的"涯、画、话"等字。在金代的文韵中，本部一共出现了 23 次，其中 7 次是与歌戈部通押；歌戈部与家车部之间的通押前文已有论述，这里不再赘述。另外本部与月帖部的特殊通押出现 1 次，我们将在第四章讨论。

家车部用韵形式

常韵（2，9）

麻 5　祃 4

出韵（4，13）

1. 上去通押（1，10）

马—祃 10

2. 跨摄通押（3，3）

麻—佳 1（涯）　祃—卦 1（画）　祃—夬 1（话）

特韵（1，1）（阴入通押）

祃—月屑 1

家车部韵例

元好问《张几道炼师真赞》：家铧巴车夸麻

赵秉文《钟粹》：霞芽邪华麻

（三）鱼模部

本部包含《广韵》的模、虞、鱼三韵，其中有尤侯部的唇音字"副、母、亩"等字的派入。《广韵》规定模、虞同用，鱼独用；和诗韵一样，金代的文韵中也同样表现出三韵同用的趋势。在金代的文韵中，本部共出现85次，模虞与鱼两组韵之间共通押44次，在本部的入韵总次数中约占51.8%，同用无疑，故合并成立鱼模部。

另外一个值得注意的现象就是本部与通摄入声的屋、沃、烛韵以及臻摄入声的物韵通押，其中与屋韵、烛韵的通押次数比较多，分别通押了6次和7次，在本部85个韵例中，分别占了7.1%和8.2%，虽然没有达到合并的标准，但是已经为数不少。另外，物韵、术韵分别押入本部1次。

金代的诗韵和词韵虽然也出现了一些遇摄字与通摄入声字通押的韵例，但是数量很少。而文韵出现了遇摄字与通摄入声字大量通押的现象，这倒是和曲韵有点相似。周德清在《中原音韵·起例》中认为，入派三声是为了满足曲韵的特殊需要，其目的是使曲韵的用韵范围扩大，而"呼吸言语之间，还有入声之别"。"呼吸言语之间，还有入声之别"的真实性暂且不论，单文韵中如此多的阴入通押，至少说明，入声派入三声并不完全是出于作曲押韵的需要，而是语音确实已经发生了这样的变化，只不过，曲作家把它更酣畅淋漓地表现出来了而已。同时，这种次数比较多的阴入通押也说明文韵在用韵自由方面虽比不了曲韵，但是比诗韵和词韵要相对自由一些。

另外，还有1例支微部和鱼模部的通押，属于特殊通押，我们在第五章介绍。

鱼模部用韵形式

常韵（7，19）

鱼6　语1　虞3　遇2　麌2　暮4　模、虞1

出韵（27，45）

1. 上去通押（5，5）

姥—御1　语—御1　姥麌—暮遇1　麌—暮遇1　麌—暮1

2. 摄内通押（19，37）

A 同调通押（9，26）

语姥1　暮御1　姥麌1　暮遇5　鱼虞6　语麌2　遇御1　模、鱼虞6

语姥麌3

B 上去通押（10，11）

语麌—御1　麌姥—御1　语麌—遇1　姥语—遇暮1　麌姥—遇暮御1

语—遇御暮1　语—遇暮1　语—遇2　语姥麌—御遇1　语麌—暮1

3. 跨摄通押（3，3）

遇御暮虞麌—宥1（副）　御虞麌遇暮—宥1（副）　模、鱼虞语姥—厚1（亩）

特韵（20，21）

1. 平仄通押（8，9）

鱼—语1　虞—暮1　模、虞—姥暮麌1　鱼虞—遇1　鱼—遇1

模、鱼虞—暮1　鱼—麌姥2　鱼虞—麌暮1

2. 跨部通押（2，2）

姥语麌遇御—宥1（佑）　鱼虞语暮—旨至1

3. 阴入通押（10，10）

暮遇—物1　鱼—术烛1　鱼—屋1　遇—屋沃1　鱼虞模语暮遇—物烛1

鱼—屋烛1　鱼语—屋烛1　模、鱼语姥—屋烛1　鱼暮厚—屋烛1

暮语麌御厚—烛1（母）

鱼模部韵例

赵秉文《化道》：雨麌暮怒暮余初鱼儒趋虞车鱼衢虞居鱼

失名《孔氏先茔碑》：祖姥处举所语取宇麌虎姥稽语聚遇誉御佑宥

(四) 皆来部

本部包含《广韵》的佳（部分）、皆、灰（除部分合口字）、咍、泰（除部分合口字）、夬（除"话"字）六韵。《广韵》规定，佳、皆同用，灰、咍同用，卦、怪、夬同用。在金代的文韵中，本部实际入韵23次，佳皆、灰咍、卦怪夬三组之间通押11次，在本部的韵例总数中占47.8%，同用无疑，故合并成立皆来部。

在宋代通语十八部中，泰韵的合口字"会"已经归入了支微部，金文中出现1个与皆来部通押的韵例。

另外，在元好问的作品中还有1个纸韵的"毁"字与皆来部通押的韵例，我们作为特殊通押在第五章讨论。

皆来部用韵形式

常韵（4，8）

咍4　海2　灰1　灰咍1

出韵（9，10）

1. 上去通押（5，5）

海—代1　海—泰1　海—代泰1　海—队1　海—代怪泰1

2. 摄内通押（4，5）

夬怪 2　皆咍 1　皆灰咍 1　代怪队 1

特韵（5，5）

1. 平仄通押（1，1）

灰咍—骇 1

2. 跨部摄通押（3，3）

队怪废霁海泰代—至未 1（会）　海泰代队—未 1　佳皆灰咍—纸 1（毁）

3. 阴入通押（1，1）

泰—麦 1

皆来部韵例

窦杰《针经标幽赋》：会泰脉麦带太泰

史名《同知王公赞》：倅队爱戴代拜怪

元好问《蒲桃酒赋》：开咍回灰来咍涯佳胎埋咍杯灰裁咍怀皆埃咍媒灰材咍偕皆哀咍斋皆台咍毁纸灾咍梅灰孩哉咍

（五）支微部

本部包含《广韵》的之、支、脂、微、齐、祭、废七韵和灰、泰韵的部分合口字。《广韵》规定，之、支、脂同用，微独用，齐独用，祭独用，废独用，金代的文韵与诗韵一样，之支脂、微、齐三组韵更多地表现出同用趋势。在金代的文韵中，本部共入韵208次，之支脂、微、齐三组韵之间通押82次，在本部的入韵总次数中约占39.4%，同用无疑，故合并成立支微部。祭韵一共出现了21次，其中与之、支、脂、微、齐五韵通押20次，与质韵通押1次，而与皆来部的通押一次也没有出现，所以可以把祭韵并入支微部。另外还有一个废韵，废韵一共出现了6次，其中5次是与支微部通押，1次是与皆来部通押，所以也可以把废韵并入支微部。

灰、泰韵合口字并入支微部的问题，在金代诗、词、曲韵里面均存在，在文韵中也同样存在。其中灰韵合口字与之、支、脂、微、齐、祭、废七韵的通押一共出现了3次，用的是"嵬、頠、摧"三字；与贿韵的通押出现了2次，用的是"罪、汇"二字；与队韵的通押一共出现了5次，用的是"愦、兑、退、内、悔、佩、队"七字；与泰韵的通押一共出现了3次，用的是"会"字。只有"会"字在与皆来部的通押中出现了1次，其他几韵都未见与皆来部的通押，因此可以把这几个合口字并入支微部。

与诗韵一样，在金文的用韵中也同样存在支微部内部分化的问题。我们用支思组来称呼支微部中的齿音三等，用齐微组来称呼非齿音三等（两者都不包括入声）。

本部的支思组押韵组合一共出现22例，除了元好问的6例是韵字在10个左右的比较长的韵段以外，其他的是以2个韵字为主的短韵段；属于齐微组的韵段有66例，支思、齐微两组之间的通押韵例有120例,支思组韵例,齐微组韵例,支思、齐微两组之间通押的韵例在本部的韵例总数中分别占了10.6%、31.7%和57.7%,支思组、齐微组独用所占的比例比较大,表明两组已经有了分立的趋向,但是两组通押的比例还是远超两组独用的比例,甚至支思、齐微两组通押的韵例比支思、齐微两组独用的韵例加起来还要多,这说明在金代文韵中,支思组与齐微组的联系依然非常紧密,各自还不能够独立,分立还有待时日。

另外,本部还出现了大量与入声通押的韵例。与德质部通押34次,其中质韵押入本部15次,职韵押入6次,昔韵押入4次,缉韵押入3次,陌、德、术韵分别押入2次。虽然通押的比例还没有达到10%的标准,但是也已经显示出非常强的通押趋势。另外还有1例是支微部与皆来部的特殊通押,我们在第五章讨论。

支微部用韵形势

常韵(19,74)

支2 之7 止5 志3 脂1 至1 旨1 微5 未1 之脂3 至志4 止旨9 支脂4 至置1 纸止7 之支9 之支脂8 止纸旨3

出韵(47,82)

1. 上去通押(8,9)

止—志1 止—至1 纸—至1 止纸旨—置2 止纸旨—至志2 止旨—志2

2. 摄内通押(8,25)

A 同调通押(7,24)

之微1 脂微4 至未2 置未2 之支脂微11 支脂微2 之支微2

B 上去通押(1,1)

止旨尾—至1

3. 跨摄通押(31,48)

A 同调通押(22,39)

齐6 止旨荠1 至霁1 之齐2 志霁1 置霁2 齐微1 未霁1 之支齐2 纸止荠1 之支脂齐1 之支脂微齐6 至祭2 志祭2 霁祭3 志置祭1 至置祭1 至未祭2 至志置祭1 至志未祭霁1 至未置祭废1

B 上去通押(9,9)

旨纸—至志祭泰霁1(会) 贿止—至置祭泰队1(兑;退;内;罪) 止—至霁1 止—至荠1 纸止—至霁1 止—至置祭1 止—至置废霁1(瑞) 纸荠—至置未志祭霁1 止贿纸旨—未志至置霁1

特韵(51,52)

1. 平仄通押(27,28)

之—止1 之—至志1 之脂微—止旨1 支脂—旨至1 支—纸止1

支脂—止纸1　之支—止旨1　之支脂—纸1　之脂—纸1　之支脂—止志1
之支微—至1　支—止未至置1　之微—至置1　之微—至1　之微—置1
之支—未1　之支脂微—纸2　之—至祭1　微齐—止至荠1　之支脂—荠1
之支脂齐—荠置1　之支脂微齐—止1　齐—祭1　微—至祭1　脂微—队1（佩）
之支脂微齐佳皆灰咍—止旨尾废1（废；摧；嵬；頯）（汇）
齐—止至志未霁废队泰1（吠；悔；会）

2. 跨摄通押（1，1）

队未代1

3. 阴入通押（23，23）

未至止志置—陌1　止荠霁—德1　志置—昔1　之支脂置微志旨齐—昔1
置—质1　祭—质1　支至—质1　至志—质1　之至志—质1　之支止—质1
志至霁—质1　之脂微志置—质1　之脂微志—质1　之支止志至未—质1
止旨至置废—质1　止—职1　支微—职1　之支置队—职1（队）
旨荠至未止志微—质职陌1　之脂止—缉职1　之支脂微止旨纸置祭—缉质昔1
置至止纸荠霁—术质缉德1　未支至置祭荠—术昔1

支微部韵例

何若愚《流注指微针赋》：机微危宜辞支臆职微微

王朋寿《金银篇》：贵未类器至世祭秽废义置

元好问《顺安县令赵公墓碑》：缁之施斯支之之资脂辞时之私脂

元好问《南阳郡太君墓志铭》：时之赀支涮之尸师脂疵支芝之辞之私脂思之

（六）萧豪部

本部包含《广韵》的豪、肴、萧、宵四韵。《广韵》规定，萧、宵同用，豪、肴独用，在金代文韵中表现出的是三组韵同用的趋势。在金代的文韵中，本部共入韵29次，豪、肴、宵萧三组韵之间通押14次，在本部的入韵总次数中约占了48.3%，同用无疑，合并成立萧豪部。另外还有3个本部与入声觉铎部通押的韵例，属于特殊通押，我们在第五章讨论。

萧豪部用韵形式

常韵（6，9）

豪1　号1　皓3　笑1　萧宵2　笑啸1

出韵（14，14）

1. 上去通押（10，10）

小笑1　小笑晧1　小笑晧号1　小笑号1　晧效1　号晧效1　号晧效小1

号效小笑1 皓效笑1 晧笑1

2. 跨摄通押（4，4）

豪肴1 豪萧宵1 晧筱1 巧晧1

特韵（6，6）

1. 平仄通押（3，3）

宵—晧号1 宵—晧啸1 豪—号皓1

2. 阴入通押（3，3）

小—药1 宵晧—觉1 效—觉1

萧豪部韵例

李俊民《郡侯段正卿祭孤魂碑》：漂招宵脑晧吊啸

王朋寿《怪异篇》：报号兆小悼号孝效暴号召笑

（七）尤侯部

本部包含《广韵》的尤、侯、幽三韵。《广韵》规定，尤、侯、幽同用，在金代的文韵中表现出来的同样是这种情形。在金代的文韵中，本部共入韵42次，尤、侯的通押达到22次，在本部的韵例总数中占52.4%，同用无疑，合并成立尤侯部。幽韵只出现了1次，是与尤、侯韵的通押，没有独用的情况出现，不具有独立性，可以并入尤侯部。

本部与鱼模部的通押出现了3次，属于特殊通押。

尤侯部用韵形式

常韵（5，31）

尤14 有2 尤侯5 有厚9 幽尤侯1

出韵（4，6）（上去通押）

有厚候2 有候1 有厚宥2 有黝厚幼1

特韵（5，5）

1. 平仄通押（2，2）

尤有1 尤有宥厚候1

2. 跨摄通押（3，3）

宥姥1（佑） 尤模1（谟） 有语1

尤侯部韵例

赵秉文《华山感古赋》：筹尤谟模谋刘旒周辀尤

许申《重修释迦院碑》：有有斗厚牖有走厚朽有茂构陋候后厚

二 阳声韵

(一) 监廉部

本部包含《广韵》的谈、覃、咸、衔、严、凡、添、盐八韵。《广韵》规定谈、覃同用，咸、衔同用，严、凡同用，添、盐同用，在金代的文韵中表现出的是四组韵同用的趋势。在金代的文韵中，监廉部共入韵 21 次，四组韵之间共通押 6 次，在本部的入韵总次数中约占了 28.6%，可以视为同用，合并成立监廉部。

另外，本部与寒先部通押 8 次，属于特殊通押，我们在第五章讨论。鲁国尧先生在论及宋词韵及其与金元词韵的比较时认为，监廉部（本文称为监廉部）与寒先部的合韵现象在南宋和北宋时期，在各地区的词人作品中都存在，在空间和时间上找不出什么规律①。监廉部与寒先部的通押，一个是 -n 韵尾，一个是 -m 韵尾，大概是忽略了韵尾以后，主元音相同或相近。其实二者之间的通押从《诗经》时代以来一直都有，不过金代二者的大量通押，并不表明 -m 韵尾的消失，因为在宋时 -m 韵尾仍然存在，《中原音韵》中闭口三韵也仍然保存，那么 -m 韵尾不可能在处于两者中间的金代就消失了。

监廉部用韵形式

常韵（2，7）
覃 2　谈覃 5

出韵（3，4）
盐严 2　盐衔 1　添盐严 1

特韵（10，10）
1. 平仄通押（2，2）
盐—艳 1　添—艳 1
2. 跨摄通押（8，8）
琰阚凡艳忝鉴陷盐柝酽勘豏感—缓 1　琰—换 1　梵感豏—寒 1　鉴—谏换 1
感—寒先仙元山删换翰震痕 1　梵—霰 1　艳—霰 1　盐—先仙桓 1

监廉部韵例

赵秉文《祭姬平叔文》：胆寒犯梵撼感黯豏

王寂《丛蔓聚奇赋》：渐盐凡凡赡艳鞭仙缆阚箪忝歉陷舰盐鉴鉴卵缓嗛忝验艳僭栝占厌艳念栝剑酽俭琰憾勘湛豏艳艳坫栝芡琰淡阚垫栝蘸陷暂阚陷陷颔感

(二) 寒先部

本部包含《广韵》的寒、桓、山、删、先、仙、元七韵。《广韵》规定寒、桓同

---

① 鲁国尧《论宋词韵及其与金元词韵的比较》，刘晓南、张令吾《宋辽金用韵研究》，59 - 60 页。

用、山、删同用，先、仙同用，元、魂、痕同用。在金代的文韵中，七韵更多地表现出同用趋势。在金代的文韵中，本部共入韵98次，其中寒桓、山删、先仙元三组韵之间通押43次，在本部所有的入韵次数中约占了43.9%，同用无疑，合并成立寒先部。

同金代的诗韵一样，金代文韵的寒先部也存在一个内部洪细分组的问题，从寒先部组合方式（表2.5）中我们可以看出，细音组合出现了13次，洪音组合出现了2次，洪细组合出现了24次，这组数据表明在金代的文韵中洪音独立表现得不是很明显，而先仙元这组细音却表现出势力逐步增强的趋势，但是洪细之间通押的韵例数量远超洪、细音独用的韵例数量，这表明洪、细之间的联系依然非常紧密，洪、细音的分立还需要时日。

表 2.5　寒先部的组合方式

韵类组合方式	平声	平仄	仄声	洪细组合方式	总计
寒桓—山删	2			洪音	2
寒桓—先仙	7	1		洪细	18
山删—先仙	2				
寒桓—山删—先仙	3	2	2		
元—寒桓		1		细音	13
元—山删					
元—先仙	12	1			
元—寒桓—山删				洪细	6
元—寒桓—先仙	3	1			
元—先仙—山删	1				
元—寒桓—山删—先仙		1			

寒先部用韵形式

常韵（9，52）

寒1　先4　仙1　换1　谏1　山删1　先仙37　寒桓4　元魂2

出韵（24，36）

1. 上去通押（1，1）

铣—霰1

2. 摄内通押（12，14）

A 同调通押（11，13）

先山1　寒删1　先仙山1　寒先仙2　先仙桓1　寒桓删1　寒桓仙2
先仙寒删1　先仙寒山1　先仙寒桓1　先仙寒桓山删1

B 上去通押（1,1）

狝—谏换 1

3. 跨摄通押（11,21）

A 同调通押（9,19）

先仙—元 11　寒仙—元 1　先—元 1　线—愿 1　狝—阮 1　先仙山—元 1

寒桓仙—元 1　先仙寒—元 1　元魂谆 1

B 上去通押（2,2）

阮—愿 1　狝阮—霰线 1

特韵（平仄通押）（10,10）

先仙—线 1　先仙元—线 1　先仙—线霰狝换 1　先仙—缓 1　仙桓—愿 1

寒桓元—翰 1　寒桓—换狝 1　删—产线缓 1　寒山先桓—换 1　先仙山删—换 1

寒先部韵例

王朋寿《扇枕篇》：繁元安寒寒端桓刊寒焉仙

王若虚《清虚大师侯公墓碑》：贤先仙焉传仙

赵秉文《解朝醒赋》：弦先船仙眠怜先鲜仙团桓禅仙焉仙坚先卵缓涎仙泉仙

（三）侵真部

本部包含《广韵》的真、谆、臻、文、欣、魂、痕七韵和侵韵。《广韵》规定，真、谆、臻同用，文、欣独用，元、魂、痕同用，在金代的文韵中真、谆、臻、文、欣、魂、痕七韵之间更多地表现出同用趋势。在金代的文韵中，真、谆、臻、文、欣、魂、痕七韵共入韵 98 次，真谆臻、文欣、魂痕三组韵之间通押 36 次，在本部的入韵总次数中约占 36.7%，可以视为同用。侵韵在金代的文韵中共入韵 18 次，其中 10 次独用，8 次是与真、谆、臻、文、欣、魂、痕七韵通押，与七韵的通押在侵韵入韵次数中占了 44%，所以我们把侵韵并入真文部，称为侵真部。

本部与寒先部的特殊通押出现 10 次，10 次都是与元韵通押，我们仍然像诗韵一样，将其看作是元、魂、痕的扩展表现，而不算作是侵真部与寒先部的特殊通押。本部与监廉部的通押出现 1 次，还有 5 次是与庚青部的通押，这些属于特殊通押，我们统一放在第五章讨论。

元韵与魂、痕韵的通押由来已久。周祖谟先生在讨论齐梁陈隋时期诗文韵部时指出，从刘宋时期开始，元与魂、痕两韵就经常在一起押韵，到了齐梁以后，三韵仍然混用，合为元部[①]。因此《切韵》把元、魂、痕比次排列，而不与先、仙同列是有实际语音根据的。鲍明炜先生指出，在初唐元与魂、痕的关系仍然非常密切，体现出元与

---

① 罗常培、周祖谟《齐梁陈隋时期诗文韵部研究》，中华书局，2008，356 页。

魂、痕同用的趋势①。张金泉先生在讨论敦煌曲子词用韵的时候指出，在晚唐白居易的诗中，元韵呈现出一种二叶的趋势，既与魂、痕同用，又与先、仙互叶②，这里已经体现出元韵的读音发生变化，开始了与魂、痕分离，与先、仙合并的演变。在唐代的变文中，元韵已经全归寒先部③。周祖谟先生在《宋代汴洛语音考》中说："至于元韵，《切韵》本与魂痕为一类，宋人诗中多读同先仙，与魏晋以来音迥异。其转入先仙，当亦肇于唐代。"④ 从这些学者的论述中我们不难看出，元韵在唐代就已经转入寒部，不与魂、痕通押了。

侵真部用韵形式

常韵（9，46）

真12 震1 轸1 文7 魂4 真谆10 元、魂、痕1 元痕1 侵9

出韵（21，31）

1. 上去通押（2，2）

隐—问1 稕—恩1

2. 摄内通押（18，28）

真文3 文欣1 文魂1 欣魂1 真魂1 真谆魂2 真文谆4 真文魂3
真谆文魂3 真谆文魂痕1 真谆文魂臻1 元魂谆文震臻真1 元谆魂1
真谆元魂1 元谆魂痕1 元真魂谆臻1 侵元真魂谆1 真欣文元1

3. 跨摄通押（1，1）

侵真1

特韵（20，21）

1. 平仄通押（13，14）（侵文通押是合乎文韵侵真部的，将它们归入特韵是因为出现了平仄通押）

真—轸1 真—震1 真—稕震1 文魂—震1 真魂—混问1 真谆文臻—震1
真文—震稕隐轸恩1 文欣真谆魂—震1 元、魂、痕真文—震1 侵—沁1
侵—稕2 侵—稕恩1 侵文—轸准1

2. 跨摄通押（7，7）

A 同调通押（5，5）

侵—覃1 真谆—登1 真谆—清1 震—径1 山—元、魂、痕1

---

① 鲍明炜《唐代诗文韵部研究》，江苏古籍出版社，1990，415页。
② 张金泉《敦煌曲子词用韵考》，《杭州大学学报（哲学社会科学版）》，1981年3期。
③ 周大璞《〈敦煌变文〉用韵考（续一）》，《武汉大学学报（哲学社会科学版）》，1979年5期。
④ 周祖谟《宋代汴洛语音考》，《问学集（下）》，262页。

B 平仄通押（2，2）

侵真魂—清1　侵—蒸登魂清庚1

侵真部韵例

何若愚《流注指微针赋》：针深深顺椁沉侵

张行简《人论大统赋》：魂魂神真分文臻臻嗔绅真源元贫真震震闻云文身辛真温魂纹文

（四）江阳部

本部包含了《广韵》中的江韵和阳唐韵。《广韵》规定阳、唐同用，江韵独用。在金代的文韵中，本部共入韵88次，其中阳、唐通押52次，在本部的入韵总次数中几乎占了59.1%，可以视为同用。江韵共入韵9次，9次都是与阳、唐韵通押，显然不具有独立性，可以和阳、唐合并成立江阳部。

本部与庚青部通押2次，与寒覃部通押1次，属于特殊通押。

江阳部用韵形式

常韵（6，46）

阳11　漾2　养4　唐2　阳唐26　养荡1

出韵（5，15）

1. 上去通押（3，10）

养—漾8　养—宕1　养—宕1

2. 跨摄通押（2，5）

江—阳1　江—阳唐4

特韵（13，27）

1. 平仄通押（10，24）

阳—养4　阳—漾3　唐—养漾1　阳唐—漾9　阳唐—养漾2　唐—漾1

唐—漾宕1　江阳—养1　阳唐—绛1　江阳唐—漾1

2. 跨摄通押（3，3）

A 同调通押（2，2）

阳唐—清1　江阳唐—仙1

B 平仄通押（1，1）

阳唐庚—漾宕1

江阳部韵例

赵秉文《拙轩赋》：强阳宕凉方阳行唐乡伤详长阳郎唐良阳藏唐梁肠汤戕阳浪茫唐亡阳桑唐殃量阳裆唐忘翔阳育唐

元好问《御史张君墓表》：堂唐乡良阳庞江方阳旁唐璋粮阳唐藏唐昌忘阳滂唐芳常阳光唐

(五) 庚青部

本部包含《广韵》的青、清、庚、耕四韵和登、蒸二韵。《广韵》规定，青独用，清、庚、耕同用，在金代的文韵中表现出的是四韵同用的趋势。在金代的文韵中，本部共入韵98次，其中青、清庚耕两组韵之间通押69次，在本部的通押总次数中几乎占了70%，同用无疑，合并成立庚青部。登、蒸二韵共入韵22次，其中16次是与庚青部通押，通押的次数占登、蒸二韵入韵次数的73%，显然，登、蒸二韵不具有独立性，可以把登、蒸二韵并入庚青部。

本部与侵真部通押5次，与江阳部通押1次，属于特殊通押。另外，在本部的通押中还有一个值得注意的现象，就是本部与东钟部的通押，两个韵部之间的通押共出现了10次，虽然还没有到影响两部独立的程度，但也是一个值得注意的现象。

庚青部用韵形式

常韵（11，35）

清2 静1 青3 庚3 映1 清庚16 映劲1 清耕1 庚耕1 清庚耕2 登蒸4

出韵（13，33）

1. 上去通押（2，2）

静—劲1 静—映1

2. 摄内通押（4，21）

青清5 青庚3 清青庚12 清青庚耕1

3. 跨摄通押（7，10）

登清庚2 蒸庚2 蒸清1 蒸清青1 蒸清青庚2 登清青庚耕1

登蒸清青庚1

特韵（30，30）

1. 平仄通押（14，14）

庚—径映劲1 清青庚映—梗静1 清青庚—径1 清青庚—劲1 蒸—证1

蒸登—证1 清庚—证1 青—证径1 蒸—映劲静1 蒸—映径劲1

蒸清青庚耕—静1 蒸清青庚耕—径1 登清青庚耕—梗1 清耕登蒸—证1

2. 跨摄通押（16，16）

A 同调通押（7，7）

映—震1 庚青—真1 登青—真1 清—东钟1 庚—东钟1 清青庚—钟1

清庚—东钟1

B 上去通押（1，1）

梗肿董—送用1

C 平仄通押（8，8）

庚真—映 1　清青庚耕登—震径 1　钟清—静 1　冬钟—梗 1　庚东—证径 1

蒸庚—劲映迥用 1　蒸庚东—证映劲径 1　清青庚—养 1

庚青部韵例

张行简《人论大统赋》：横映令劲柄映隆东定径正劲命映硬证政劲称证竞蒸倾清胜蒸馨径明庚莹径

李嗣周《中议大夫西京路转运使焦公墓碑》：政劲颂用性劲竞蒸行庚庆命映并迥

赵秉文《叶令刘君德政碑》：灵青能登馨星青民真

（六）东钟部

本部包含《广韵》的东、冬、钟三韵。《广韵》规定东独用，冬、钟同用，在金代的文韵中表现出来的是两组韵之间的通押趋势。在金代的文韵中，本部共入韵 76 次，其中东、钟通押 37 次，在本部的韵例总数中占了 48.7%，同用无疑，合并成立东钟部。冬韵共入韵 7 次，7 次都是与东、钟韵通押，显然不具有独立性，可以与东、钟韵合并在一起组成东钟部。

东钟部用韵形式

常韵（3，36）

东 34　董 1　冬钟 1

出韵（5，34）

1. 上去通押（2，2）

肿用送 1　董用 1

2. 摄内通押（3，32）

东钟 27　东冬 2　东、冬、钟 3

特韵（平仄通押）（5，6）

东—送 2　东钟—用 1　东—肿用 1　东钟—用送 1　东—用送 1

东钟部韵例

元好问《天砚铭》：凤送绠梗奉肿溣董用用重肿瓮送

元好问《王黄华墓碑》：中隆融东从容钟宗冬缝供钟钟攻通东松冬衷功东逢钟蓬东终宫风讧东凶钟同公恫东

三　入声韵

（一）屋烛部

本部包含《广韵》的屋、沃、烛三韵。《广韵》规定，屋独用，沃、烛同用，在金代的文韵中表现出来的是两组韵之间的同用趋势。在金代的文韵中，本部共入韵 16 次，其中屋、烛通押出现 8 次，在本部出现的韵例总数中占一半，完全可以视为同用，合并成立屋烛部。而沃韵，只出现了 1 次，是与屋、烛韵通押，因此沃韵不具备独立性，可以并入屋烛部。另外，本部与德质部的特殊通押出现了 3 次，与阴声鱼模部的特殊通押出现了 1 次。

屋烛部用韵形式

常韵（2，5）

屋 4　烛 1

出韵（跨韵通押）（2，8）

屋烛 7　屋、沃、烛 1

特韵（3，3）

1. 跨摄通押（2，2）

屋烛—没物 1　屋烛—德 1

2. 阴入通押（1，1）

暮—屋烛德 1

屋烛部韵例

王朋寿《肥瘦篇》：骨没育屋腹屋物物足烛

赵秉文《富义堂铭》：足辱欲烛酷沃独卜屋

王朋寿《珠玉篇》：玉烛德德椟目屋则德速屋

（二）觉铎部

本部包含《广韵》的觉韵和药、铎韵。《广韵》规定，药、铎同用，觉独用。而在金代的文韵中，主语为后面的入声与江宕摄舒声合并的表现一致，入声也呈现出合并的趋势。在金代的文韵中，药、铎两韵共出现 4 次，其中通押 1 次，通押的比例在两韵的出现次数中占了 25％，可以视为同用。觉韵共出现 4 次，其中 3 次是与药、铎两韵通押，显然不具备独立性，可以和药、铎合并为一个韵部。

另外，本部与月帖部、家车部、德质部的通押分别出现了 1 次，属于特殊通押。

觉铎部用韵形式

常韵（1，1）

觉 1

出韵（跨韵通押）（3，3）

觉铎 1　觉药 1　觉药铎 1

特韵（2，2）
1. 跨摄通押（1，1）
铎—陌昔 1
2. 阴入通押（1，1）
麻马—铎帖 1

觉铎部韵例

赵秉文《栖霞赋》：宅额陌鹤铎石昔
元好问《布衾铭》：乐铎耶麻蝶帖也马

（三）德质部

本部包含《广韵》的缉、没、栉、质、术、没、物、德、职、陌、麦、昔、锡十三韵。《广韵》规定质、术、栉同用，物、迄独用，月、没同用，陌、麦、昔同用，锡独用，职、德同用，缉独用，在金代的文韵中，这十三韵显示出强烈的同用趋势。在金代的文韵中，本部共入韵 81 次，其中质术栉、物、迄、没、陌麦昔、锡、职德、缉几组韵之间通押 55 次，在本部的韵例总数中占了 67.9%，同用无疑，合并成立德质部。

另外，本部与月帖部的特殊通押出现了 5 次，与觉铎部的特殊通押出现了 1 次，与屋烛部的特殊通押出现了 3 次，与支微部的特殊通押出现了 4 次，这些我们在第四和第五章统一讨论。

德质部用韵形式

常韵（7，20）
缉 2　德 2　职 5　陌麦 1　职德 8　质术 1　陌昔 1
出韵（摄内通押）（36，45）
缉麦 1　铎术缉 1　职昔 4　职锡 1　德锡 1　德昔 3　德术 2　物职 1　职陌 2
缉职 2　缉昔 1　缉德 1　职质 1　术锡 1　职术 1　职麦 1　质锡 1　昔质 1
德质 3　德陌 1　锡陌 1　没物 1　物质迄 1　缉质职 1　德职陌 2　德陌麦 1
质德职 1　德昔缉 1　质职昔 1　质缉昔 1　德职质昔 1　昔锡末陌 1
质职德昔锡缉 1　质物德职昔锡 1
特韵（16，16）
1. 跨摄通押（10，10）
陌术—屑 1　德—盍 1　质—铎 1　物质昔—辖 1　陌职德质术昔锡缉—薛屑曷合 1
德没昔—屋 1　职锡—屑 1　缉职麦—薛 1　昔—屋 1　麦没—薛昔曷 1

2. 阴入通押（6，6）

至霁—质昔1　止至—质1　齐—质锡职德1　止脂祭废—质昔锡1（废）

之置未霁—缉质陌1　至—职陌昔质物屋缉1

德质部韵例

岳熙载《辰星》：智置配队邑_缉失_质闭_霁入_缉期之逆_陌气_未

赵秉文《达摩面壁庵赞》：漆日_质壁_锡默_德立_职得_德觅_锡识_职七_质题_齐

（四）月帖部

本部包含《广韵》的合、盍、洽、狎、叶、业、乏、帖、曷、末、黠、辖、薛、月、屑15个入声韵。《广韵》规定月、没同用，曷、末同用，辖、黠同用，薛、屑同用，合、盍同用，叶、帖同用，洽、狎同用，业、乏同用。在金代的文韵中，月与没早已分离，而与合、盍、洽、狎、叶、业、乏、帖、曷、末、黠、辖、薛、屑更多地表现出同用趋势，这一点与宋代通语十八部也是相合的。在金代的文韵中，本部共入韵24次，月、曷末、辖黠、薛屑、合盍、叶帖、洽狎、业乏几组韵之间通押14次，在本部的韵例总数中占58.3%，同用无疑，合并成立月帖部。另外，本部与觉铎部的特殊通押出现了2次，与德质部的特殊通押出现了9次，与支微部的特殊通押出现了2次，我们还是在第四和第五章统一讨论。

月帖部用韵形式

常韵（2，4）

薛1　薛屑3

出韵（跨韵通押）（8，8）

叶乏1　月末1　薛叶1　薛帖1　薛屑业1　薛月屑1　辖乏1　薛月屑业1

特韵（12，12）

1. 跨摄通押（10，10）

薛月—铎1　月薛—陌没1　薛屑狎—德昔没1　屑—铎1　薛月—没1

薛屑—质陌1　月—德陌1　薛月屑盍帖洽—陌昔锡麦职德1

薛月屑洽—锡德1　薛—缉1

2. 阴入通押（2，2）

至—薛月屑职德质1　祭—薛屑1

月帖部韵例

赵秉文《华山感古赋》：蹶_月圻_陌血_屑裂_薛国_德掣_薛发_獭月宅_陌镝_锡绝_薛月月极_职一_质二至

王朋寿《敦信篇》：轧_没阙_月辙_薛貊_陌缺_薛

全金文韵小结

金代是一个散文非常发达的时代，韵文的数量也非常可观。在考察金代有韵之文328篇共1 031个韵段的基础上，我们系联韵脚字，计算同用、独用的比例，得到金代文韵17部的韵部系统：阴声韵7部，包括歌戈部、家车部、鱼模部、皆来部、支微部、萧豪部、尤侯部；阳声韵6部，包括监廉部、寒先部、侵真部、江阳部、庚青部、东钟部；入声韵4部，包括屋烛部、觉铎部、德质部、月帖部。

这个韵部系统最大的特点就是歌、麻通押韵例的大量出现，但这些韵例大多见于元好问作品，别的作家的作品中很少见，因此我们认为是受作者方言影响所致。这个韵部系统的另一个特点就是，侵寻部与真文部因为大量通押韵例的存在而合并在了一起成立侵真部。

相较于诗韵的受制于功令，词韵的受制于词谱，文韵则相对更加自由一些。自由的表现之一就是在阴声韵部中阴入通押韵例的大量增加。特别是在支微部中，大量出现与德质部质韵、职韵、昔韵等的通押；在鱼模部中，大量出现了与屋烛部屋、烛两韵的通押。在入声韵部中，这个自由表现为四部入声之间的大量通押。这两种情况都反映出在实际口语中，四部入声韵尾的弱化以及混并，甚至喉塞音韵尾的消变。

阴入混用以及入声韵部之间的混用表明，虽然文韵受到诗韵的束缚和制约，比较保守，但是语音的变化是一些人为的手段无论如何也压制不了的，它还是通过一些细节展现了变化的存在。

03 第三章

金代词曲韵部系统

词又称曲子词、乐府等，始于唐，定型于五代，盛于宋。金兵南下，占领中原，中原民众饱受生灵涂炭之苦，但从词体文学的发展角度来看，金词的创作并没有因女真人的入侵而停滞。金初从北宋过来的一批赵宋文人如蔡松年、吴激等人本身都有很高的文学修养，这使得金代文学从一开始就获得了一个很高的起点。再加上金代的统治者们在初期的时候即大力推行汉化政策，使用汉字，任用汉族文人，提倡诗词歌赋，甚至一些最高统治者如完颜亮等人还以诗词著称，这些都使得词体文学在金代并没有因为异族统治而停滞，相反还有了不同于宋代的新发展，甚至元好问还把词体文学的发展推向了另一个高峰。虽然从总体来说，金代词体文学的成就比不上宋代，但这并不影响金词拥有自己独特的魅力。

金词"深裘大马、刚方伉爽"①的审美特质，遗民词人眷恋故土、心系故国的遗民心态和全真词人对修道成仙的盼望及对饱受战乱荼毒的民众心灵的慰藉等都使金词呈现出与宋词不一样的光彩。

文学的创作不是独立的行为，而是群体的行为，一个时代的社会风尚、个人的审美需求、文人本身的心态等都会对词人的创作产生影响，使其形成各具特色的词人群体。近年来在金词的研究上出现了以"词人群体"为视角的研究，比较受人关注的是李艺的《金代词人群体研究》。他在这本书中根据词人所处的时期以及文人创作的特点把金代的词人分成了5个群体：吴蔡词人群体，以吴激、蔡松年等人为代表，这一部分词人是羁留于金的北宋文人，他们继承了五代的柔婉抒情，同时被迫羁留又使他们流露出饱含家国之思的遗民心态；国朝词人群体，以蔡珪、党怀英、王寂等人为代表，该群体生活在金和宋相对安定、双方战事较少的时期，因此词人的词风体现出绮丽浮艳的特征；南渡词人群体，这个词人群体生活在金章宗明昌中期直至金灭亡，以赵秉文、王庭筠等人为代表，这一时期金国不断受到来自北边蒙古军队的威胁，敏感的词人们关注现实，表达对现实的忧思，企图以豪壮之词激起国人的强国激情；遗民词人群体，这部分人的活动时间大致限定在金末元初，他们入蒙元却又不仕于蒙元，以元好问、段氏兄弟和李俊民等人为代表，经历亡国之痛的词人们，以刚方伉爽之气，抒写出神州陆沉之痛，表现出一种坚守气节、坚信中华文明不会衰落的意志和信念；全真教词人群体，这群词人从金代中期以后便开始逐渐出现，以王重阳师徒等人为代表，他们从自己的宗教信仰出发，表达出对得道成仙的盼望和对饱受战乱荼毒的民众心灵的慰藉，因为词人们面对的是普通大众，所以他们的词有通俗化的倾向，而且与随后而起的散曲有着千丝万缕的联系②。

---

① 李艺《金代词人群体研究》，首都师范大学出版社，2008，329页。
② 李艺《金代词人群体研究》，28-41页。

第一节　全真道教词

宋金之际，战火连年，生灵涂炭。特别是在北宋灭亡以后，女真军队一方面深入江浙继续烧杀抢掠，一方面又对新攻占的宋国地区实行残酷的屠城政策，致使沦陷的村镇十室九空。长期的战乱、残酷的民族压迫，使得生存在朝不保夕环境中的汉人百姓对金王朝充满了仇恨，他们不愿做官，不愿与金王朝的统治者合作，于是有人隐居山林，寄情山水，也有人寄情于宗教，在宗教中寻找心灵的安慰与寄托。于是在这种时代潮流的冲击之下，王重阳创立的全真教在山东、河北一带兴起。

王重阳（1112—1170），原名中孚，字允卿，入道后改名王喆，道号重阳子，故称王重阳，北宋末年京兆咸阳（今陕西咸阳）人，出生于庶族地主家庭，幼年喜欢读书，后来入府学学习，考中进士。金天眷元年（1138年），应武略，中甲科。但是在参加科举的过程中，他深感民族压迫的残酷、汉族文人的地位低下与仕途的黯淡无望，于是在47岁的时候，愤然辞去，慨然入道。金正隆四年（1159年），又弃家外游，自称于甘河镇遇异人授以内炼真诀，悟道出家。金大定元年（1161年），在南时村挖穴墓，取名"活死人墓"，自居其中，潜心修持。之后焚庵出走，独自乞食，东出潼关，前往山东布教，并在那里先后收了马钰、孙不二、谭处端、刘处玄、丘处机、郝大通、王处一七人为弟子，建立了全真教。王重阳和七位弟子在山东建立了许多宗教组织，如"三教三光会""三教玉华会"等等，这些会社为他们刊印了大量的诗文，为全真道教诗词的传播和保存发挥了重要作用。王重阳善于随机施教，尤其擅长以诗词歌曲劝诱世人，以神奇诡异惊世骇俗。而他的七个弟子也都出身于世族之家，受过很好的文化教育，善于用诗词感化世人，因而留下了大量的诗文。在北方战乱频仍的时代，很多文人的作品都散佚了，而王重阳以及全真七子的诗词却因大量刊印、信众的保护和统治者的支持而得以保存，成为金代诗词的重要组成部分。

全真道教词是金词的重要组成部分，但长期以来却并没有受到人们的重视，在文学史上也没有它们的一席之地，因为很多学者认为这些道教词多为怪诞不经之语，讲的多是道家"炼形服气"之事，在文学上没有多大的价值。其实这是一种偏见。全真道士们写词的最大目的是传教，但是如果这些词一无是处，毫无感染力，那么全真教的宣传如何得到中下层文人的共鸣，以达到吸引他们入教、接受全真教教义教规的目的？

全真道教词服务于传教的目的决定了他们的诗词有不同于一般文人词的鲜明的特色，无论在词牌、体式、语音还是在用韵方面都与一般的文人词有很大的不同。而且全真道教词共有词人9位，词作2 424首，在全部的3 593首金词中几乎占了七成。因此无论是从特色上还是从词作数量上来说,全真道教词都是金词的一个重要组成部分,所以这里我们特设一节重点说明。

一 词牌和体式

(一) 词牌

在词牌方面,以开山鼻祖王重阳为代表的全真派词人,更改了很多文人词的词调,让它们更有道教意味,比如改《蓦山溪》为《心月照云溪》,改《卜操作数》为《黄鹤洞中仙》,改《瑞鹧鸪》为《报师恩》,等等;同时还创制了很多有神仙道教意味的新词调,比如《莺啼序》《得道阳》《水云游》《登仙门》等等;同时为了宣传自己的组织,还根据自己建立的道教组织的名字如"三教三光会""三教玉华会"等创制了新的词牌,比如《金莲堂》《三光会合》《金莲出玉华》等等,这些对于宣传自己的组织和教义都起了重要的作用。

(二) 联章体的广泛使用

联章体指以并列的方式扩展内容的诗歌体式。简单地说就是两首或一组词写同一件相关的事。联章体起源于隋唐,在宋代得到长足发展。宋词联章体共有普通联章、鼓子词、转踏、大曲、法曲等五种。刘华民认为联章这种诗歌体式的出现突破了词篇幅和字数的限制,扩充了词的容量,丰富了词的内涵,更有利于词人施展艺术技巧。并进一步指出宋代联章词借鉴了唐和五代联章词的创作经验,又吸收了宋代其他文学形式的创作技巧,有了长足的发展①。

联章体在金代其他词人的作品中几乎很少看到,但是在全真道士特别是王重阳和马钰的词里却有很多。王重阳《川拨棹》共分了七个联章,来叙述得道的自在逍遥。《五更出舍郎》也用了同样的格式写一更到五更的感受。《得道阳》《行香子》《五更令》等也用了同样的手法。马钰的《十报恩》用了十个联章来写用行动来报答师父的恩情。

联章体这种形式在全真道教词里的广泛运用,归根结底与道士们写词传道的目的有关。这种体式可以一章一章不断地接续,容纳更多的内容,把道理说得更清楚透彻,让自己的传道论说更有说服力。

二 口语化

词来源于民间,创立之初是配乐演唱的,不过随着词越来越文人化,词与音乐逐渐脱节。但是全真道教词不同,为了更有利于全真教义在普通大众间的传播,王重阳等人对柳永的俗词多有继承和发展,积极利用民间口语、俚语入词,这决定了他们的

---

① 刘华民《宋词联章现象探讨》,《盐城师范学院学报(人文社会科学版)》,2005年1期。

词更加口语化。

五更出舍郎

一更哩啰出舍郎。离家乡。前程路,稳排行。便把黑飙先捉定,入皮囊。牢封系,任飘扬。

二更哩啰出舍郎。变银霜。汤烧火,火烧汤。夫妇二人齐下拜,住丹房。同眠宿,卧牙床。

三更哩啰出舍郎。最相当。神丹就,养儿娘。一对阴阳真个好,坐车厢。金牛子,载搬忙。

四更哩啰出舍郎。得清凉。重楼上,饮琼浆。任舞任歌醒复醉,愈堪尝。真滋味,万般香。

五更哩啰出舍郎。没堤防。无遮碍,过明堂。一颗明珠颠倒衮,瑞中祥。昆仑上,放霞光。

王重阳的这首《五更出舍郎》里"哩啰"出现了很多次,左洪涛认为"哩啰"是音乐中的拟声词,把它看作音乐和声的记录①,当然也完全可以把它看作是口语入词,口语里的一些拟声词被放进了词里,而这在文人词里是绝对不会出现的。

再看下面王喆和马钰的词:

卜算子
王 喆

修炼不须忙,自有人来遇。已与白云结伴俦,常作词和赋。
静里转恬然,欢喜回花觑。一个青童立面前,捧出长生簿。

渔家傲
王 喆

跳出凡笼寻性命。人心常许依清静。便是修行真捷径。亲禅定。虚中转转观空迥。
认得祖宗醒复醒。红红赫赫如金定。渐渐圆明光又莹。通贤圣。无生路上长端正。

战掉丑奴儿
马 钰

世人个个便宜爱,争要便宜。半使心机。赢得便宜却是亏。少人知。
劝他好把便宜舍,建德施为。非是愚痴。暗积洪禧达紫微。做仙归。

---

① 左洪涛《论王重阳道教词对宋代俗词的继承》,《中国韵文学刊》,2009 年 4 期。

下面是南宋朱熹《朱子语类》中的一段：

读书是格物一事。今且须逐段子细玩味，反来覆去，或一日，或两日，只看一段，则这一段便是我底。脚踏这一段了，又看第二段。如此逐旋捱去，捱得多后，却见头头道理都到。这工夫须用行思坐想，或将已晓得者再三思省，却自有一个晓悟处出，不容安排也。书之句法义理，虽只是如此解说，但一次看，有一次见识。所以某书，一番看，有一番改。亦有已说定，一番看，一番见得稳当。愈加分晓。故某说读书不贵多，只贵熟尔。然用工亦须是勇做进前去，莫思退转，始得。

《朱子语类》一直被认为是南宋白话语录的代表，王、马词里面的句子"一个青童立面前，捧出长生簿""便是修行真捷径""世人个个便宜爱，争要便宜"等，与《朱子语类》里面的句子相比，甚至更加平白如话，更接近口语。

也正是这种与口语的逐步靠近，使得全真道教词与文人雅词渐行渐远，而与散曲渐行渐近。全真道教词的很多词牌，后来直接演变成了曲牌，甚至有的词忽略了分阕以后，就直接变成了曲，比如：

豆叶黄
王 喆

奉报英贤，早些出路。卜灵景，清凉恬淡好住。开阐长生那门户。便下手修持，真功真行，真性昭著。

姹女骑龙，婴儿跨虎。把珠玉琼瑶，颠倒换取。正是逍遥自在处。结一粒明明，金丹金镜，金耀攒聚。

双调·新水令·豆叶黄
关汉卿

髻挽乌云，蝉鬓堆鸦，粉腻酥胸，脸衬红霞；袅娜腰肢更喜恰，堪讲堪夸。比月里嫦娥，媚媚孜孜，那更撑达。

比较一下王喆词《豆叶黄》与关汉卿曲《双调·新水令·豆叶黄》，两者在句式方面的差别不大，最大的不同就在于关汉卿曲不分阕，而王喆词分成了两阕。

挂金索
马 钰

一更里，端坐慢慢调龙虎。运转三关，透入泥丸去，龙蟠金鼎，虎绕黄庭户。这些儿功夫，等闲休分付。

商调·挂金索

王玠

一更端坐，下手调元气。混沌无言，绝念存真意。呼吸绵绵，配合居中位。拨转些儿，黍米藏天地。

相较两首《挂金索》，除了第一句有所不同之外，其他的都是以"四五"为主的句式，差别不大。

全真道教词的口语化对散曲的形成和发展起了极大的推动作用，不管是在内容、音乐还是在表现形式方面。

三 用韵

（一）一字韵

在词的体式方面，全真教词人创作了很多福唐体的词。福唐体，即独木桥体，又叫独韵诗，一字韵诗，每句韵脚用同一个字，因此也叫同尾诗。"独木桥体的基本原理是利用汉字一字多义及派生能力很强的特点，展开多方面的描绘。"[1] 同时，"汉字虽然一字多义，但往往各种意义有关联，多次使用同一字眼，又可以利用各种字义的联系把它们串在一起，使一字变成一篇的关键词，表达中心思想"[2]。

所谓过犹不及，独木桥体的同字韵实际上相当于不押韵；而且韵脚固定，词句难免有拼凑的弊病，所以少有佳作。因此，这种词体历来不受文人们重视，但是在全真道士们的词里这种词体却常有出现。在王重阳的词作中有 8 首同字韵的词，其中《俊蛾儿·劝吏人》《望蓬莱·醴泉觅钱》用的是"儿"字，《卜操作数》《登仙门》用的是"也"字，《爇心香·坐杀王风》《爇心香·这个王风》《爇心香·谑号王风》用的是"风"字，《蕊珠宫》用的是"个"字。马钰有 12 首同字韵的词，如《满庭芳·降心魔》用的是"心"字，《玩丹砂·赠堂下道人》用的是"生"字，《清心镜·搜已过》用的是"过"字，等等。谭处端有 4 首《长思仙》是同字韵的词，其中的 2 首有点特别，就是上下两阕用的是不同的同字韵，比如《长思仙·金要多》上阕用的是"多"字，下阕用的是"何"字，而《长思仙·得还无》上阕用的是"无"字，下阕用的是"虚"字。

细究一下，福唐体在全真道教词中大量出现，大约和这些词用于演唱因而要求更加口语化，而福唐体只押一个韵，演唱起来更加朗朗上口有关。

（二）儿化韵

全真道教词体现实际语音的另一个重要表现就是儿化韵的使用。

---

[1] 吴国富《全真教与元曲》，江西人民出版社，2005，184 页。
[2] 吴国富《全真教与元曲》，184 页。

关于儿化韵的产生时代,大家众说纷纭,李格非先生提出了南宋说,唐虞先生提出了辽金说,赵荫棠先生提出了元代说,其中辽金说影响最大①。金代的词韵特别是在全真教的一些道教词里,儿化韵已经有了清楚的表现。在王重阳和马钰的词里,有3首是单独押儿韵的福唐体词,我们一一列出,然后分析这些儿韵的使用情况。

俊蛾儿·劝吏人
王 喆

见个惺惺真脱洒,堪比大丈夫字儿。莫睎灯下俊蛾儿,坏了命儿。

早早回头搜密妙,营养姹女婴儿。道袍换了皂衫儿,与太上做儿。

在这首词里,一共有六个儿韵,起码有三个词"蛾儿""命儿""皂衫儿"中的"儿"并不具有男儿、儿子这类意思,因而意义是虚化的,而意义的虚化才使"儿"成为一个词尾,这是儿化韵产生的基础。

望蓬莱·醴泉觅钱
王 喆

醴泉好,偏爱养贫儿。为破殚虚华□业,余从捉住傻猿儿,无女又无儿。

街两面,愿助小钱儿。同共买成金麦饭,三时喂饱铁牛儿,耕种老婴儿。

在这首词里,至少有2个词"小钱儿""铁牛儿"中的"儿"不具有实在的意义,属于儿化韵。

满庭芳·赠零口通明散人害风魏姑
马 钰

身为女子,志似男儿。悟来跳出门儿。道上搜寻,恋其美女娇儿。性似孤云野鹤,尘世缘、不惹些儿。真脱洒,便堪称,比个大丈夫儿。

认正本来清静,农何须,谓认虎儿龙儿。也不整理离坎,姹女婴儿。无为大功成就,产一个、无相人儿。阳纯了,便得与,太上作儿。

这首词里至少有两个词"门儿""些儿"中的"儿"属于儿化韵。另外还有两个词牌名"茶瓶儿""黄莺儿"里面的"儿"并不具有实在的意思。

由于王重阳和马钰的这三首词,我们相信在金代儿化韵已经比较成熟了,那么它的产生时代应该更早一些,因此辽金说也许更准确一些。

季永海撰文探讨了儿化的产生年代和产生渊源,通过对宋(金)时代留下来的诸宫调中儿化的情形、宋代话本小说中的儿化、汉语拼写外来词的对音的探讨,认为儿

---

① 李思敬《汉语儿音史》,商务印书馆,1986,1-11页。

化就发生在宋代（辽金），宋代（辽金）儿化音已经出现①。

而对于汉语儿化音的来源，季永海认为从北方汉语儿化音的分布及其特点来看，它发生在不同时期不同地点，有不同的来源。儿化的产生，既是汉语自身发展的结果，也是外来因素影响的结果②。汉语"儿"尾词的产生是汉语出现儿化的内在原因，汉语与阿尔泰诸语的相互影响则是儿化产生的外在因素。在北方的广大地区，汉族与持阿尔泰语系的女真、回鹘、渤海等民族长期杂居，北方汉语长期处于北方阿尔泰语系诸语种的包围之中，这种民族之间与语言之间的相互影响和融合是儿化产生的重要来源。北方民族常常采取一些办法来补救有些音发不了或有些音不能作为一个词开头的缺憾，他们或者用本民族语言自有的音来代替；或者在前边加音。而少数民族语言与汉语的r、l对音便为儿化的发生创造了条件。

全真道教词大量使用儿化韵，而且这种用韵现象在前人词中并未出现过，可进一步证实对儿化韵产生时间的猜测。

深入中下层百姓中间，吸纳民众、传播道义的目的决定了全真道教词有自己的鲜明的宗教特色，这些特色决定了它们与文人词截然不同，也决定了它们在金代词史上的特殊地位。

全真道教词是全金词里面最具特色的部分，也是数量最多的部分，占了全金词的一半还要多，正是全真道教词的存在增加了金词的分量，增强了金词研究的意义，所以这里我们用一节的篇幅介绍全真道教词的不同之处。全真词中山西道教词的用韵很有特色，本要单独用一节来介绍，后来考虑到其虽然很有特色，但没有特别到要与文人词截然分开的程度，所以还是把它们与文人词放在一起讨论，特别的地方单独拿出来说明。

第二节　全金词韵

考察金词我们用的材料是唐圭璋先生的《全金元词》③，书中共收录了金代72个词人的3 593首词，其中王重阳有8首同字韵的词，马钰有12首同字韵的词，谭处端有4首同字韵的词，应该剔除在外，剩余的3 569首词，共3 892个韵段，通过系联韵脚字，计算通押韵段同用、独用的比例，共得到17个韵部，具体分析如下。

---

① 季永海《汉语儿化音的发生与发展——兼与李思敬先生商榷》，《民族语文》，1999年5期。
② 季永海《汉语儿化音的发生与发展——兼与李思敬先生商榷》。
③ 唐圭璋《全金元词》，中华书局，1979。

一 阴声韵

(一) 歌戈部

本部包含《广韵》的歌、戈两韵（举平以赅上去，下同）。《广韵》规定歌、戈同用，金代的词韵也呈现出同用的趋势。在金代词韵中，本部共入韵 115 次，其中歌、戈通押 88 次，在本部的通押韵例总数中占了 76.5%，同用无疑，合并成立歌戈部。其中还有歌、麻通押 6 次，歌、戈与月帖部末韵通押 1 次，与觉铎部铎韵通押 2 次，这些属于特殊通押，我们在第四章和第五章讨论。另外，"他"字入本部 2 次。

歌戈部用韵形式

常韵（7，62）

歌 7　戈 3　果 1　过 2　歌、戈 45　过个 1　果哿 3

出韵（上去通押）（9，33）

果—过 8　果哿—个 1　哿—过 6　果哿—过个 13　哿—过 1　果—个过 1
果—个 1　果—个过 2

特韵（14，20）

A 平仄通押（9，12）

歌果—过哿 2　戈—过个哿果 1　歌—果过 1　戈—果个哿 1　歌、戈—果哿 1
歌、戈—过个 1　歌、戈—过 2　歌、戈—个 2　歌、戈—哿过 1

B 跨摄通押（3，6）

歌—麻 1　哿—马 1　麻戈—佳 4

C 阴入通押（2，2）

果过—个铎 1　哿过个—末铎 1

歌戈部韵例

赵可《失调名》：可哿过过火果河歌我哿

长筌子《西江月》：柯歌磨戈我哿波戈何歌卧过

李纯甫《水龙吟》：堕果可哿破祸过我哿个么果坐过过戈

(二) 家车部

本部包含《广韵》的麻韵，佳韵的"差、涯、娃、蛙"字，卦韵的"挂、卦、画"字，夬韵的"话"字，辖韵的"帕"字，梗韵的"打"字，蟹韵的"罢"字，等等。

从金词韵例中我们可以看出，佳韵的"差、涯、娃、蛙"，蟹韵"罢"字，卦韵的"挂、卦、画、洒"字，夬韵的"话"字，只见与家车部通押的韵例，不见与皆来部通押的韵例，因此可以把这些字并入家车部。"崖"字不见与家车部通押的韵例，与皆来部通押5次，"打"字在金词中出现2次，都是与麻韵字通押，而在庚青部的韵例中则没有出现。如：

马钰《黄鹤洞中仙》：打梗马也马呀麻马马

马钰《卜算子》：打梗马冶马讶祃也马

在宋代通语十八部中，家车部还没有显示出分化的迹象，在《中原音韵》时代，家车部已经分化成了家麻与车遮两部，那么对处于两个时代中间的金代来说，家车部又呈现出怎样的状态呢？在本部全部的143个韵例中，家麻组的韵例有38例，车遮组的韵例只有2例，剩下的是家麻组与车遮组通押的韵例有103例，占本部韵例总数的72％。因为车遮组的韵例很少，而家麻组与车遮组通押的比例却非常之大，因此在金代词韵中，《中原音韵》时代的家麻部与车遮部还紧密地结合在一起，没有显示出分立的迹象。

本部也有一些特殊通押出现，其中月帖部押入本部1次，觉铎部押入本部1次，德质部押入本部1次，歌戈部和皆来部分别押入本部1次。这几例都属于特殊通押，我们统一放在第五章讨论。

家车部用韵形式

常韵（3，39）

麻26　马10　祃3

出韵（15，82）

1. 上去通押（1，1）

马—祃1

2. 跨摄通押（14，81）

A 同调通押（5，51）

麻佳46（涯、差）　祃卦2　祃夬卦1　马祃梗1　梗马1（打）

B 上去通押（9，30）

马—卦1　马祃—卦8　马祃—夬9（话）（画）　马祃—卦（画、洒）夬1（话）

马祃—夬卦1（话、画）　马—夬卦1　马祃—卦夬5（话、画、挂、卦）

马祃蟹—卦3（画、罢）　马祃蟹—卦夬1（罢、挂、话）

特韵（17，22）

1. 平仄通押（9，12）

麻—马祃1　麻—祃3　麻佳—祃2　麻佳—卦马祃1（涯、卦、差）

麻—马祃卦1　麻—马卦1（画）　麻佳—祃卦1（画、涯）　麻—马夬1（话）

麻—马梗1（打）

2. 跨摄通押（3，3）

麻—歌1　麻佳—戈1　麻—皆1

3. 阴入通押（5，7）

马祃—辖3（帕）　马职1（色）　马祃卦—狎1（压）　麻佳—药1

马祃—薛、屑、月1

家车部韵例

蔡松年《水龙吟》：下蔗夏价舍夜驾社祃画卦

元好问《清平乐》：画挂卦嫁祃华麻涯佳家麻

李俊明《谒金门》：化下嫁祃罢蟹雅洒马画卦马马

（三）鱼模部

本部包含《广韵》的模、虞、鱼三韵。《广韵》规定鱼独用，模、虞同用，可是在金代的词韵中表现出来的是模、虞、鱼三韵同用的趋势。在金代词韵中，本部共入韵339次，模虞、鱼两组韵之间通押275次，在本部的通押韵例总数中约占81.1%，同用无疑，故合并成立鱼模部。

同时还出现了尤韵、宥韵、厚韵、有韵与本部的通押。其中尤韵押入本部4次，用的是"浮"字和"谋"字；宥韵押入本部5次，用的是"富"字和"副"字；厚韵押入本部3次，用的是"母"字；有韵押入本部3次，用的是"妇"字和"否"字。

尤侯部非唇音字押入本部7次，支微部押入本部5次。屋烛部押入本部10次，觉铎韵押入本部1次。这几个都是特殊的通押，我们同样放在第四章和第五章讨论。

鱼模部用韵形式

常韵（9，41）

鱼5　御2　虞4　遇1　模4　暮7　模虞11　暮遇4　姥虞3

出韵（114，265）

1. 上去通押（11，21）

语—御1　麌—遇3　姥—暮4　麌—暮2　姥—暮遇2　麌—暮遇3　麌姥—遇1

姥麌—暮1　姥—遇暮2　麌姥—遇暮2

2. 摄内通押（92，230）

A 同调通押（10，106）

鱼虞21　语麌1　遇御4　模鱼4　暮御10　姥语1　模鱼虞33　暮御遇1

语姥麌4　暮遇御27

B 上去通押（82，124）

语麌—遇1　麌—御1　麌—遇御1　语麌—遇御3　语—遇御1　语—暮御1

语姥—御暮1　语姥—御1　姥—暮御2　姥—御1　姥语—暮御3　语姥—暮御1
姥麌—遇暮2　姥语—暮遇3　姥麌语—御暮1　姥麌语—御暮1　姥语—暮御遇3
姥—暮遇御3　语姥麌—御暮1　麌语姥—遇暮御1　姥麌—暮御遇7
姥—御遇暮2　麌语姥—暮御1　语麌—暮御遇4　语姥—暮御遇2
姥麌—遇暮御1　姥麌—暮遇御2　姥—遇御4　麌—暮御遇2　麌姥—暮御2
语姥麌—遇暮御1　麌语—遇御暮1　语麌姥—御暮遇1　麌—遇御暮1
语姥—遇1　姥—暮御遇6　语姥麌—御遇暮1　语麌—遇暮1　语姥麌—御1
麌—暮遇御2　麌—暮御1　语—遇御暮2　姥语麌—遇御1　姥麌语—暮御1
语麌—御遇1　语麌—遇御暮1　语—遇暮2　姥语—暮遇1　姥麌语—御暮遇2
语麌—暮模御1　姥语麌—暮御1　麌语—暮御1　语—御暮3　语麌—暮御1
姥—御遇1　语麌—姥御2　语麌—暮遇6　姥麌语—御暮御2　语姥—暮御暮1
语—御遇暮1　姥麌语—暮御遇2　语麌姥—遇暮御3　麌—御遇暮1　麌—暮御1
姥语麌—暮御3　麌语—暮遇御2　麌语—暮1　语姥麌—暮1　语姥—遇1
语麌—御暮2

3. 跨摄通押（11，14）

A 同调通押（3，5）

模虞尤—1（浮）　遇—宥1（富）　模鱼虞—尤3（浮）（谋）

B 异调通押（8，9）

御暮语遇—宥2（富）　姥御暮—宥1（富）　姥遇暮—宥1（富）

姥遇暮御语—宥1（副）　语麌暮御—有1（否）　语遇暮—有厚1（妇、母）

暮遇御—厚1（母）　暮麌语—厚1（母）

特韵（32，33）

1. 平仄通押（14，15）

模鱼—御1　模虞—遇1　模虞—姥遇暮1　模虞—语遇1　模虞—遇御暮1
虞—麌姥语2　鱼虞—姥语1　鱼虞—姥暮1　模鱼—遇御姥1　模鱼虞—遇御1
鱼虞—姥御1　鱼—御暮姥语1　模—姥遇御1　鱼虞—暮御姥语暮遇1

2. 跨摄通押（9，9）

A 同调通押（2，2）

模虞鱼—之1　御—未1（贵）

B 平仄通押（1，1）

模、虞—厚1（后）

C 上去通押（6，6）

麌—暮遇御1（酒）　麌姥—候1（戊）　姥—霁御1（细、丽）　语姥—未遇暮1

麌姥语—未遇御1　语姥—未遇暮1（贵）

3. 阴入通押（9，9）

御语暮姥遇—烛1　暮姥—烛1　语御—屋没1　暮姥遇—烛1　姥遇麌御暮—烛1
暮御麌姥语虞宥—烛屋1　语麌遇御—铎1（幕）　语—屋烛1　暮语遇御—烛1

鱼模部韵例

王庭筠《大江东去》：树遇户姥絮御句遇去处御住遇路暮
党怀英《感皇恩》：露步暮雾模数麌暮渡暮雨麌去御
段克己《渔家傲》：酒有暮暮句住遇缕麌雾暮觑处去御雨麌

（四）皆来部

本部包含《广韵》的佳（大部分）、皆、灰、咍、泰、夬（除"话"字）、卦（除"画"字）七韵。《广韵》规定，佳、皆同用，灰、咍同用，卦、夬、怪同用，泰独用，在金代的词韵中，四组韵更多地表现出同用趋势。在金代词韵中，本部共入韵134次，其中佳（大部分）皆、灰咍、泰、夬（除"话"字）卦（除"画"字）怪四组韵互相通押83次，在本部的入韵总次数中占61.9%，同用无疑，合并成立皆来部。

另外，支微部押入本部3次，入声觉铎部押入本部2次，德质部押入本部4次，这些韵例属于特殊通押，我们放在第四章和第五章统一讨论。

此外还有灰韵系以及泰韵合口的问题。灰韵合口字、贿韵合口字、队韵合口字分别押入支微部4次，3次和6次，分别用的是"催、杯、雷"等字、"悔、碎、蕾、偏"等字和"鬼、辈、佩、队、碎、退"等字；泰韵合口字押入支微部12次，出现的是"会、外、最、绘"等字。

这些字在灰、泰韵与皆来部的通押中同样出现了，其中灰韵合口字押入皆来部20次，用的是"催、推、杯、摧、雷、辈"等字；泰韵合口字押入皆来部18次，用的是"会、外"等字；贿韵合口字"罪"字押入皆来部1次；队韵合口字押入皆来部7次，用的是"碎、悔、退、队"等字。

词韵中灰泰韵的这些字与诗韵中的一样，表现出支微与皆来两属的情形，显示出灰韵系以及泰韵的部分合口字正处于中古皆来部向《中原音韵》齐微部演变的过程之中。这一演变或许在实际语音中已经完成或者大体完成，但是由于诗韵与词韵的保守性，灰韵系及泰韵的部分合口字仍然表现出支微、皆来两属的现象。

皆来部用韵形式

常韵（6，44）

咍10　海1　灰1　泰1　灰咍30　代队1

出韵（40，76）

1. 上去通押（1，3）

海代 3

2. 摄内通押（39，73）

A 同调通押（15，44）

代怪 1　皆咍 8　代泰 5　怪卦 1　佳灰咍 4　佳皆咍 3　皆灰咍 15　佳皆灰咍 1

卦代夬怪 1　泰怪 1　队泰代怪 1　代队卦泰 1　队泰卦代 1　卦队代泰怪 1

B 上去通押（24，29）

海—怪 1　海—泰 1　海—代泰 1　海—代怪泰 4　海—代夬 2　海—代泰夬 1

海—队代泰 1　海—卦代 1　海—队泰卦 1　海蟹—怪泰 1　海蟹—代泰怪 1

海蟹—泰怪夬代 2　海—泰夬怪 1　海—怪泰代夬 1　海—代泰卦 1

海—泰怪代卦 1　贿—泰夬队怪卦 1　蟹—队代泰 1　蟹—怪代 1　蟹—怪夬泰 2

蟹—代怪队泰 1　蟹—代泰怪 1　海—卦夬怪 1

特韵（14，14）

1. 平仄通押（8，8）

咍—代怪 1　咍—海泰 1　灰咍—贿代 1　佳皆咍—海泰 1　佳皆咍—代泰 1

灰咍—怪蟹 1　灰咍—海代泰 1　皆—贿代骇海 1

2. 阴入通押（3，3）

蟹代海夬怪—铎 1　夬卦代海职—陌铎 1　代泰—职陌 1

3. 跨摄通押（3，3）

A 同调通押（2，2）

灰咍—齐 1　灰咍—微 1

B 平仄通押（1，1）

灰咍—至 1

皆来部韵例

王喆《卜算子》：价_怪隘_卦挤_怪赛_代快_夬界_怪

刘志渊《万年春》：宰_海挂_卦话_夬芥_界怪

长筌子《一枝春》：怪_怪改_宰在_海海买_蟹会_泰

（五）支微部

本部包含《广韵》的之、支、脂、微、齐、祭、废七韵。《广韵》规定之、支、脂同用，微独用，在金代的词韵中，四韵更多地显示出同用趋势。在金代词韵中，本部共入韵 530 次，之支脂、微、齐五韵通押 309 次，在本部的通押韵例总数中约占了 58.3%，同用无疑，故合并成立支微部。祭韵共与本部通押 64 次，而与皆来部的通押一次也没有出现，所以可以把祭韵并入支微部。废韵共押入本部7次，而它与皆来部的通押也同样一次也没有出现，所以废韵也可以并入支微部。

关于《中原音韵》支思部的问题。在本部的通押中，支思组的韵例共出现21例，虽仅占本部韵例总数的约4%，远远没有达到分离独立的程度，但是已经显示出一些端倪。

另外还有一些与入声的通押，如德质部押入本部25次，鱼模部押入本部13次，属于特殊通押，我们放在第四章和第五章一起讨论。

支微部用韵形式

常韵（20，120）

至1　止3（支1）支4　纸2（支2）　微20　未1　脂1　之脂3（支1）止旨5（支3）　支脂5　寘2　至寘1　之支32（支6）　纸止3（支思1）志寘1　之支脂22（支1）　止纸旨7　志寘至1　至志1　至志寘5

出韵（182，336）

1. 上去通押（17，18）

止—志1（支1）　纸—寘2　旨—至1　止—至志1　旨纸—至寘1　旨—寘1止纸—至寘志至1　止纸旨—志寘1　止旨—至寘1　止旨纸—至志寘1止旨纸—至志1　止纸—至志1（支思1）　止纸旨—志寘至1　止纸—旨志1止纸—志至1（支1）　止纸旨—志至1　止纸旨—至1（支1）

2. 摄内通押（17，71）

A 同调通押（11，65）

之支微9　之微6　志未1　支微17　脂微6　至未2　旨尾1　之脂微3支脂微3　之支脂微16　未至志寘1

B 上去通押（6，6）

尾—志1　纸尾—至1　止—志未至1（气）　旨止—志寘未至1止纸—未至志1　止—至志寘未1

3. 跨部通押（148，247）

A 同调通押（70，169）

至志霁1　齐9　荠4　霁2　祭1　霁寘1　止荠6　至祭霁1　至寘霁1之支齐4　止旨荠2　齐之支脂8　之齐1　支齐2　寘霁1　脂齐2　旨荠1支脂齐1　寘至霁1　之微齐5　支微齐4　未至霁祭1　齐之脂微3　至志未霁1支脂微齐8　至寘未霁1　止纸尾荠1　之支微齐18　至未寘霁祭1　霁祭1至寘志未祭霁1　至寘志未祭1　之支脂微齐20　至祭1　止至寘未祭霁泰1（绘）至霁废祭1（废）　至志未寘霁祭1　齐微3　未霁6　志霁1　祭霁1　至寘祭1

第三章 金代词曲韵部系统

至未霁祭1　至霁祭2　祭至志置1　祭霁至志未1　队霁至未置1　置至未霁祭1
泰未志至霁队1（最）　至霁1　祭队霁未至置1　置霁泰队至未1（会）
至未置队霁1（退）　至置队霁祭1　之微灰1（杯）　霁祭废未至志置1
支微齐灰2（催）　祭泰1（最）　至置霁祭泰1（会）　齐9　荠4　霁2　祭1
霁置1

置至志未祭霁2

B 上去通押（78，78）

止旨—至霁1　荠旨止—志至1　旨—志霁1　止—霁至志1　止—至霁1
止旨—至志1　纸止—志1（支思1）　纸止—置志1　纸—志1　旨—霁1
纸—霁至1　止纸旨荠—至1　止旨—至置志霁1　止纸旨—霁1
荠纸止—霁至志置1　霁止旨纸—至1　旨止—霁未置1　止旨纸—霁1
止旨纸荠—至1　旨止—至志置霁1　止旨—置至霁1　纸—至志置霁1
止纸—志至置祭1　旨—至志置祭1　止纸荠—至志祭1　旨荠—霁至置1
旨—霁至志未1　荠—至志未霁1　止—志未霁1　止旨—至未霁1
纸旨荠—未1　旨—至未置霁祭1　纸—志未霁1　旨止纸荠—至祭1
旨—祭1　止旨纸—未志至祭1　止旨荠—至霁祭1　止旨—至霁祭1
止—至置志祭霁1　止—霁祭置未1　止旨—置未霁祭1　止—至置未祭1
止旨纸—置至霁祭1　止旨纸—至祭霁1　止—霁置至未1　止尾—霁志置未至1
尾—至置志霁1　止纸尾—未志至霁1　止旨纸荠—未1　旨止—至未置志霁1
止旨纸尾荠—祭1　止荠旨—未置霁祭1　止旨纸—置至未祭霁1　纸—志霁1
止荠—至志未置霁祭1　荠尾—至志置祭1　尾旨—志置霁祭1　荠—未1
旨—霁1　止—霁至1　荠—至霁祭1　旨—至置祭1　旨—废霁祭1
纸—霁祭至置1　荠—队霁至置1（辈）　纸止—霁祭至志置1
纸止荠—至未霁1　贿—至未霁队1（悔、碎）　止旨纸—祭志置1
旨—至霁泰祭1（会）　荠尾—废至置1　止—志队未祭泰（会）1
贿—未1（偏）　贿止旨—志至未祭1（蕾）　旨纸—未队至祭1（辈）
旨纸—置至志祭泰霁队1（会，外）（佩）　止贿—至（罪）废祭1
止—至未祭霁废（秽）1

特韵（65，74）

1. 平仄通押（29，36）

支—止纸志1　支—纸至1　之—止旨至志1　之支微—置1　支—志1
之支脂—止旨至1（支1）　之支脂—至1　微—止1　支微—至1　齐—霁8
之支脂—纸未至1　齐—止1　支脂—置霁2　之微—止未霁1　齐支微—纸至1

支脂微—至霁1　之支微—齐霁1　之支微—置霁祭1　支微脂—止志泰1（会）
支微—止志未祭2　之—霁至志1　之支脂微齐—至1　支微齐—止旨霁1
支微—止旨未霁1　之支齐—祭未1　齐支微—旨祭废1（肺、世）
支微—未队1（佩）

2. 阴入通押（17，17）

志—质1　旨尾至志队荠—缉1（鬼、队）　之脂旨止尾至队霁—质职1
置止至—锡1　霁祭荠—锡1　止至祭—德1　置止—质昔1　纸荠—质1
未置霁祭—质1　止至未霁—职1　纸置霁祭—职1　志至霁祭—职1
止志—缉昔陌质1　至止未霁荠泰齐—质昔（会）1　至置未止霁泰—昔1（会）
止—职德昔陌麦1　止至未泰霁荠—职1（最）

3. 跨摄通押（19，21）

A 同调通押（9，10）

脂齐—灰1　之支脂—灰1　之支脂微齐—灰1　支微—灰1（雷）　脂—咍1
止旨纸—语麌1　霁—御2　微—鱼1　之支—虞1

B 平仄通押（4，4）

灰咍—旨1　支微咍—旨未霁祭1　支微—至遇1　之—至祭霁语1

C 上去通押（6，7）

止旨—志置未祭代1　麌旨荠—未置至霁1　荠止—御霁祭1
止—至志未遇1　纸—至志未遇霁2（趣）　纸旨止—祭霁代至志置1

支微部韵例

谭处端《连理枝》：辈队利至气未悔贿离支秘至计霁会泰

蔡松年《蓦山溪》：世祭水旨味未辈队纸纸醉至

党怀英《月上海棠》：蕾贿意志气未里止水旨际祭味未翠至

（六）萧豪部

本部包含《广韵》的豪、肴、宵、萧四韵。《广韵》规定宵、萧同用，豪、肴独用，但是在金代的词韵中，豪、肴、宵、萧四韵更多地显示出同用趋势。在金代词韵中，本部共入韵282次，其中豪、肴、宵萧三组通押141次，在本部的入韵总次数中占了50%，同用无疑，故合并成立萧豪部。另外，尤侯部与鱼模部各押入本部1次，属于特殊通押，我们仍然放在第五章讨论。

萧豪部用韵形式

常韵（8，82）

豪10　皓32　宵17　小2　肴2　萧宵12　笑啸1　小筱6

出韵（86，182）

1. 上去通押（12，52）

晧—号 29　小—笑 4　小筱—啸 1　小筱—笑啸 7　筱—笑啸 2　小筱—笑 4

筱—笑 2　小—笑啸 1　小—啸 2

2. 摄内通押（74，130）

A 同调通押（13，50）

肴宵 2　豪宵 6　小晧 7　筱晧 3　豪肴 5　巧晧 1　豪肴宵 6　肴萧宵 4

肴宵豪 1　豪萧宵 6　小筱晧 8　豪、肴、萧、宵 1

B 上去通押（61，80）

小晧—号 3　晧—号笑 4　小—晧笑 1　晧小—号笑 1　晧—笑 1　晧—笑号 1

筱晧—号 3　筱—号 2　晧—啸 1　筱—效 1　晧—号效 3　巧晧—效号 1

晧—效 4　晧—效号 2　小巧晧—效笑 1　小筱—晧笑 1　小晧—笑 1

晧小筱—号 1　小巧晧—笑号 1　小—笑效 1　小晧—号笑效 1　晧巧筱—笑啸 1

晧巧筱—号效 1　筱小巧—笑效啸 1　筱—笑效啸 1　筱—啸笑效 1　小筱—笑效 2

小筱—笑啸 1　小—啸笑效 1　筱巧—笑啸 1　晧筱—效 1　小筱—啸晧 1

筱小晧—啸 1　筱晧—号笑 5　筱小晧—笑啸 2　小晧筱—笑啸 2　筱晧小—号笑 1

小筱—笑啸 1　晧小—号笑啸 1　小晧筱—笑 2　小筱—号晧 2　晧筱—笑 1

小筱晧—号笑 2　小晧—啸 1　筱小—晧笑啸 1　小晧—号啸笑 1

巧晧小筱—效笑啸 1　筱巧晧—效笑啸 1　筱巧晧—号笑 1　筱晧—号笑效 1

巧小筱晧—啸笑效 1　小筱晧—号效 1　巧筱晧—笑啸号 1　筱晧—笑啸效 1

小晧—号效啸 1　小筱晧—号笑效 1

特韵（16，18）

1. 平仄通押（14，16）

豪—晧 2　宵肴—小 1　豪宵—晧 1　豪—小笑 1　豪—效晧 1　宵—晧 1

萧宵—筱晧 2　宵—筱小笑 1　宵—笑筱 1　豪—号晧筱 1　萧宵—小筱笑啸 1

宵—小筱笑 1　宵—巧效笑小筱 1　萧—小笑效啸晧 1

2. 跨摄通押（2，2）

号晧厚 1　晧号暮 1

萧豪部韵例

王处一《谢师恩》：耗_号晓_筱俏_笑倒_晧报_号道_晧号_号了_筱扫_晧教_效老岛_晧

李俊明《满江红》：晓_筱草_晧了_筱笑_笑倒扫_晧鸟_筱少小

段成己《鹧鸪天》：遥_豪招桥邀_宵敲肴高_豪

（七）尤侯部

本部包含《广韵》的尤、侯、幽三韵。《广韵》规定尤、侯、幽同用，金代词韵中同样体现出这种趋势。在金代词韵中，本部共入韵 299 次，尤侯通押 203 次，在本部的通押韵例总数中约占 67.9%，同用无疑，故合并成立尤侯部。幽韵共入韵 13 次，都是与尤侯两韵通押，不具有独立性，可以并入尤侯部。鱼模部押入本部 2 次，属于特殊通押，我们放在第五章讨论。

尤侯部用韵形式

常韵（11，212）

尤 48　有 15　宥 4　侯 1　厚 3　尤侯 118　有厚 8　候宥 3　幽尤 5
幽尤侯 7

出韵（8，72）

有—宥 6　有厚—宥 19　有厚—候宥 14　厚—候宥 3　有—宥候 21　有—候 2
厚—宥 2　　有厚—宥候 5

特韵（13，15）

1. 平仄通押（10，12）

尤—有 1　尤—宥 2　尤侯—宥 1　尤侯—候有厚 1　　尤侯—候宥 1
尤—候有宥 2　尤侯—有厚 1　尤侯—有 1　尤—有厚宥 1　幽尤侯—宥 1

2. 阴入通押（1，1）

有候厚—屋 1

3. 跨摄通押（2，2）

有宥厚候—遇御语 1　厚—语姥麌御遇 1

尤侯部韵例

谭处端《神光灿》：头侯雠休尤幽幽求流游俦尤

元好问《洞仙歌》：候候九手有斗厚奏候酒有寿宥

完颜璟《蝶恋花》：瘦皱有斗候扣厚昼有透奏候袖宥

二 阳声韵

（一）侵寻部

本部包含《广韵》的侵韵。在金代词韵中，本部共入韵 90 次，其中侵韵独用 82 次，在本部的通押韵例总数中占 91.1%，保持了自己的独立性。

另外，真文部押入本部 5 次，庚青部押入本部 4 次，东钟部押入本部 1 次，这些属于特殊通押，放在第五章讨论。

侵寻部用韵形式

常韵（1，69）

侵 69

出韵（上去通押）（1，10）

寝—沁 10

特韵（7，11）

1. 平仄通押（1，3）

侵—寝沁 3

2. 摄内通押（6，8）

A 同调通押（4，6）

侵—痕 2　侵—清 2　侵—青 1　侵—东 1

B 平仄通押（2，2）

侵—寝问 1　侵—梗寝 1

侵寻部韵例

王喆《西江月》：心今甚沁寻金侵恁寝

王吉昌《金盏子》：心沉侵运问金吟阴斟琴侵饮寝歆襟钦侵

蔡松年《西江月》：深阴枕沁寻心侵饮寝

（二）寒覃部

本部包含《广韵》的寒、桓、山、删、先、仙、元和谈、覃、咸、衔、严、凡、添、盐十五韵。《广韵》规定先、仙同用，寒、桓同用，山、删同用，元、魂、痕同用，在金代词韵中，寒、桓、山、删、先、仙、元这七韵更多地表现出同用趋势。在金代词韵中，寒、桓、山、删、先、仙、元共入韵 548 次，其中寒桓、山删、先仙元三组之间通押 271 次，在本部的通押韵例总数中占 49.5%，同用无疑，故合并成立寒先组。

谈、覃、咸、衔、严、凡、添、盐八韵共入韵 69 次，其中 41 次是与寒先组通押，约占监廉组出现次数的 60%，所以可以把监廉组并入寒先组，我们称之为寒覃部。

像诗韵和文韵一样，我们还是要考察一下寒覃部中原属寒先组的洪细分组问题。

从表 3.1 中我们可以看出，寒桓—山删洪音押韵组合 60 个，元—先仙细音押韵组合 75 个，数量都很大，显示出山摄的一等、二等和三等、四等之间洪细分组的强烈趋势。尤其是元—先仙组合韵段数目突出，显示出细音势力的发展壮大。但是也还没有强大到能够独立的程度，因为从表中我们发现元—先仙组与寒桓—山删组的通押组合共 135 个，远超洪、细音各自独用的组合数，这表明虽然元—先仙与寒桓—山删这两组韵已经有了明显的分立趋势，但是两组韵之间的联系依然非常密切，洪、细分离还有待时日。

表 3.1 寒覃部中原属寒先组组合方式

韵类组合方式	平声	平仄	仄声	洪细组合方式	总计
寒桓—山删	52	1	7	洪音	60
寒桓—先仙	15	3	18	洪细	83
山删—先仙	7		5		
寒桓—山删—先仙	14	1	6		
元—寒桓	1	1	6	细音	75
元—山删	2		4		
元—先仙	55	4	16		
元—寒桓—山删	5	1	3	洪细	53
元—寒桓—先仙	12	4	17		
元—先仙—山删	3	2			
元—寒桓—山删—先仙	5		1		

另外，江阳部押入本部 3 次，侵寻部押入本部 1 次，真文部押入本部 3 次，这些都属于特殊通押，我们放在第五章统一讨论。

寒覃部用韵形式

常韵（16，227）

寒 7 先 11 仙 7 狝 1 线 3 山 3 桓 4 缓 1 换 1 山删 5 先仙 140 线霰 8 寒桓 23 元魂痕 2 谈覃 9 添盐 2

出韵（164，327）

1. 上去通押（8，34）

狝—线 4 缓—换 2 狝铣—霰线霰 1 狝—线霰 7 缓—翰 1 缓—换旱翰 2 缓—旱 1 缓—换翰 16

2. 摄内通押（88，218）

A 同调通押（70，196）

换谏 1 清狝 1 先山 2 仙山 1 桓山 1 寒山 5 换翰 3 寒删 2 谏翰 1 寒先桓 1 翰霰换 1 翰霰旱换 1 缓换翰霰 2 寒先仙 6 寒桓山 4 谏裥愿 1 寒山删 18 先仙山 2 寒桓删 1 先仙桓 2 先仙删 4 寒桓山删 14 寒桓山仙 1 仙桓山删 1 寒仙山删 4 先寒桓 1 寒先山删 1 寒山删仙桓 1 寒先仙山删 1 山删寒桓仙 2 先山删桓 1 寒先山桓删 2 线旱霰清翰产狝换 1 旱换翰线 1 缓狝产旱 1 寒仙桓 3 换愿 1 缓阮 1 仙元 5 狝阮 1 先元 3 愿霰 2 先仙元 46 仙桓元 9 寒桓山元 1 寒山元仙 1 阮清旱狝 1 换翰愿 1 先仙元删 2 先仙元山 1 先仙桓元 1 先仙寒元 1 寒山删仙元 1 寒元山删 4

元寒先山删桓1　仙寒山删元桓1　先桓元1　寒桓元1　翰旱谏1　鉴阚2　忝豏2
衔谈覃6　严添盐2　谈覃咸衔2

B 上去通押（18，22）

产—换裥1　产—翰1　狝—换1　缓狝—换翰2　缓—换翰线4　缓—换翰线1
缓旱—换翰线1　缓—翰线1　产缓旱—换1　狝裥—线霰1　产—线霰1
缓狝—换线霰1　缓铣—线换霰1　缓—线换翰1　狝—线换翰1　狝铣—换线翰1
铣裥狝旱—线霰1　缓旱—线霰1

3. 跨摄通押（68，75）

A 同调通押（21，22）

先山覃谈1　裥陷1　忝缓1　覃山1　元盐1　产阮豏1　寒删盐1　裥翰梵1
先仙覃1　先仙桓盐1　线霰艳1　先仙添1　先仙元盐1　覃寒山删1
凡寒山删1　阮琰翰霰2　寒山删覃谈1　寒桓删覃谈1　寒山删仙元谈1
先仙寒桓添1　寒桓山删严1

B 上去通押（47，53）

阮—愿1　缓旱阮—翰1　狝—愿霰线1　产旱—愿翰1　阮—线霰2
阮铣—线霰2　铣狝—线霰愿2　阮—线愿霰1　阮狝—线愿1　缓—换翰愿1
缓狝阮—换1　阮缓狝—愿1　阮铣狝—线霰1　阮铣—线愿1
狝阮—愿线霰1　旱缓狝—线愿换1　阮缓—线翰换1　缓产阮—换翰1
阮—线霰愿翰1　缓—线霰换1　狝缓—线霰愿1　狝—换线霰愿1
阮狝缓—线旱霰1　旱裥阮缓狝—愿霰1　旱狝铣裥缓—换霰愿1
阮狝—霰线换愿翰1　栎豏阮—翰线2　豏—鉴2　感敢—勘1　酽忝琰—艳2
敢忝豏—鉴陷艳1　琰忝—愿艳1　狝缓—艳线1　琰狝—线霰1　琰—线霰1
狝栎—线霰1　栎铣狝—线愿霰1　栎—线愿霰1　裥旱产—谏梵1
狝栎—线霰艳1　狝栎—愿线霰2　豏裥—谏翰换1　裥狝—线换霰谏阚1
产旱—霰梵翰1　潜产阮豏—换翰1　缓霰阮狝豏—线换愿1

特韵（38，54）

1. 摄内通押（29，44）

山删—裥产谏13　先仙—狝线霰1　先仙—线1　先仙—霰1　仙—狝线霰铣1
先仙—狝霰2　先仙—线霰2　仙—狝线铣1　仙—线霰1　桓—换翰1
桓—缓换翰1　寒桓—翰1　寒桓山删—翰1　桓先仙—霰翰1　寒桓—线1
仙元—阮线狝铣1　添盐元—线霰狝1　先—缓阮愿换阚忝1　仙桓元—线愿1
先仙元—狝霰1　先仙元—霰艳1　山删—狝缓1　添盐—琰艳1　添盐—琰2
严添—琰艳忝1　覃严—鉴阚1　谈覃—敢感1　谈覃—敢豏1　覃—琰豏阚勘鉴敢1

2. 跨摄通押（9，10）

A 同调通押（1，1）

寒桓—唐1

B 平仄通押（6，6）

仙桓真—霰换1　先仙元—谏1　先仙山元—狝1　桓元山删—阮1

元—缓旱翰阮1　添仙元—霰阚1

C 上去通押（2，3）

养缓—换翰2　寝—线换翰1

寒覃部韵例

马钰《满庭芳》：山山铨仙参覃难餐寒般残桓间山班删

元好问《点绛唇》：诞旱绽裥远阮卷狝缓缓劝愿见霰

段克己《望月婆罗门引》：盘桓寒寒鸾桓山山残寒欢桓鞍寒班删安寒

（三）真文部

本部包含《广韵》的真、谆、臻、文、欣、魂、痕七韵。《广韵》规定文、欣独用，魂、痕同用，真、谆、臻同用，在金代的词韵里，三组韵表现出明显的同用趋势。在金代词韵中，本部共入韵184次，真谆臻、文欣、魂痕三组之间分别通押58次，在本部的入韵总次数中约占31.5%，可以视为同用，故合并成立真文部。

东钟部、寒覃部分别押入本部1次，庚青部押入本部15次，侵寻部押入本部2次，这些属于特殊通押，同样放在第五章讨论。

真文部用韵形式

常韵（7，111）

真41　文5　魂5　真谆48　轸准3　魂痕7　真谆臻2

出韵（22，45）

1. 上去通押（1，1）

轸—震1

2. 摄内通押（21，44）

A 同调通押（15，38）

真文6　真痕3　文痕1　真魂2　文魂1　震焮1　真谆文9　文魂痕1　真文魂4

真魂痕1　魂痕谆1　真谆痕2　真谆魂3　真魂谆文2　真魂痕谆欣1

B 上去通押（6，6）

稕混—恩问1　隐—问震1　混稕轸—恩震问1　吻轸—震恩恨1

稕轸隐—震问恨1　混稕轸隐—混震问1

特韵（23，28）

1. 平仄通押（6，8）

魂—混2　真—稕轸准震2　真谆—问1　真谆—震隐1　真—慁问震1

魂—震问稕慁1

2. 跨摄通押（17，20）

A 同调通押（12，15）

真文桓1　侵真谆1　清真谆1　青痕1　真清1　问劲1　痕清庚4　真青清1

庚文痕魂1　真臻清青庚1　登魂文1　轸准寝1

B 平仄通押（2，2）

清真—轸准1　清青—轸寝1

C 上去通押（3，3）

隐吻稕—线震1　静—劲映证震1　隐—震问恨送1

真文部韵例

丘处机《玉炉三涧雪》：村门魂顿慁昏论魂沌混

刘仲尹《鹧鸪天》：人真孙魂痕痕蓁蓁真魂魂

赵元《行香子》：闻文贫真存魂人真云文亲真真勤欣文文孙魂

（四）江阳部

本部包含了《广韵》的江韵和阳、唐韵。《广韵》规定，阳、唐同用，江独用，在金代的词韵中，三韵表现出明显的同用趋势。在金代词韵中，本部共入韵224次，阳、唐两韵通押181次，在本部的通押韵例总数中占80.8%，合并无疑。江韵共入韵20次，其中18次是与阳、唐韵通押，所以不具有独立性，可以和阳、唐合并，成立江阳部。

寒覃部、东钟部各押入本部1次，属于特殊通押，放在第五章讨论。

江阳部用韵形式

常韵（5，172）

阳28　唐1　阳唐140　漾宕1　江2

出韵（11，38）

1. 上去通押（8，28）

养—漾7　养荡—漾10　养—漾宕7　养荡—漾宕2　荡—漾宕1　养—荡1

2. 跨摄通押（同调通押）（3，10）

江阳3　绛漾1　江阳唐6

特韵（10，14）

1. 平仄通押（8，12）

阳—养漾 4　阳唐—养漾 1　阳唐—荡漾 1　阳唐—养 2　阳唐—漾 3

唐—漾 1

2. 跨摄通押（2，2）

A 平仄通押（1，1）

江阳—送漾 1

B 上去通押（1，1）

养—绛漾宕翰 1

江阳部韵例

王喆《换骨骰》：丈杖养样唐浪宕放向漾当唐怅快胀漾

王吉昌《酹江月》：象养望畅向漾浪宕放量漾

李献能《江梅引》：黄唐妆阳裳凉香阳窗江廊唐湘阳江江

（五）庚青部

本部包含《广韵》的青、清、庚、耕、蒸、登六韵。《广韵》规定青独用，清、庚、耕同用，蒸、登同用，在金代的词韵中，青、清、庚、耕、蒸、登六韵表现出明显的同用趋势。在金代词韵中，本部共入韵 293 次，其中青、清、庚、耕四韵通押 154 次，在本部的通押韵例总数中占 52.6%，同用无疑，合并成立庚青部。蒸、登共入韵 85 次，其中与庚青部通押 77 次，在蒸、登的入韵总次数中占 90.6%，所以蒸、登两韵不具有独立性，可以并入庚青部。

另外，真文部入本部 38 次，东钟部入本部 11 次，侵寻部入本部 8 次，江阳部入本部 4 次，这些属于特殊通押，我们放在第五章讨论。

庚青部用韵形式

常韵（14，94）

清 5　劲 3　静 1　青 14　径 1　庚 3　梗 5　清庚 38　静梗 1　劲映 6　清庚耕 10　证 2　登蒸 4　等拯 1

出韵（64，162）

1. 上去通押（2，2）

静—劲 1　梗—映 1

2. 摄内通押（35，102）

A 同调通押（10，71）

青清 11　径劲 3　青庚 2　迥梗 1　庚耕 2　清耕 1　青清庚 44　青清耕 1

青清庚耕5　梗静1

B上去通押（25，31）

迥—径劲2　静—径2　静—径劲1　梗—径映1　梗—径1　迥—映劲1

梗静—映劲1　静梗—径映1　静—映2　梗静—劲径2　迥—劲径1

静—径劲映1　迥梗—径劲映1　梗迥—径劲映3　静—径劲映2　静—径映1

梗迥—径静映1　静—径映1　梗—径劲映1　梗静—径劲3　静迥梗—劲1

3. 跨摄通押（27，58）

A同调通押（16，47）

登庚1　蒸庚3　蒸清1　证劲3　登青庚1　登清庚2　蒸清庚3　映径证1

蒸清青2　证劲径1　蒸清庚耕2　登蒸清庚2　蒸清青庚17　登清青庚5

登蒸清青庚2　蒸清青庚耕1

B上去通押（11，11）

梗—映证1　迥—证径1　等梗静—劲映2　等静迥—劲1　静梗—证劲映1

梗—劲径映证1　梗静—证径映1　静迥—证径劲1　静梗迥—证1

等拯—证劲1

特韵（37，37）

1. 平仄通押（18，18）

青—径1　庚耕梗—耿1　清—映1　清庚—梗1　清庚—映1　青庚—劲径1

青清庚—梗1　青清—劲映1　青清庚—映劲1　庚耕—劲映1　登蒸—证1

登庚—梗静1　蒸—劲映1　清庚—证静1　蒸清庚—映1　蒸青清庚—劲1

青—证梗劲映迥径1　庚—静映径迥1

2. 跨摄通押（19，19）

A同调通押（11，11）

真清庚1　真青清庚1　真蒸青庚耕1　青真1　登真谆1　真庚耕1　混梗1

青文魂1　真蒸清青庚1　轸静梗1　证劲映震焮1

B平仄通押（4，4）

登蒸痕—证映1　清—静寝蒸准1　登文庚—稕震静1　庚蒸侵青—震混梗劲1

C上去通押（4，4）

准梗—震径映劲证1　轸稄准—静映1　梗—焮劲1　轸准梗—震劲径1

庚青部韵例

王处一《苏幕遮》：静静性劲敬映圣劲听径骋屏静命映

长筌子《二郎神》：景梗胜证听青性劲命映圣劲梗梗鼎迥径径

王寂《蓦山溪》：影梗静静径定径圣劲省静

（六）东钟部

本部包含《广韵》的东、冬、钟三韵。《广韵》规定，东独用，冬、钟同用，但在金代的词韵中三韵更多地表现出同用趋势。在金代词韵中，本部共入韵199次，其中东、钟通押113次，在本部的通押韵例总数中占了56.8%，同用无疑，合并成立东钟部。冬韵共入韵23次，23次都是与东钟部通押，显然不具有独立性，可以并入东钟部。

另外，真文部押入本部7次，侵寻部押入本部1次，鱼模部押入本部1次，这些属于特殊通押，放在第五章讨论。

东钟部用韵形式

常韵（2，62）

东59 送3

出韵（14，114）

1. 上去通押（1，4）

董—送4

2. 摄内通押（13，110）

A 同调通押（4，94）

东钟70 用送3 东冬7 东、冬、钟14

B 上去通押（9，16）

董用送5 肿送2 肿送用2 董肿送3 肿董送用3 董用1

特韵（23，23）

1. 平仄通押（6，6）

钟—肿1 东—送肿2 东钟—送用1 东钟—董用送1 东钟冬—送1

2. 跨摄通押（17，17）

A 同调通押（14，14）

用映1 东钟庚1 送映1 东谆1 东文1 东真1 东真谆1 东钟魂1 真文魂谆钟1 登东钟冬1 东钟清1 东侵1 东登魂1 东耕真1

B 平仄通押（1，1）

东钟—震问1

C 上去通押（1，1）

隐—用1

D 阴阳通押（1，1）

暮—送1

东钟部韵例

丘处机《汉宫香》：重钟穷东宗冬雄东笼钟踪冬风同东

蔡松年《水调歌头》：风中红东惊冬浓容钟胧鸿东

任询《永遇乐》：重垄肿动董勇肿弄送种肿梦送拥肿

三 入声韵

（一）屋烛部

本部包含《广韵》的屋、沃、烛三韵。《广韵》规定，屋独用，沃、烛同用，在金代的词韵中，屋、沃、烛更多地表现出同用趋势。在金代词韵中，本部共入韵64次，其中屋、烛通押36次，在本部的入韵总次数中占56.25%，同用无疑，合并成立屋烛部。沃韵共出现4次，4次都是与屋烛部通押，不具有独立性，可以并入屋烛部。

本部与别的入声韵也有一些通押，其中德质部押入本部16次，月帖部押入本部1次，阴声韵尤侯部押入本部1次，这些属于特殊通押，我们放在第五章讨论。

屋烛部用韵形式

常韵（2，14）

屋6　烛8

出韵（跨韵通押）（2，36）

屋烛32　屋沃烛4

特韵（10，14）

1. 阴入通押（1，2）

宥—屋烛2（覆）

2. 跨部通押（9，12）

烛—没月1　屋烛—德职锡1　屋烛—德职1　烛—德职锡1　屋烛—没1

屋烛—物3　屋—德2　烛—德1　屋—物1

屋烛部韵例

马钰《苏幕遮》：俗玉续烛漉屋烛烛毒沃

刘仲尹《谒金门》：窣没簌屋烛促曲绿烛六屋浴烛

赵秉文《满江红》：独屋束粟绿玉烛竹屋曲烛宿屋鹄沃

（二）觉铎部

本部包含《广韵》的觉韵和药、铎韵。《广韵》规定，觉独用，药、铎同用，在金代的词韵中，三韵表现出明显的同用趋势。在金代词韵中，本部共入韵75次，其中药、铎通押58次，在本部的通押韵例总数中占77.3%，同用无疑。觉韵共入韵17次，其中16次是与药、铎韵通押，显然不具有独立性，可以与药、铎韵并为一个韵部。

本部与别的入声韵也有一些通押，其中月帖部押入本部6次，德质部押入本部3次，这些属于特殊通押，我们放在第五章讨论。

觉铎部用韵形势

常韵（4，55）

药2　铎6　觉1　药铎46

出韵（3，14）

觉药3　　觉铎2　药铎觉9

特韵（6，6）

觉—黠辖1　药—末1　铎—职麦昔1　药铎觉—末1　药铎—末1　药铎觉—薛1

觉铎部韵例

李俊明《谒金门》：恶莫铎略药错阁郭寞落铎

王吉昌《无俗念》：错烙铎拨末落恶廓铎药药粕铎

王庭钧《谒金门》：鹊药错铎却着药角觉萼落恶铎

（三）德质部

本部包含《广韵》的缉、没、栉、质、术、迄、物、德、职、陌、麦、昔、锡十三韵。《广韵》规定质、术、栉同用，物、迄独用，月、没同用，陌、麦、昔同用，锡独用，职、德同用，缉独用，在金代的词韵中，这十三韵显示出明显的同用趋势，与宋代通语十八部相合。在金代词韵中，本部共入韵139次，其中质术栉、物迄、月没、陌麦昔、锡、职德、缉七组之间通押86次，在本部的通押韵例总数中约占61.9%，同用无疑，合并成立德质部。

本部与别的入声韵也有一些通押，其中月帖部押入本部19次，觉铎部押入本部7次，屋烛部押入本部7次。另外，本部与阴声韵也有一些通押，支微部押入本部7次。这些都属于特殊通押，我们放在第四和第五章讨论。

德质部用韵形式

常韵（11，28）

缉2　职1　锡3　陌2　没1　昔1　质9　德职1　陌麦5　昔陌2　陌麦昔1

出韵（46，77）

缉质3　德麦1　昔职3　昔缉2　德陌2　质职2　质锡1　职陌4　没物1

物质1　物德1　昔锡5　术质5　质昔1　德职锡1　德职陌3　德锡昔1

职锡昔5　麦昔锡1　职昔质1　质术物1　质术锡2　职陌麦1　职昔陌3

德陌麦2　德职陌昔3　职陌麦昔1　职质陌昔1　职德陌麦2　德职昔缉1

质职缉锡 2　质职昔锡 1　职陌昔锡 1　职陌麦迄 1　缉质昔锡职 1
缉昔锡陌职 1　职昔陌质缉 1　德职昔锡质 1　德职陌昔锡 1　职质陌麦昔 1
质昔锡职德 1　德职陌昔质 1　德职陌昔锡末 1　职昔锡陌质缉 1
昔陌麦质职德 1

特韵（33，34）

1. 阴入通押（8，8）
祭霁之至未—质 1　志—职昔锡 1　止—职昔 1　之脂止旨尾霁队至—质职 1
至未置霁祭—职质 1　置—陌昔锡职 1　霁祭—质陌 1　霁—缉术质 1

2. 跨摄通押（25，26）
德职—陌铎 1　陌—薛 1　缉陌麦职—药 1　职昔缉—铎 1　物锡—薛月 2
德—屋 1　陌麦—薛 1　物质锡麦职德—月 1　昔—洽 1　德职陌昔—月薛 1
职昔—月 1　职陌质—铎 1　昔陌麦缉—屋烛 2　德职缉锡昔陌—薛 1
昔陌质缉—屑 1　职麦—薛、屑、月 1　职昔锡陌—术铎 1
职陌质昔—薛 1　没职缉陌昔—末月 1　陌昔麦职—屑薛叶 1　麦陌—薛 1
昔陌德—铎 1　缉昔陌质—屑 1　德职昔缉质—铎 1

德质部韵例

丘处机《无俗念》：质日毕密质出术屈物一质术术
李俊明《酹江月》：客陌狄锡力职迹昔得德色职泽陌夕昔
段成己《满江红》：射昔质质洁屑惜昔白陌昔昔节屑立泣缉

（四）月帖部

本部包含《广韵》的合、盍、洽、狎、叶、业、乏、帖、曷、末、黠、辖、薛、月、屑十五个入声韵。《广韵》规定月、没同用，曷、末同用，辖、黠同用，薛、屑同用，合、盍同用，叶、帖同用，洽、狎同用，业、乏同用，在金代的词韵中，月与没早已分离，而与合、盍、洽、狎、叶、业、乏、帖、曷、末、黠、辖、薛、屑更多地表现出同用趋势，这一点也是与宋代通语十八部相合的。在金代词韵中，本部共入韵151次，其中月没、曷末、辖黠、薛屑、合盍、叶帖、洽狎、业乏几组之间通押57次，在本部的通押韵例总数中占37.7%，可以视为同用，合并成立月帖部。

本部与别的入声韵也有一些通押，其中德质部押入本部31次，觉铎部押入本部5次，屋烛部押入本部2次。本部与阴声韵也有一些通押，支微部押入本部2次。这些都属于特殊通押，我们放在第四章和第五章讨论。

月帖部用韵形式

常韵（9，41）

屑 1　末 1　薛 3　帖 1　月 1　黠 1　曷合 2　月屑 3　薛屑 28

出韵（25，85）

月帖 2　月狎 1　月业 1　叶屑 1　薛叶 1　薛月 4　薛业 3　业屑 1　叶薛屑 2
月薛屑 34　薛月业 2　薛屑业 1　薛屑帖 2　黠辖盍 1　帖月薛屑 5　叶月薛屑 6
合辖黠月 1　薛屑月曷 1　业月薛屑 3　薛屑月叶帖 1　屑月叶帖业 1
黠末狎合曷盍 1　辖黠月薛屑 1　乏辖末曷 1　月薛 8

特韵（25，25）

1. 阴入通押（2，2）

祭—乏盍月 1　祭—末黠狎洽陌 1

2. 跨摄通押（23，23）

薛—锡 1　薛—药铎 2　薛月—物锡 1　月薛屑—德 1　叶帖业—陌 1
薛屑月帖业—陌物 1　薛屑月—没陌 1　薛月—没屋 1　薛月业—陌 1
月—没物 2　薛屑月—觉 1　薛月—没 1　薛屑月—末物没 1　薛屑月—物没 1
薛屑月业—麦 1　薛屑月业—末 1　屑—没质德职昔 1　薛屑帖—陌 1
叶盍业薛屑月—铎昔锡陌 1　月—没烛 1　薛屑月帖—职 1

月帖部韵例

马钰《满庭芳》：业业歇月悦薛节屑屑月月诀屑列薛
李献能《春草碧》：月月雪薛叶叶袜月绝薛发月滑没蝶帖
王特起《喜迁莺》：绝薛杰薛节屑崛物薛薛惬帖百陌业业揭月接叶

全金词韵小结

在金代，词体文学并没有因为女真族入主中原、中原民众惨遭生灵涂炭之苦而停滞，相反却在由宋入金的赵宋文人的推动下、统治阶级的表率作用下和文化文学政策的扶持下获得了风格截然不同于南宋的新发展，甚至有人认为北宋之后，中原词体文学的成就总归金源。

在考察金代 3 569 首词共 3 892 个韵段的基础上，通过系联韵脚字，共得到金词 17 部的韵部系统，包括歌戈部、家车部、鱼模部、皆来部、支微部、萧豪部、尤侯部、侵寻部、寒覃部、真文部、江阳部、庚青部、东钟部、屋烛部、觉铎部、德质部、月帖部。

词在表现实际语音方面处于诗和文之间，相较于诗的保守，词要相对自由一些，而相较于文的自由，词又要保守一些。金词在用韵方面的重要特点之一就是-m、-n、-y三种韵尾的大量混并，具体表现就是，宋代通语十八部中的寒先部与监廉部因大量混用而并为一部，真文部、侵寻部与庚青部的大量混用，真文部、庚青部与东钟部的大量混用，甚至出现了江阳部与庚青部的混用。金词在用韵方面的另一个重要特点就是阴入通押的大量出现，以及入声韵之间的大量通押，这是和文韵相似的地方，同样从侧面反映了入声韵韵尾正在悄然发生变化。

第三节　全金曲韵

金代是一个说唱文学异常繁盛的时代，其最有代表性的艺术形式是戏剧和散曲。戏剧包括杂剧和诸宫调。院本是金代杂剧演出的底本，名目繁多，但大多已经失传，仅从元代陶宗仪《辍耕录·院本名目》里面记载的700多种名目中我们便能感受到当时杂剧的繁盛。

除了杂剧，金代另一个代表性的戏剧文学形式是诸宫调。诸宫调产生于北宋熙宁至元佑年间，由泽州人（今山西晋城）孔三传首创。在《碧鸡漫志》《梦粱录》和《东京梦华录》等宋代文献里面都有泽州孔三传首创诸宫调的记载。诸宫调是一种有说有唱、以唱为主的大型说唱文学，流行于宋、金、元时期。它在变文的基础上发展而来，又从教坊大曲、杂曲等多种表现形式中吸取营养。诸宫调中聚集了若干套不同宫调的曲子，这些曲子在表演的时候一个个轮递演唱，"诸宫调"便因此而得名。又因为它的主要伴奏乐器是琵琶等乐器，所以又被称为"弹词"或"弦索"①，金代的诸宫调代表作《西厢记诸宫调》因此又被称为《西厢记弹词》或《弦索西厢》。

诸宫调由韵文和散文两部分组成，表演时采取演唱和说白相间而又以演唱为主的方式。宋代杂剧已经开始用诸宫调的曲调来演唱，而到了元代，元杂剧又从它的曲调、艺术手段、表现手法中吸取营养从而逐渐发展起来并最终取代诸宫调，所以可以说诸宫调对中国戏曲艺术的成熟贡献巨大，甚至直至今日，很多现代戏曲和说唱结合的曲艺形式中，仍然可以看到诸宫调的影子。

诸宫调在北方，特别是金元时期，曾经有过蓬勃发展，其内容异常丰富。《西厢记诸宫调》曲文中提到过的诸宫调有《崔韬逢雌虎》《郑子遇妖狐》《井底引银瓶》《双女夺夫》《离魂倩女》《谒浆崔护》《柳毅传书》等，元杂剧《诸宫调风月紫云亭》中提到《三国志》《五代史》《七国志》《六臂哪吒》等诸宫调，这些只是冰山一角，但从如此繁多的名目中我们不难看出当时诸宫调内容题材是多么广泛。

---

① 毛小雨《"剧诗说"是东西方戏剧文化的结晶——兼与施旭升及其他"剧诗说"质疑者商榷》，《文艺研究》，2013年12期。

诸宫调在宋金之际非常流行，从《水浒全传》第 51 回《插翅虎枷打白秀英，美髯公误失小衙内》中描写艺人白秀英演唱诸宫调时的热闹情景我们便可以窥见一二，但可惜的是随着元代杂剧的兴盛，诸宫调逐渐衰落，其作品也大多湮没不闻。按照陶宗仪《辍耕录》的记载"金章宗时董解元所编《西厢记》，时代未远，犹罕有人能解之"，金章宗时距"董西厢"的年代未远，但已经很少有人能解其意了。到了明清时期，人们对诸宫调更是一无所知，以至于对《董西厢》的称呼多种多样，有人称之为"北曲"，有人称之为"传奇"，有人称之为"弹唱词"。直到 20 世纪初，随着诸宫调文学作品实体被找回，大学者王国维第一个考证并判定"董西厢"就是诸宫调作品，诸宫调这种艺术形式才再次进入人们的视野。

后来随着元杂剧的兴盛，诸宫调逐渐衰亡。诸宫调的没落和杂剧的崛起有关，也和诸宫调是一种民间艺术——市井技艺有关，这种表演技艺的传承常常是口耳相传，表演的艺人多是民间艺人，文化水平不高，很多的诸宫调作品没有文字记载，于是随着时间的流逝诸宫调逐渐湮没不闻。

由于作品的散佚，流传下来的金代诸宫调作品只有寥寥的两部，一部是金董解元《西厢记诸宫调》，一部是金无名氏的残本《刘知远诸宫调》。

董解元《西厢记诸宫调》，讲述的是相国之女崔莺莺与书生张生的爱情故事。它一共分 8 卷，是现在所能看到的唯一一部完整的宋金时期的诸宫调作品，也是中国文学中最长的韵文作品之一，代表了宋金时期说唱文学的最高成就。董解元的生平事迹已无可考。《录鬼簿》和《辍耕录》对其略有记载，只知道他大约生活于金代章宗时期（公元 1190—1208 年）。"解元"本是中国古代对于科举考试中乡试第一名的称呼，但是在金、元时期是专门用于读书人的敬称，可知作者是一个知识分子。

现存的金代另一部诸宫调作品是《刘知远诸宫调》，作者已经无法考证，是 1907—1908 年间沙皇俄国柯兹洛夫探险队在发掘古代西域黑水故城（今内蒙古境内）时发现的，全书总共 12 卷，但是现在只剩下了一头一尾，共计 5 卷。作品叙述的是后汉高祖皇帝刘知远从出身微末到登上皇位的发迹始末及其与妻子李三娘悲欢离合的故事。

除了诸宫调，值得一提的还有散曲。散曲之"散"，是与元杂剧的整套剧曲相对而言的。它属于广义的诗歌，是一种可以独立存在的文体。它没有动作、说白，只供清唱吟咏使用。散曲有两种基本类型：小令和套数。小令是比较短的散曲，相当于一首诗、一阕词，而套数则是由若干首曲子组成的套曲。

金代戏剧和散曲的形成较多地继承了北方说唱艺术的成分，如诸宫调、市井叫卖声、小唱等，所以金代戏剧和散曲属于民间俗曲，它是适应城市商业经济的繁荣而兴起的一种娱乐大众的市井文学，这就决定了它们在内容、风格方面世俗化的出身，也决定了它在用语方面的口语化。口语词的运用，使得金曲能够真实地反映金元时期的语音实际。这同时也使得对金代曲韵的研究更有价值,因为它所反映的语音实际,可以填补从宋代通语十八部到《中原音韵》之间的语音空白,让我们更清晰地窥测到语音演变的脉络。

我们见到的散曲已经是非常成熟的艺术形式且很多经过了文人的整理和加工,散曲最初的形态我们很少能见到。近年来,在河北南部和河南部分地区出土了一些民用瓷器(明器),这些瓷器大多为金元时期磁州窑或磁州窑系各窑口烧制的,多为瓷枕,"时间最早可上溯到宋末金初,最晚大约到1280年前后,以金末元初者居多"①。部分瓷器上书写或刻写着词曲作品,其中词17支,曲16支。杨栋先生称这些出土的瓷器为金元曲枕,并对其进行了全面研究,他认为这些散曲多为金元之际的作品,它为我们提供了目前为止最早的元散曲版本,其中部分作品为首次发现;这些作品分为民间词曲和文人词曲两种,都非常口语化,带有很强的俚俗味道,没有受到后人的润色和改动②。

所录的这些曲子比现存元曲更能反映当时北方的语音实际;曲的书写或刻写别字较多,如把"诸葛亮"写作"朱阁亮",一方面说明制作者文化水平较低,另一方面也说明它们当时是口头传唱的,没有文本依据,因此研究这些别字也能窥探出一些当时口语中的语音情况。

张静《元明北方汉语入声研究》对这些曲枕上的曲进行了系统的研究,我们抄录如下③:

寒山石(拾)得那两个,风风磨磨。拍着手,当街上笑呵呵,倒大来快活。(《词寄庆宣和》)

生辰日,酒满杯,只吃的玉栖(楼)沉醉。落梅风将来权当礼,每一字满寿千岁。(《词寄落梅风》)

一曲廷前奏玉箫,五色祥云朱顶鹤,长生不老永逍遥。(《词寄赏花时》)

韩信功劳十大,朱阁(诸葛)亮位治三台,百年都向土中埋。邵平瓜盈亩种,渊明菊夹篱开,闻安乐归去来。(《红绣鞋》)

渔得鱼渔兴兰(阑),得鱼满筐收轮(纶)竿。樵得樵樵心喜,得樵盈檐(担)斤斧巳。樵夫渔父两悠悠,相见溪边山岸头。绿杨影里说闲话,闲话相投不知罢。渔忘渔樵忘樵,绿杨影里空惆橱(踌躇)。画工画得渔樵似,难画渔樵腹中事。话终所以是如何,请君识(试)问苏东坡。

张静对这些曲枕中反映出来的入声进行了研究,提出早在金元之际,磁州窑系曲

---

① 张静《元明北方汉语入声研究》,河北师范大学硕士学位论文,2003,11页。
② 杨栋《磁窑器物与金元词曲》,《燕赵学术》,2011年秋之卷·古代文学,140页。
③ 张静《元明北方汉语入声研究》,11页。

枕上，入声字就已经混同阴声韵字。她指出，曲文中入声字"活、日、鹤"分别与阴声韵字"个、磨、呵""杯、醉、礼、岁""箫、遥"相押；且"石"（昔韵，-k尾）与"拾"（缉韵，-p尾）、"阁"（铎韵，-k尾）与"葛"（曷韵，-t尾）、"识"（职韵，-k尾）与"试"（志韵）已同音，这些材料大概可以说是口语中最早呈现出来的入声韵尾消失的明证①。

关于《西厢记诸宫调》和《刘知远诸宫调》用韵的文章都有学者写过，但是从总体上把握金代北曲的用韵、表现金代北方汉语的整体面貌的文章还没有人写过，这就使得本书不管是在共时的层面（与宋元南曲相比较）还是在历时的层面（与《中原音韵》相比较）都具有自己的价值。

我们考察韵部依据的材料如下：《西厢记诸宫调》依据的是朱平楚《西厢记诸宫调注释》②，校以侯岱麟《西厢记诸宫调》③；《刘知远诸宫调》依据的是蓝立蓂《刘知远诸宫调校注》④；散曲依据的是隋树森《全元散曲》⑤。

在所用的三种材料中，一共用了14个宫调，229个曲牌，734个韵段。其中《西厢记诸宫调》一共用了14个宫调，152个曲牌，共有450个韵段；《刘知远诸宫调》一共用了14个宫调，20个曲牌，共有150个韵段；散曲包括小令39首，套数18个，其中4个是残套，共有10个宫调，70个曲牌，134个韵段。在统计韵段的时候，曲韵和词韵有所不同，不论是诸宫调还是散曲，一个宫调下面都有很多的曲牌，每一个曲牌都是一韵到底，因此一个曲牌可以算一个韵段，《尾》也算一个独立的韵段。

我们参照《广韵》韵目标注韵脚字，先系联韵脚字，确定押韵组合，然后通过计算独用、同用等的押韵组合的比例来确定韵部的分合，一般通押在10%以上就可以认为两个韵部已经合并。通过系联，金代北曲可以归纳为12个韵部，具体分析如下。

一 阳声韵

（一）东钟部

本部包含《广韵》的东、冬、钟三韵（举平以赅上去，下同）。《广韵》规定东独用，冬、钟同用，但是在金代曲韵中，东、钟却更多地表现出同用趋势。在金代曲韵中，东、冬、钟三韵一共入韵21次，三韵均没有独用的韵例出现，东钟通押17次，在本部的通押韵例总数中占81%，同用无疑，成立东钟部。冬韵出现了3次，3次都是和东钟部通押，显然不具有独立性，可以并入东钟部。

---

① 张静《元明北方汉语入声研究》，11页。
② 朱平楚《西厢记诸宫调注释》，甘肃人民出版社，1982。
③ 侯岱麟《西厢记诸宫调》，文学古籍刊行社，1995。
④ 蓝立蓂《刘知远诸宫调校注》，巴蜀书社，1989。
⑤ 隋树森《全元散曲》，中华书局，1981。

另外，庚青部押入本部 3 次，属于特殊通押，我们放在第五章讨论。

东钟部用韵形式

常韵（0，0）

出韵（7，7）

1. 上去通押（0，0）

2. 摄内通押（7，7）

A 同调通押（3，3）

东钟 1　董肿 1　用送 1

B 上去通押（4，4）

董—送 1　董肿—送 1　肿—送用 1　肿—送 1

特韵（13，13）

1. 平仄通押（11，11）

东钟—用 1　东钟—送 1　东钟—董肿送 1　钟—送 1　东—肿用送 1　东钟—肿 1

东—肿 1　东钟—董用肿 1　东冬钟—用肿送 1　东冬钟—送 1

东冬钟—肿送董用 1

2. 跨摄通押（平仄通押）（3，3）

东庚青清—映迥 1　东钟登—送 1　东钟庚—肿静 1

东钟部韵例

《西厢记诸宫调》卷 6《双调·荸荷香》：穷东动董铜空东供用奉肿容钟通东龙钟俸用

刘秉忠《南吕·干荷叶》：峰钟洞送宗冬空风东梦送

商道《双调·夜行船·尾声》：风东生庚病映情清镜映经青

(二) 江阳部

本部包含了《广韵》的江韵和阳、唐韵。《广韵》规定阳、唐同用，江独用。在这一时期的曲韵中，三韵更多地表现出同用趋势。在金代曲韵中，本部共入韵 36 次，阳、唐通押就达到 31 次，完全可以视为同用。江韵字，共入韵 8 次，8 次都是和阳、唐韵通押，不具有独立性，因此可以和阳、唐韵合并在一起，成立江阳部。

江阳部用韵形式

常韵（1，5）

阳唐 5

出韵（3，3）

1. 上去通押（1，1）

养—漾宕 1

2. 摄内通押（2，2）

A 同调通押（1，1）

江—阳唐 1

B 上去通押（1，1）

讲养—漾 1

特韵（18，28）

1. 平仄通押（16，26）

阳—养 3　阳—养荡漾宕 1　阳唐—养 2　阳唐—养荡漾 1　唐—荡养漾 1

阳唐—荡漾宕 1　阳唐—养漾宕 1　阳唐—漾 1　阳唐—养漾 4　阳唐—漾宕 2

阳唐—养荡 2　阳唐—养漾宕荡 1　江阳—养 1　阳唐—养漾讲 2　阳唐—宕漾讲 1

阳唐—荡漾养讲 2

2. 跨摄通押（平仄通押）（2，2）

元—唐养宕荡 1　阳唐—养漾缓 1

江阳部韵例

《刘知远诸宫调》卷 3《高平调·贺新郎》：舫阳上养当傍忙唐状漾乡阳黄糖唐胀漾桑唐庄阳棒讲郎唐

《西厢记诸宫调》卷 1《大石调·蓦山溪》：想养藏唐谎荡像攘养当宕烦元响养

（三）寒覃部

本部包含《广韵》的寒、桓、山、删、先、仙、元七韵和谈、覃、咸、衔、严、凡、添、盐八韵。《广韵》规定先、仙同用，寒、桓同用，山、删同用，元、魂、痕同用，但是在金代曲韵中，呈现出一种不同的局面。在金代曲韵中，寒、桓、山、删、先、仙、元七韵共入韵 51 次，寒桓、山删、先仙、元四组之间通押 36 次，在寒、桓、山、删、先、仙、元七韵的入韵总次数中约占 70.6%，同用无疑，我们称之为寒先组。

宋代通语十八部中的监廉部（我们称之监廉组）里的谈、覃、咸、衔、严、凡、添、盐八韵共入韵 16 次，而与寒、桓、山、删、先、仙、元七韵的通押就出现了 12 次，占谈、覃、咸、衔、严、凡、添、盐八韵的入韵总次数的 75%，所以可以把监廉组并入寒先组，成立寒覃部。这种归并说明在金代的曲韵中闭口韵 -m 韵尾几乎已经不复存在，与前鼻音 -n 混并。这种混并不一定是实际语音的真实反映，也可能与曲韵的用韵较宽有关。

在周祖谟先生的《敦煌变文与唐代语音》中，记录了唐代变文中一些山、咸摄通押的韵例[①]。鲁国尧先生在比较宋词韵与金元词韵的时候指出，监廉部与寒先部的通

---

① 周祖谟《敦煌变文与唐代语音》，《周祖谟语言学论文集》，商务印书馆，2001，279-280 页。

押,在北宋和南宋时期,在各地区的词人中都存在①。

在金代曲韵中,监廉组与寒先组通押很多,洪细分组的趋势不是很明显,但是寒先组内部也与金代其他文体一样表现出洪细分组的趋势(见表3.2)。

表3.2 原寒先部在金代曲韵中的组合方式

韵类组合方式	平声	平仄	仄声	洪细组合方式	总计
寒桓—山删			1	洪音	1
寒桓—先仙	3	2		洪细	13
山删—先仙	2	1			
寒桓—山删—先仙	4	1			
元—寒桓					
元—山删					
元—先仙	9	2		细音	11
元—寒桓—山删				洪细	11
元—寒桓—先仙	5				
元—先仙—山删	1	1			
元—寒桓—山删—先仙	4				

《广韵》规定寒、桓同用,先、仙同用,山、删同用,元、魂、痕同用。在金代各种文体的用韵中,除了诗韵中寒桓、山删、先仙元三组仍然是三足鼎立的局面外,在词韵、文韵和曲韵中,先仙元通押的韵例比例都非常大,呈现出一种分立的趋势。从表3.2中我们可以看出,在金代曲韵中元韵与寒桓、山删两组的单独通押一次也没有,与它们的多韵通押中都同时有先仙韵的出现,元韵出现了22次,22次都是与先仙通押,这说明先仙元之间的联系越来越紧密。在金代曲韵寒先组所有的通押中,洪音独用1次,细音独用11次,而洪细通押24次,从这些数据中可以看出在金代的曲韵中洪音分立趋势表现得不是很明显,而细音先仙元组的独用韵例数量很多,显示出细音的独立趋势非常明显,但是寒桓山删与先仙元两组韵之间通押的比例还是很大,反映出洪细两组之间联系依然非常紧密。在一百多年以后的《中原音韵》时代,金代曲韵中的寒先组不但根据洪细弇侈细分成了寒山、桓欢和先仙三部,就连监廉组也根据洪细进一步细分成了监咸和廉纤两部,洪细分组完全完成。

---

① 鲁国尧《论宋词韵及其与金元词韵的比较》,刘晓南、张令吾《宋辽金用韵研究》,59页。

寒覃部用韵形式

常韵 (4, 6)

先1　先仙3　元1　谈衔1

出韵 (13, 13)

1. 上去通押 (3, 3)

狝—线1　狝—线霰1　豏—陷1

2. 摄内通押 (9, 9)

A 同调通押 (3, 3)

寒桓1　愿线霰1　谈衔1

B 上去通押 (6, 6)

产狝—线1　产旱—翰1　狝旱—线1　缓—线霰1　产—愿霰1　铣—换线裥1

3. 跨摄通押 (1, 1)

狝阮—艳1

特韵 (32, 32)

平仄通押

A 摄内通押 (20, 20)

桓—缓换1　仙—产线1　先—线霰阮1　先—狝裥缓霰线1

先仙元—线霰狝翰1　先仙—线狝换霰旱1　先仙寒—狝线缓1

仙元—愿1　先元—线愿霰狝1　先仙—愿1　先仙元—铣霰1　先—线阮1

先元—线1　先—阮翰1　仙—线换阮1　先元—狝愿线铣霰1

寒—换愿狝线霰翰1　寒先元桓—谏删狝缓1　寒先元桓删—缓翰换旱线阮潸霰1

盐—感橄琰敢酽1

B 跨摄通押 (12, 12)

盐先添桓—霰1　先仙元—线狝愿桥1　先仙山—线阮感狝1

谈盐衔—感阚产鉴琰1　元—缓忝霰谏琰线狝1　桓衔—线谏换缓翰狝铣1

添盐先仙桓删—产线狝换1　先仙—琰梵换线翰霰缓阮1

先仙元桓谈添—换翰旱线产缓阮1　山—桥霰1

添咸盐—鉴敢产豏勘酽艳陷桥忝琰1　先仙山删元寒—铣敢翰换线谏狝感1

寒覃部韵例

《西厢记诸宫调》卷6《中吕调·香风合缠令》：限产涟仙颠先线线添添欢桓纤盐穿仙关删尖盐段换剪狝

《西厢记诸宫调》卷6《大石调·玉翼蝉》：元元满缓难翰免狝愿愿盏产点忝贱线浅狝恋线劝愿山山

(四) 侵庚部

本部包含《广韵》的深、臻、梗、曾四摄的舒声韵。在宋代通语十八部中，这四摄分成侵寻部（深摄）、真文部（臻摄）、庚青部（梗曾摄）三部，而在金代曲韵中，三部合并成了一部。下面我们先看三部各自入韵的情况，再看各部之间的通押。在真文组中，《广韵》规定真、谆、臻同用，魂、痕同用，文、欣独用。在金代曲韵中，真、谆、臻、文、欣、魂、痕七韵共入韵43次，其中真谆、文、欣、魂痕四组韵之间通押26次，约占真、谆、臻、文、欣、魂、痕七韵入韵总次数的70%，同用无疑，成立真文组。

侵寻组一共出现了6次，1次是独用，3次是和真文组通押，2次是和庚青组通押，因此侵寻组不具有独立性，可以把侵寻组并入真文组。

在庚青组中，《广韵》规定清、庚、耕同用，青独用，蒸、登同用。在金代曲韵中，青、清、庚、耕共入韵20次，其中青、清庚耕两组之间通押10次，在青、清、庚、耕四韵的入韵总次数中占一半，可以把四韵视为同用。蒸、登韵共入韵4次，1次是与深摄通押，1次是与通摄通押，2次是与梗摄通押。根据入韵比例我们把蒸、登并入庚青组。

同时，真文组与庚青组也存在大量的通押，真文组共入韵43次，庚青组共入韵20次，两组韵之间通押11次，约占两组韵出现总次数的21.6%。根据两部通押达到10%以上就可以合并的原则，可以把两组韵合并为一部。

臻摄与曾、梗摄的混并，在唐代的变文中已有体现，周祖谟先生指出："（臻摄）在变文里有少数与梗摄庚韵三等字和清、青两韵字相押，又与曾摄蒸、登两韵字相押。"①

真文部韵尾-n，侵寻部韵尾-m，庚青部韵尾-ŋ，鲁国尧先生发现在宋词用韵中，这三部主要是自押，但也有少数或两部混叶，或三部通押的韵例。而金代曲韵表现出的则是三种韵尾的相混。在汉语的很多方言中三种韵尾是相混的，刘晓南先生指出，在宋代湘楚方言中，阳声韵已经呈现出大混并的迹象，臻、梗、曾、深四摄之间跨摄通押的韵例很多。在北方方言中，三种韵尾也存在大量相混的现象②。乔全生先生在《晋方言语音史研究》中认为在晋方言中，不光深摄、臻摄、曾摄、梗摄，甚至还包括通摄，都有三种韵尾混并的现象③。诸宫调是山西人孔三传创立的，那么在创作和流传的过程中有可能会受到山西方言的影响，由此看来，三种韵尾的混并有主元音接近的原因，也不排除有方言的影响。

---

① 周祖谟《敦煌变文与西北方音》，《周祖谟学术论著自选集》，352页。
② 刘晓南《宋代文士用韵与宋代通语及方言》，刘晓南、张令吾《宋辽金用韵研究》，98页。
③ 乔全生《晋方言语音史研究》，中华书局，2008，208-220页。

侵庚部用韵形式

常韵（4，4）

庚 1　清庚 1　真 1　真谆 1

出韵（9，9）

1. 上去通押（1，1）

轸混—震问恨 1

2. 摄内通押（3，3）

清青庚 1　魂谆 1　真魂文痕 1

3. 跨摄通押（同调通押）（5，5）

混等 1　真文耕 1　梗轸稕等 1　真魂文庚 1　侵真谆文 1

特韵（平仄通押）（40，40）

A 摄内通押（27，27）

青—径耿静 1　庚—径劲 1　清庚—耿映 1　真痕—混问轸震恩 1　文魂—恩 1
真—混恩 1　真魂—震 1　魂—混轸 1　真欣—轸 1　欣—混 1　文魂—混隐 1
文痕—恩 1　真魂—稕恩 1　真文—隐问 1　真魂—恩稕问 1　真谆魂文—恩 1
真魂文—问准震 1　真魂文—问稕震恩 1　真谆魂欣—轸问 1　真魂文痕—恨震 1
真魂文痕—恩 1　真—隐问震 1　真文痕—混吻 1　真魂文痕—问 1
真魂—轸狠问震 1　侵—寝 1　耕—径证 1

B 跨摄通押（13，13）

青清—静径梗恩问 1　魂—震问映静 1　真文庚—问混映梗静证劲 1
真文—问震吻隐 1　真魂文—问清 1　真—隐稕问震劲径映 1　侵—恩混稕 1
真谆文—轸恩震耕 1　真魂文清耕—问震映径 1　真魂文清—吻稕混恩震 1
真魂庚—混轸恩迥证径 1　侵—等证 1　青清耕侵—映静梗 1

侵庚部韵例

《刘知远诸宫调》卷 1《中吕调·安公子缠令》：并迥人真昏魂稳混称证尽轸明庚寸恩定径

《西厢记诸宫调》卷 7《越调·雪里梅花》：熏问分问衾侵晋震辰裀真粉吻真真裙文问问馨真云文隐隐

商道《双调·夜行船·幺》：等等阴侵应证

《西厢记诸宫调》卷 1《中吕调·鹘打兔》：晴清镜映庭青静静冷梗情清哽梗阴侵听青莺耕

二 阴声韵

在金代的曲韵中存在着大量阴入通押的问题，根据通押的比例，我们认为入声已经分别派入了平上去三声。虽然在山摄的入声中,还存在一些入声韵内部通押而没有阴声掺入的韵例,但这些韵段中的入声字同时也与阴声韵通押,而且通押的比例还要大于这些入声韵内部通押的比例,所以我们认为这些入声韵不具有独立性,它们已经归入了阴声各部。

(一) 支微部

本部包含《广韵》的之、支、脂、微、齐、祭、废七韵和灰韵系(灰、贿、队)字及泰韵的一部分合口字,如队韵合口字"对、内、碎、配"等字,泰韵合口字"会"字,灰韵合口字"杯、煤、雷、回"等字,贿韵合口字"罪"字。同时还有一些入声昔韵、质韵、锡韵、职韵等入声韵字的派入。

在金代曲韵中,本部共入韵 125 次(包括本部与皆来部的 6 次通押),其中之支脂、微、齐分别通押 68 次,在本部的韵例总数中占了 54.4%,同用无疑,成立支微部。祭韵与支微部通押 10 次,而祭韵与皆来部的通押一次也没有出现,所以可以把祭韵并入支微部;废韵与支微部的通押出现了 1 次,而废韵与皆来部的通押一次也没有出现,所以我们把废韵也归入支微部。在本部所有的韵例中,有入声字押入的 65 次,没有入声字押入的 60 次,属于齐微组的 31 次,属于支思组的 19 次,支思组与齐微组混用 69 次(与皆来部通押的韵例除外)。

押入本部的灰、泰韵合口字未见与皆来部的通押,所以我们把它们也归入支微部。丁治民先生指出,在宋代灰韵系字及泰韵合口字,主要与皆来部相押,但也有一些字兼与或仅与支微部相押,这一现象已是或正在演变为通语①。在戈载《词林正韵》的韵谱中,他已经把灰、泰韵合口字与之支脂微齐同部。而鲁国尧先生认为,在宋词中灰韵字及泰韵合口字入皆来的多,入支微的少,有的两部兼收,这表示这些字正处于音变的过程中,至明代方才完成②。而金代的曲韵无疑也证实了这种演变。

在入声韵与本部的通押中,陌韵押入本部 1 次,昔韵押入本部 17 次,德韵押入本部 7 次,质韵押入本部 22 次,锡韵押入本部 22 次,缉韵押入本部 6 次,职韵押入本部 24 次,迄韵押入本部 3 次(如表3.3)。其中昔韵、质韵、锡韵、职韵押入本部的比例比较高,在本部的通押韵例总数中分别占了 13.6%、17.6%、17.6% 和 19.2%。依据 10% 的合并标准,我们把昔韵、质韵、锡韵、职韵这四个入声韵并入支微部,其他的几个入声韵算作特殊通押,放在第五章讨论。

---

① 丁治民《北京地区辽宋金用韵考》,刘晓南、张令吾《宋辽金用韵研究》,146页。
② 鲁国尧《论宋词韵及其与金元词韵的比较》,刘晓南、张令吾《宋辽金用韵研究》,52页。

表 3.3　押入支微部的入声韵字

昔	迹、席、夕、惜、尺、炙、碧、石、驿、只
锡	的、壁、滴、劈、淅、沥、击、析、戚、踢、敌
职	息、识、力、逼、忆、食、翼
质	实、日、必、室、疾、一、七、失、质
缉	立、级、湿、习、及、泣、执
陌	隙
德	得、黑、贼
迄	吃、乞、讫

此外还有一个值得注意的现象,那就是止摄齿音开口三等字(即《中原音韵》支思部字)。在本部的用韵中,止摄齿音开口三等字独用的韵段一共 19 组,使用的韵字见表 3.4。与《中原音韵》的支思部和齐微部对应,我们把支微部的齿音三等字称为支思组,非齿音三等字称为齐微组,在曲韵中两者都包括派入该部的入声字。

表 3.4　支思组独用韵段中所用韵字

《广韵》韵目	出现韵字
之 25	时 5、词 3、思 7、丝 1、诗 3、辞 3、斯 1、慈 1、孜 1
支 14	枝 5、厄 2、雌 1、施 1、儿 4、肢 1
脂 6	咨 1、尸 1、姿 1、私 1、脂 1
止 15	子 4、士 1、址 2、始 1、耳 1、使 1、市 1、肢 1、似 3
纸 9	纸 2、紫 2、是 2、此 2、氏 1
旨 10	死 8、指 1、此 1
至 9	至 1、二 2、示 2、次 2
志 13	字 3、事 6、志 4
置 2	赐 1、翅 1

支思组与齐微组的通押组合一共有 31 组(用韵字的情况如表 3.5)(其中有 3 组,也是支思组的字与齐微组的字通押,但用的不是上述字,用的是"师"和"祉")。

表 3.5　支思组在与齐微组通押韵段中所用韵字

《广韵》韵目	出现韵字
之 26	丝 3、时 6、诗 5、思 8、词 2、孜 1、辞 1
支 16	枝 3、施 2、斯 2、儿 9
脂 4	姿 1、脂 3
止 9	子 2、士 1、似 1、使 2、市 1、止 1、耳 1、祉 1

续表 3.5

《广韵》韵目	出现韵字
旨 8	指 5、死 3
纸 15	紫 4、此 2、是 6、纸 3
至 18	次 4、示 6、至 5、字 2、二 1
志 14	字 4、事 8、志 2
置	

在本部所有的韵例中，属于齐微组的韵例一共是 31 组，属于支思组的韵例一共是 19 组，而两组通押的押韵组合一共是 69 组，属于支思组的押韵组合在本部的韵例总数中占了 15.2%，显示出支思组的发展壮大；而属于齐微组与支思组的通押组合在本部的韵例总数中占了 55.2%，显示出虽然支思组已经在逐渐壮大，但与齐微组仍然存在着非常密切的关系。由此我们可以说，《中原音韵》中的齐微部与支思部在金代的曲韵中已经有分离独立的趋势，止摄开口三等齿音字正在演变为支思部，但两组之间的大量通押表明，两组之间的联系依然非常紧密，分立仍需时日。

支微部用韵形式

常韵（0，0）

出韵（67，67）

1. 上去通押（2，2）

旨—至志 1　纸—志置 1（支 1）

2. 跨摄通押（7，7）

A 同调通押（2，2）

齐脂灰 1（媒、魁、堆）　至置祭 1

B 上去通押（5，5）

荠—队未 1　止—至置未 1　止—队至置志 1　止—祭泰 1（会）

止旨—至置队祭（碎）1

3. 阴入通押（58，58）

支—昔 1　泰志—昔 1（会）　支队—质 1　置—锡昔 1　止荠—昔 1　支之—昔 1

止队—缉 1（碎）　未止至—职 1　之支止纸至志—昔 1　止志置霁未—昔锡职质 1

齐支微止旨志置至荠队未祭—缉昔质 1（内）　支旨置至队荠—质 1（对）

未志至霁纸置—质锡 1　之支脂微齐旨至志未霁荠—昔职锡 1

之止微贿未至置队泰—质 1（罪）（对）（会）　之支微霁止纸置—职迄质锡 1

之支脂齐灰荠旨止纸荠队—职 1（杯）（对）　之齐旨纸志置荠未祭—锡质缉迄昔 1

之齐止置泰霁—质缉锡 1（会）　齐微止置至荠霁未队—锡质 1（内）

齐置至止祭队未—锡质1　齐微止志—锡职1　之支微置止泰霁—缉职1
支脂至志祭霁—质2　支脂微止志未—质职1　止至荠霁—昔职1
止纸置至灰未霁—昔1（煤）　齐志止纸至霁—锡1　齐止至置霁荠—职1
止荠祭—职1　之支脂—锡1　之脂微至纸旨志止霁—缉1　置尾—昔1（鬼）
置队至荠止未—锡1　支祭—职1　止至—锡1　至止—职1　至队止霁未置—质1
支止置至霁荠祭—质1　之微齐止志至祭尾—昔锡荠1　支脂微齐纸至祭—质1
支齐止未至置泰队—锡1（外）（对）　支止未置—质锡职1　支至置队—迄职锡1
纸止队至志祭—职1（配）　脂纸至志—职1　齐霁脂微祭—职1
支微止纸旨灰队荠—质锡1（内）（回）　支至霁—昔1　齐微支止—昔1
齐支至微旨—昔1　祭荠灰微脂—职1　之支脂置—质1　支微至—职1
微志止—质职1　脂至未—质锡职1　队止至志—职1（碎）

特韵（51，52）

1. 平仄通押（44，45）

之—止至1（支）　之—旨1（支）　脂—止尾1　脂—至未止队霁1
之微—止旨荠1　之齐—霁荠1　支脂—旨1（支）　齐—止旨1　微—止至1
支脂齐微—置1　支脂齐微—霁1　支脂微—止至1　齐微—霁1　之支—止志1
之支—志1　之支—止2（支1）之—纸1（支）　支—纸志1　之支脂—止至志1
之支—纸止至志1　之—至志纸1　支—纸旨止1　之—纸旨至志1
之支—纸旨1（支）　之支脂—止纸至置1　之支脂—旨至志1　之支—旨1
之支脂—止置1（支）　之脂—止纸至志1（支）　之脂—纸1（支）
支脂—止志1（支）　之支脂—志1（支1）　之支—止纸荠1　支—止纸置至荠霁1
支脂微齐—止1　支脂—止霁队1（对）　之支微—置止纸志至1
脂—霁尾1（鬼）　微支脂—队荠祭置1（内）　支齐—队至置荠霁1
齐支—荠至泰1（会）　之支脂微齐灰—置霁1（杯）
齐微—荠止至祭未泰1（会）　支之灰—置荠霁1

2. 阴入通押（7，7）

荠—陌1　支队—德1（内）　祭志止荠贿泰—昔德1（罪）（会）
齐废队止—德昔1（刘）　之支微未止旨志置至—锡质德1　止旨置—德1
支灰旨纸置至霁—德锡职1（雷）

支微部韵例

《刘知远诸宫调》卷2《南吕宫·一枝花》：痴之对队实质已止罪贿义置气未会泰违微易置地示至

《刘知远诸宫调》卷2《黄钟宫·双声迭韵》：义置帝霁起止底荠戏置西齐气未内队醉至击锡非微迄质地至

(二) 鱼模部

本部包括《广韵》的模、鱼、虞三韵，流摄的部分唇音字，入声屋韵、烛韵、物韵、没韵、沃韵、术韵的字。《广韵》规定，鱼独用，模、虞同用。在金代曲韵中，本部共入韵 100 次，其中模虞、鱼两组通押 89 次，在本部的通押韵例总数中占了 89％，同用无疑，合并成立鱼模部。还有模、虞、鱼三韵与尤侯部部分唇音字的通押，尤韵的"浮"字，有韵的"妇、负"字，宥韵的"副、富"字，厚韵的"母"字，这些字未见与尤侯部的通押，所以我们把它归入鱼模部。

入声韵也有一些与本部通押的韵例，屋韵押入本部 32 次，烛韵押入本部 18 次，物韵押入本部 10 次，沃韵押入本部 3 次，术韵押入本部 5 次，没韵押入本部 3 次，铎韵押入本部 1 次。其中屋韵、烛韵与本部通押的比例很高，在本部的通押韵例总数中分别占了 32％和 18％，因此我们把屋、烛两韵并入鱼模部。另外，物、没、沃和术等韵没有与别的阴声韵通押的韵例，而且在《中原音韵》中它们也全部派入了鱼模部，所以我们把物韵、没韵、沃韵和术韵也并入鱼模部。铎韵入本部 1 次，我们将它看作特殊通押处理。

表 3.6　押入鱼模部的入声韵字

屋	戮、蹙、屋、毂、哭、竹、木、禄、朩、目、粥、叔、肉、福、仆、熟、逐、读、服、福、腹、复、速、幅、谷
烛	足、辱、烛、俗、簌、玉、束、绿
物	物
沃	毒
术	出、律、术、卒
没	没、殁
铎	恶

鱼模部押韵形式

常韵（3，4）

虞1　姥1　麌2

出韵（70，74）

1. 上去通押（2，2）

麌姥—遇1　语—遇1

2. 摄内通押（16，19）

A 同调通押（2，5）

姥虞4　麌厚1（后）

B 上去通押（14，14）

姥—御1　语—御暮1　语—御遇1　麌—御1　姥语—遇1　语姥—遇暮1

语姥麌—暮御1　姥—遇御暮1　麌姥—遇御1　语麌姥—遇暮1

姥语麌—御暮1　姥—遇御2　姥麌语—暮1

3. 阴入通押（52，53）

宥鱼虞姥—铎1（秀）　姥虞御—没术1　语暮麌—没屋1　虞麌御—烛物术1

御—屋2　暮—屋1　鱼暮—屋1　姥麌—屋1　鱼语—屋1　遇暮—烛1

暮姥遇御—屋1　宥虞姥语暮—屋1（富）　御遇—物1　模暮—屋物1

模鱼姥御麌—屋物1　遇姥麌暮宥—屋烛1（副）　模虞暮语姥麌遇—屋烛1

鱼遇语御暮—屋物1　有模鱼虞麌姥御语暮—术1　鱼姥语暮遇御—物屋1（妇）

厚模鱼麌遇御—物屋1（母）　有鱼虞语麌姥—屋物术1（负）　鱼语姥—屋1

鱼姥语遇麌—屋1　虞暮御姥—屋1　虞麌姥语御暮—屋1　模鱼语御暮姥—屋烛1

厚宥虞语姥御麌暮—屋1（母）（富）　有语暮御—屋1（负）

模鱼虞语姥遇—烛1　有模虞姥遇暮御麌语—屋1

模鱼虞麌语遇御姥有—屋烛1（负）（妇）　有模麌御语暮姥遇—屋1（妇）

语御遇虞麌姥—屋1　有暮遇鱼语姥—烛1（负）　鱼麌御遇—物1

语遇御姥暮—物1　有语暮御模虞—物1（负）　虞麌—烛1　虞语御姥—物1

御姥—沃1　模虞语御—沃1　语遇姥暮御—屋沃1　虞语遇麌—烛1

幽鱼虞御姥—烛1（醪）　有鱼虞遇暮御语姥—烛1（妇）

尤厚鱼虞语暮麌御—烛没1（谋）（母）　有鱼模暮姥语遇屋术—烛没1（负）

鱼虞—屋烛1　模鱼姥—屋烛1　模鱼虞语麌—屋烛1　宥麌御姥语—屋烛1

特韵（22，22）

1. 平仄通押（20，20）

鱼—暮1　鱼虞—语麌御1　鱼—语遇1　鱼—麌语遇1　虞—暮姥1

模虞—麌姥暮1　模虞—暮1　模鱼—暮遇1　模鱼—语遇1　虞—宥姥1（副）

模鱼—麌姥御1　模鱼—御姥暮遇1　模鱼虞—语姥暮1　虞—御姥1

鱼虞—语麌御暮1　虞—姥御1　鱼虞—语姥暮1　虞—暮姥麌御1

尤—有语御1（浮）（妇）　模—厚有御暮语遇1（母）（负）

2. 阴入通押（1，1）

宥鱼虞姥—铎1（秀）

3. 跨摄通押（1，1）

虞—暮麌姥有宥1（妇、宥）

鱼模部韵例

王修甫《越调·斗鹌鹑》：枯模舞麌簌烛竹屋疏鱼楚语珠虞

《刘知远诸宫调》卷11《仙吕调·相思会》：与语诉暮否有恶故暮女语怒暮负有做暮粥屋觑御

（三）皆来部

本部包含《广韵》的佳（部分）、皆、灰（除部分合口字）、咍、泰（除部分合口字）、夬（除"话"字）六韵，其中卦韵"画"字除外，同时还包括没、麦两个入声韵字的派入。在金代曲韵中，本部共入韵44次，其中佳（部分）、皆、灰（除部分合口字）、咍、泰（除部分合口字）、夬（除"话"字）六韵通押39次，在六韵的通押韵例总数中占了88.6%，同用无疑，合并成立皆来部。

另外，还有一些入声韵与本部通押的韵例，其中没韵押入本部11次，麦韵押入本部5次，职韵押入本部2次。陌韵、麦韵与本部通押的比例较大，在本部的通押韵例总数中分别占了25%和11.4%，可以把这两韵并入皆来部，而职韵与本部的通押则视为特殊通押，放在第五章探讨。

表3.7　押入皆来部的入声韵字

陌	白、客、拆、窄、拍
麦	债、摘、隔、策、责
职	侧、色

在金代的曲韵中还有一个值得注意的现象，就是支微部的一些字押入皆来部，涉及的有脂韵的"筛"字、纸韵的"揣"字、至韵的"帅"字，三字分别押入本部2次。这些字在《广韵》中属于止摄，可是在《中原音韵》中它们已经派入了皆来部，皆来部与支微部的互动一般是皆来部灰韵系以及泰韵合口字派入支微部，而很少见到支微部字反向流入皆来部，因此这是皆来部与支微部之间的一种很有意思的反向互动，我们将在第五章探讨。

皆来部用韵形式

常韵（0，0）

出韵（18，18）

1. 上去通押（0，0）

2. 摄内通押（8，8）

A 同调通押（5，5）

佳灰咍1　佳皆咍1　皆灰咍1　皆咍1　泰卦1

B 上去通押（3,3）

海—泰怪1　　海—怪1　　海蟹—怪1

3. 阴入通押（10,10）

怪—陌1（窄）　皆哈—陌1　佳皆哈海卦—陌1　代哈皆怪—陌麦1

哈蟹至怪纸海—陌1　皆哈海泰代怪—陌1　佳皆哈代—陌1　代哈—麦1

代蟹海怪泰—陌麦1　佳皆海卦夬怪蟹代泰—陌麦1

特韵（25,26）

1. 平仄通押（23,24）

A 摄内通押（17,18）

哈—海泰1　哈—泰1　哈—蟹泰1　灰哈—海泰卦1　哈—代泰蟹卦怪骇1

佳皆哈—海代1　佳皆哈—海代泰夬1　皆哈—海代泰蟹怪1　哈—蟹海代泰1

哈—代怪1　哈—海代怪1　哈—怪2　皆—海1　皆—海泰1　皆—海怪夬1

佳皆哈—代泰1　哈—海怪蟹泰1

B 跨摄通押（6,6）

海—脂1（筛）　哈—纸1（揣）　脂哈—代1（筛）　哈怪海泰—个1

哈海骇卦—至1　皆灰哈海—止志1

2. 阴入通押（2,2）

哈蟹骇泰海怪—陌职麦1　脂卦海蟹—职陌1（筛）

皆来部韵例

《刘知远诸宫调》卷1《正宫·文序子》：待海慨赖泰灾开哈派卦回灰才哈

《西厢记诸宫调》卷3《大石调·红罗袄》：外泰采海谐皆海待海来哈白窄陌鞋皆材孩哈态代

（四）萧豪部

本部包含《广韵》的豪、肴、宵、萧四韵，同时还有药、铎、觉三个入声韵一部分字的派入。《广韵》规定豪、肴独用，宵、萧同用。在金代曲韵中，本部共入韵72次，其中豪、肴、宵萧三组韵之间通押26次，在本部的通押韵例总数中约占了36.1%，可以把这四韵视为同用，合并成立萧豪部。

另外，药韵押入本部17次，铎韵押入本部14次，觉韵押入本部10次，麦韵押入本部1次。其中药韵、铎韵、觉韵与本部通押的比例比较大，在本部的通押韵例总数中分别占了23.6%、19.4%和13.9%，所以可以把药、铎这两个入声韵的部分字并入萧豪部，觉韵全部并入萧豪部①。

表 3.8　押入萧豪部的入声韵字

药	脚、约、着、酌、削、壳、掠
铎	度、幕、落、恶、错、薄、错、铎、泊
觉	学、捉、角、槊
麦	索

萧豪部用韵形式

常韵（0，0）

出韵（43，47）

1. 上去通押（2，2）

晧—号 1　筱—笑啸 1

2. 摄内通押（8，11）

A 同调通押（2，3）

萧宵肴 1　豪萧宵肴 2

B 上去通押（6，8）

晧—效 1　晧—号笑效小 1　晧巧—号笑 1　筱晧—笑 3　筱晧—啸笑 1

小晧—笑啸效 1

3. 阴入通押（33，34）

笑—药 1　晧—铎 1　晧—药 2　笑晧—药 1　豪萧笑啸巧小号晧筱效—药铎 1

晧号—铎 1　啸—药铎 1　晧效—觉 1　啸—觉药 1　萧宵—药 1　巧笑—药 1

笑—药铎 1　筱晧啸—药 1　号晧笑巧—药 1　筱晧巧号—铎 1　笑晧—觉药铎 1

效晧笑—觉铎 1　晧巧笑—觉药 1　豪宵啸筱小—药 1　豪宵筱—觉 1

小晧筱笑啸—铎 1　豪效晧笑—觉 1　晧巧筱小笑—觉 1　豪宵肴晧小—觉 1

豪宵晧号—觉 1　小笑巧晧效—药 1　晧笑—药铎 1　萧宵肴小—铎药 1

小肴晧筱—药铎 1　豪宵号晧小笑筱效—药 1　豪宵小筱效晧笑—铎觉 1

肴豪宵筱号小笑效晧—铎药 1　笑晧—铎 1

特韵（24，25）

1. 平仄通押（23，24）

豪宵—小晧 2　豪宵—号 1　宵—小晧 1　宵—晧 1　豪宵—笑晧 1　宵—小啸 1

宵—筱 1　豪肴宵—小晧号 1　豪肴宵—晧 1　豪宵—晧笑小效 1　肴—啸小 1

---

① 药、铎韵还有一部分字并入了歌戈部，所以说是部分；觉韵虽然押入歌戈部 6 次，但是这些字与押入萧豪部的字重复，且在《中原音韵》中这些字全部派入了萧豪部，所以这里把觉韵全部并入萧豪部。

豪萧宵—晧1　豪宵—小筱晧1　萧宵—晧小筱1　豪宵—筱晧1　萧—小啸筱晧1

豪宵—筱1　肴豪萧宵—巧1　豪萧宵肴—晧筱效1　豪肴宵—小晧啸1

豪萧宵—晧号筱巧1　豪肴宵—筱笑1　豪萧宵肴—巧1

2. 阴入通押（1，1）

晧号小笑铎麦1

萧豪部韵例

《西厢记诸宫调》卷2《大石调·玉翼蝉》：恼晧小小教肴捉觉摇宵角觉鞒宵夭小刀豪

《西厢记诸宫调》卷4《中吕调·碧牡丹缠令》：约药幕铎角觉度铎道晧落铎跳啸

（五）歌戈部

本部包含《广韵》的歌、戈两韵，还有入声的铎韵、药韵、末韵等韵字的派入。在金代曲韵中，本部一共入韵72次，其中歌、戈通押50次，在本部的韵例总数中占了69.4%，同用无疑，合并成立歌戈部。

入声韵与本部也有一些通押，其中末、药、铎、觉和合韵分别押入本部23次、17次、20次、6次和4次，另外辖、德、薛韵分别押入本部1次，曷韵押入本部2次。其中末韵、药韵、铎韵与本部的通押比例比较大，在本部的韵例总数中分别占了32%、23.6%和27.8%，所以可以把末韵、药韵（部分）、铎韵（部分）并入歌戈部。在《中原音韵》中，合韵一部分派入了歌戈部，一部分派入了车遮部。在金代曲韵中，合韵押入本部的比例虽不是很大，但是这些字在《中原音韵》中派入了歌戈部，而且这些字在合韵与车遮部的通押中没有出现，所以我们认为合韵的这些字派入了歌戈部。而觉、曷、辖、德、薛诸韵押入本部的比例比较小，我们将其视为特殊通押处理。

表3.9 押入歌戈部的入声韵字

末	抹、末、泼、脱、活、裰、靸、撮、聒、阔、掇、拨
药	却、虐、脚、着、略、着、弱
铎	作、诺、恶、愕、廓、寞、度、托、泊、乐、落、凿、络、阁
觉	捉、握、学、阁、壳、剥
辖	煞
德	得
薛	掇、热、舌
合	合
曷	喝、渴

本部与家麻部也出现了8次通押，这些通押属于特殊通押，我们放在第五章讨论。如：

《西厢记》卷3《仙吕调·赏花时》：加麻煞辖他么歌下祃呵歌家咱麻

杜仁杰《般涉调·耍孩儿·庄家不识勾栏·五》：坡戈坐过窝戈社马锣歌

这里还要讨论一个特殊韵字"他"字。该字在诗、词和曲韵中都有出现，在诗、词中，该字只入歌戈部，没有入家车部的现象，而在曲韵中，"他"8次入歌戈部、7次入家麻部，已经表现出一种两属的迹象。这是一种很有意思的涉及语音演变的现象，我们放在第五章讨论。

歌戈部用韵形式

常韵（4，5）

歌1　歌戈2　果哿1　末个1

出韵（45，45）

1. 上去通押（5，5）

果—过1　果—过个1　果哿—过个1　哿—过个1　哿—个1

2. 阴入通押（40，40）

个—铎1　果个—铎1　歌果—铎1　过—药1　歌哿—药1　戈过—药1

戈过—末1　戈果过—末1　过—合末1　戈个—末1　歌哿个—末1

歌哿个果过—末1　歌戈果个—末1　歌过—合1　歌戈果哿—合1

果哿—药1　歌过个—药1　歌戈果—末1　歌过—末1　歌—合铎药1

歌果个—铎1　歌哿果过—末1　歌戈过哿—铎1　歌戈过哿—铎1

歌—铎末药1　过—末铎1　歌戈哿过—末铎1　歌—药铎1　果过—药铎1

果过—药铎末1　戈哿—末药铎1　歌果哿过—药铎1　歌果个过—药铎1

果哿—末药铎1　戈个果—药铎1　戈哿过—药铎1　戈果过—薛合1

歌果哿过—药末1　戈果哿过个—末铎1　歌戈果过个哿—末铎1

特韵（20，22）

1. 平仄通押（9，11）

歌—个1　歌戈—过3　歌戈—过个1　歌—哿个1　戈—果哿过个1

歌戈—果哿过个1　歌戈—果个1　歌戈—果过个1　歌戈—果1

2. 阴入通押（9，9）

麻祸歌—辖1　个过—觉1　过—德合1　歌戈过—合觉1　歌哿—铎觉末1

歌戈果过哿—觉末1　歌戈果哿个过—觉药1　歌戈果过个—末觉药铎1

歌果个—末曷1

3. 跨摄通押（2，2）

歌麻1　歌戈过马1

歌戈部韵例

《刘知远诸宫调》卷12《仙吕调·绣裙儿》：作铎却药挆铎过过他歌捉觉个个磨卧过

那个祸果破过脱末波戈

《西厢记诸宫调》卷2《小石调·花心动》：果果个个坐过么歌戈戈祸果我㗷

（六）家麻部

在金代曲韵中，属于《中原音韵》家麻部的麻韵二等字的独用韵例、麻韵二等字与入声韵的通押韵例以及在《中原音韵》中属于家麻部的入声韵自身的通押韵例一共是28组，在家麻与车遮两组的韵例总数中占了28.6%；属于《中原音韵》车遮部的麻韵三等字的独用韵例、麻韵三等字与入声韵的通押韵例以及入声韵自身的通押韵例一共是63组，在家麻与车遮两组的韵例总数中占了64.3%；只有7组是属于家麻组与车遮组的通押韵例，所以家麻部和车遮部的分立是非常明显的。

家麻部包括《广韵》的麻韵二等字，佳韵的"佳、涯、娃"字，蟹韵的"罢"字，卦韵的"挂、㧗、画"字，夬韵的"话"字，梗韵的"打"字，歌韵的"他"字和曷韵、辖韵、洽韵等入声韵字的派入。本部共入韵28次，其中6次是麻韵二等字独用或者与其他阴声韵"佳、蟹、卦、夬、梗（打）"等通押的韵例，22次是佳、麻等韵字与入声韵通押的韵例。其中曷韵、合韵、狎韵各押入本部6次，辖韵、洽韵分别押入本部8次和7次，在本部的韵例总数中分别占了15.4%、15.4%、15.4%、20.5%和18%，所以可以把曷韵、合韵、狎韵、辖韵、洽韵这五韵并入家麻部。

表3.10　押入家麻部的入声韵字

曷	萨、榻、撒、捺、达
合	呐、纳、答、杂
狎	鸭、亚、甲、呷
辖	煞、扎、杀、滑、察
洽	霎、洽、插、恰
月	发、袜、罚
乏	法、乏、法
末	妭、抹

家麻部用韵形式

常韵（0，0）

出韵（21，21）

1. 阴入通押（20，20）

麻祸—合1　祸夬—辖1（话）　麻马—辖1　马—月合1　梗马—辖1（打）

祸佳—洽狎1　麻马卦佳—辖1　麻祸—月1　麻佳马—盍狎1　麻马祸卦—曷1

祸卦夬麻—月合1　麻马祸—洽辖狎1　祸蟹麻—洽月辖1

马祃麻梗—洽曷1（打）　麻马蟹佳—末1　麻卦祃夬乏1（话）

祃佳卦麻马—洽合1　蟹卦夬马祃—乏曷辖合1（罢）（挂）（话）

麻马祃佳卦—狎1　麻马月佳—洽狎合1

2. 入声通押（1，1）

辖狎薛1

特韵（4，7）

1. 平仄通押（3，6）

麻—马4　麻—祃1　麻—马祃1

2. 跨摄通押（1，1）

月麻佳合祃狎—歌1

家麻部韵例

《西厢记诸宫调》卷4《仙吕调·赏花时》：加麻煞辖纱家麻鸭狎茶鸦麻

《西厢记诸宫调》卷2《大石调·玉翼蝉》：马马迓祃甲狎射祃霎洽八辖者马化祃袭麻杀辖拿麻怕祃咱麻

（七）车遮部

本部包含《广韵》的麻韵三等字和薛、屑、帖、月、业、叶六个入声韵的字。在金代曲韵中，本部共入韵70次（包括与家麻部的通押韵例），其中麻韵三等字独用1次，与薛、屑、月等入声韵通押52次，薛、屑、月等入声韵内部通押17次。

在薛、屑、月、帖等韵与本部的通押中，薛韵、屑韵、帖韵、月韵、业韵、叶韵分别押入本部43次、20次、19次、12次、7次和8次，在车遮部的韵例总数中分别占了61.4％、28.6％、27.1％、17.1％、10％和11.4％，比例都超过了10％，所以我们认为薛韵、屑韵、帖韵、月韵、业韵、叶韵六个入声韵的字已经派入了车遮部。

表3.11　押入车遮部的入声韵字

薛	灭、折、裂、雪、热、别、烈、揭、绝、缺、冽、悦、说、憋、泄、孽、劣、鳖、列、舌、彻、拙、设、杰
屑	节、结、决、瞥、迭、截、屑、血、切、拽、铁、撇、啮
帖	颊、帖、牒、迭、贴、谍、蝶
月	月、阙、歇、厥
业	业、怯、劫
叶	接、叶、睫
药	约

还有3例是家麻部与车遮部通押的韵例，属于特殊通押。如：

《西厢记诸宫调》卷2《大石调·玉翼蝉》：马马迓袺甲狎射袺霎洽八辖者马化袺袋麻杀辖拿麻怕袺咱麻

《刘知远诸宫调》卷2《中吕调·牧羊关》：贴帖月月劣薛也马颊帖搭盍杰薛捷叶月悦彻薛

其中1例有歌韵字的掺入：

《西厢记诸宫调》卷7《正宫·脱布衫》：涯佳他歌奢麻霎洽华纱麻

不难看出，在金代的曲韵中家麻部与车遮部之间通押的韵例并不多，两者之间的等立通押也不多，而是以一个韵部为主掺入1个或者2个另一个韵部字的主从通押为主，这表明家麻部与车遮部之间已经有了明显的分野，混用已经很少。

车遮部用韵形式

常韵（1，1）

马1

出韵（49，62）

1. 阴入通押（36，45）

马—薛5　马—帖薛1　马—帖月1　袺—薛1　麻袺—薛1　马—屑1　马—业薛1
马—薛月4　马—薛业1　马—薛帖1　马袺—薛1　袺—薛1　马袺—屑1
麻马—薛1　马袺—薛2　马袺—薛屑1　麻马袺—薛屑1　麻马—薛屑2
麻袺蟹—帖1　马—薛、屑、月叶业1　麻马袺—薛月帖1　麻马袺—薛月帖1
袺—薛月帖业叶1　麻袺—薛屑叶1　马袺—月屑帖叶1　马袺—薛帖1
麻—月薛屑1　马—月薛屑1　麻袺—薛屑帖1　马袺—薛屑帖1　麻袺—薛屑帖1
马袺—帖月薛屑1　麻马袺—帖薛屑1　麻马—帖月薛屑1　麻—薛屑叶帖1
麻马—薛屑业帖1

2. 入声通押（13，17）

薛业帖1　薛屑2　薛月2　薛月药2　薛叶1　薛帖1　叶屑2　薛、屑、月1
屑月职1　薛屑业1　薛屑帖1　薛屑叶帖1　薛、屑、月帖1

特韵（阴入通押）（7，7）

马—帖月薛盍叶1　马袺—薛帖屑铎月1　袺个麻歌—辖1　麻袺—曷合乏狎1
麻歌佳—辖洽1　歌麻马袺姥—辖曷乏合洽1（妈）　歌麻佳马卦姥—合狎辖曷1

车遮部韵例

《西厢记诸宫调》卷3《双调·月上海棠》：节屑说薛切结屑擎薛趄袺也马

《西厢记诸宫调》卷3《仙吕调·满江红》：悦薛阙月写马劫业贴帖谢袺憋说薛也马斜麻舍马别薛

（八）尤侯部

本部包含《广韵》的尤、侯、幽三韵。因为没有入声韵字的派入，尤侯部比较单纯。在金代曲韵中，本部共入韵 34 次，其中尤、侯通押 23 次，在本部的通押韵例总数中占了 67.6%，同用无疑，合并成立尤侯部。幽韵共出现了 2 次，1 次是与尤、侯韵通押，1 次是与模、鱼、虞韵通押，参照金代诗、文和词的用韵情况，我们把它归入尤侯部。

本部没有阴入通押的韵例。在《中原音韵》中派入尤侯部的入声字并不多，而本部没有阴入通押的韵例正好可以从侧面证明在入声派入阴声韵的变化过程中，派入尤侯部的入声字很少。二者的吻合，也从侧面证实曲韵是以实际语音为基础的。

尤侯部用韵形式

常韵（5，6）

尤 1　尤侯 2　尤有宥厚候 1　尤厚 1　尤侯厚 1

出韵（上去通押）（5，9）

有—宥 3　厚—宥 2　有厚—宥候 1　厚—候 2　有厚—幼 1

特韵（13，19）

1. 平仄通押（12，18）

尤—有 1　尤—有宥 1　尤—有宥厚候 1　尤—厚 1　尤侯—厚 1　尤侯—有宥 2
尤—有候 1　尤侯—宥 1　尤侯—宥厚 1　尤侯—有宥厚 1　尤侯—有宥厚候 6
侯—宥厚 1

2. 跨摄通押（1，1）

尤有宥候—虞 1

尤侯部韵例

《刘知远诸宫调》卷 12《正宫·应天长》：头侯佑宥休尤救宥幽幽手有搜尤侯侯斗候走厚
《西厢记诸宫调》卷 1《商调·玉抱肚》：救宥楼钩侯斗厚鳌就兽宥手有走厚首有修尤

第四节　金代北曲与宋元南曲用韵考辨

南曲是宋元时期南方（长江以南，以温州、永嘉为中心）戏曲、散曲所用的各种曲调的统称。"南戏始于宋光宗朝……其曲，则宋人词而益以里巷歌谣，不叶宫调，故士大夫罕呕有留意者。"① 徐渭的这句话道出了南曲的出身，南曲是直接来源于宋词的，只是对词体稍加改变而已，因此词的文人化决定了南曲崇尚高雅的特点。北曲（金代

---

① 徐渭 原著/李复波、熊澄宇注释《南词叙录注释》，中国戏剧出版社，1989，5 页。

的散曲和诸宫调我们统称为北曲）是对金元时期流行于北方的戏曲、散曲所用的各种曲调的统称。"自金、元入主中国，所用胡乐，嘈杂凄紧，缓急之间，词不能按，乃更为新声以媚之"①，王世贞的这句话解释了北曲产生的根源——为适应胡乐的节奏而产生的。曲不管是南曲还是北曲都是大众文学，反映的都是当时的口语，但是出身的不同决定了它们反映口语的程度有所不同，而南北地域的差异又导致了它们在语音上也可能存在南北差异。

吕叔湘先生首先提出近代汉语通语官话可以分成南北二系的观点："近代官话区方言，大体可以分成北方（黄河流域及东北）和南方（长江流域和西南）两系。"② 黎新第③、蒋绍愚④等先生都同意这种观点并且从不同方面进行了论证。南曲和北曲作为南北方各种戏曲和散曲的综合，其地域的差异恰与南、北官话相吻合，理论上应该能够反映各自所代表的通语语音。近时，同门武晔卿的博士学位论文《宋元南戏曲韵考辨》（简称《考辨》）基于对宋元南戏用韵的研究，提出南曲反映的是南宋通语，也就是宋元时期流行于南方的南系通语的观点⑤；那么我们猜测，金代北曲反映的也应当是一种通语，即金代流行于北方的北方通语。宋金对峙以来，地域上的阻隔再加上南方通语受到南方方言特别是吴语的影响，而北方通语受到北方少数民族语言特别是女真语的影响，使得两种通语之间产生了较大差异。而这种差异可以由南北曲韵的不同看出一二。

这里还需要说明一下，《考辨》所使用的材料几乎没有北宋的作品，南宋的也比较少，所以在材料的使用方面不得不延伸到元代，那么他的材料形式的时间就应该是12到14世纪，而金代北曲的存在时间是12到13世纪，时间的主体部分是重合的，所以这就给我们研究两种曲韵的异同提供了时代的可比性。

关于南曲的用韵，明末清初音韵学家毛先舒的文集《韵学通指》中有《南曲正韵略》一文，把南曲的用韵分成了二十二部，分别是支部、鱼部、皆部、萧部、歌部、麻部、遮部、尤部、东部、阳部、真部、庚部、侵部、覃部、盐部、寒部、先部、屋部、质部、曷部、辖部和屑部。而《考辨》则把南戏的曲韵分成了十四部（括号中是对应的毛先舒《南曲正韵略》的分部），分别是支微部（支部）、鱼模部（鱼部）、皆来部（皆部）、萧豪部（萧部）、歌麻部（歌部、遮部、麻部）、尤侯部（尤部）、东钟部（东部）、江阳部（阳部）、庚侵部（真部、庚部、侵部）、寒廉部（覃部、盐部、寒部、先部）、屋烛部（屋部）、德质部（质部）、觉铎部（曷部）、月帖部（辖部、屑部）。

---

① 王世贞《曲藻》，《中国古典戏曲论著集成》，中国戏曲研究院辑校，北京中国戏剧出版社，1980。
② 吕叔湘《近代汉语指代词》，学林出版社，1985，58页。
③ 黎新第《南方系官话方言的提出及其在宋元时期的语音特点》，《重庆师院学报》，1995年1期。
④ 蒋绍愚《近代汉语研究概要》，北京大学出版社，2005，104-112页。
⑤ 武晔卿《宋元南戏曲韵考辨》，南京大学博士学位论文，2011，157页。

《考辨》分部与毛先舒《韵学通指》相比最大的不同是对宋元南戏韵部系统的大量合并。因为《考辨》是在穷尽考察宋元南曲实际用韵基础上得出的结论，而毛说则没有提供实际的根据①，因此考虑到北曲用韵的实际情况，我们采用武晔卿对宋元南戏的韵部划分作为南曲的韵部划分，并以之作为我们的参照系，来具体比较南北曲之间的用韵差别。

上一节我们经过系联得到金曲的 12 个韵部，其中阳声韵 4 部：东钟部、江阳部、寒覃部、侵庚部；阴声韵 8 部：支微部、鱼模部、皆来部、萧豪部、歌戈部、家麻部、车遮部、尤侯部。这个韵系最大的特点是山摄和咸摄的合并，深摄、臻摄、曾摄和梗摄的合并，家麻部与车遮部的分立，中古山摄内部洪细分组的趋势，以及支微部中支思组即原止摄开口三等齿音字（相当于《中原音韵》的支思部）表现出强烈的独立趋势。

表 3.12　金代北曲用韵与宋元南曲用韵之比较

北曲韵部	南曲韵部
歌戈部	歌麻部
家麻部	
车遮部	
鱼模部	鱼模部
支微部	支微部
皆来部	皆来部
萧豪部	萧豪部
尤侯部	尤侯部
东钟部	东钟部
江阳部	江阳部
寒覃部（包括《广韵》的山摄和咸摄）	寒廉部（包括《广韵》的山摄和咸摄）
侵庚部（包括《广韵》的侵、臻、梗、曾四摄）	庚侵部（包括《广韵》的侵、臻、梗、曾四摄）
入派三声	觉铎部
	屋烛部
	德质部
	月帖部

从表 3.12 出发并考察这两个韵系所包含韵部的内部情况，我们认为金代北曲用韵

---

① 毛先舒所作《南曲正韵》，是今传最早的南曲韵书，可惜先舒因为家贫，只能将全书括略为《南曲正韵略》刊行，仅存纲目而已。

与宋元南曲用韵的差别主要体现在以下几个方面。

一 支微部中支思组的独立趋向①

南曲中相当于《中原音韵》支思部的韵例只占了很小的比例,《考辨》统计了宋元南戏中支微部的资料,其中支思组独用仅 11 次,在支微部的韵例总数中仅占 1.3%;齐微组独用 520 次,在支微部的韵例总数中占 62.3%;而支思组与齐微组的通押却达 304 次,在支微部的韵例总数中占 36.4%(表 3.13)。而且在支思组的独用韵例中,绝大多数都是两字为韵的短韵段,证明力大打折扣,由此《考辨》判断在宋元南戏中支微部内部没有发生分化。

表 3.13 南曲和北曲之间支思组、齐微组独用、通押的情况

南北曲类	支思组独用 (次数和比例)		齐微组独用 (次数和比例)		支思、齐微通押 (次数和比例)	
南曲	11 次	1.3%	520 次	62.3%	304 次	36.4%
北曲	19 次	16%	31 次	26%	69 次	58%

在金代曲韵中,我们将支微部的所有韵段,参照《中原音韵》的韵部结构,从支思组与齐微组的入韵比例、支思组入韵字及出现的频率、只押支思组或者齐微组的字与兼入两组的字以及押哪边居多等方面展开讨论,以探讨金曲支微部中支思、齐微两组之间的关系。

(一) 在金代北曲支微部中支思组与齐微组的入韵比例

金代北曲用韵中,在支微部所有的韵例中,齐微组独用的韵段一共是 31 个,支思组独用的韵段一共是 19 个,齐微、支思两组通押韵段一共是 69 个,在支微部的韵段总数中三者分别占了 24.8%、15.2% 和 55.2%。由支思组的独用比例和支思组与齐微组的通押比例可以看出,齐微组与支思组在金代的北曲用韵中有分离独立的趋势,止摄开口三等齿音字正在演变为支思部,但两组的大量通押表明,两组韵的联系依然非常紧密,分离独立仍然需要时间。

(二) 支思部入韵字

在金代北曲支微部的用韵中,支思组字(即止摄开口齿音三等)独用的韵段一共 19 个,使用的韵字如表 3.14 所示。

这些字同样也都与齐微组的字通押,与齐微组的押韵组合一共有 31 段(用字情况如表 3.15 所示)。

---

① 在金代北曲中,我们称支思组与齐微组,表示这两部分在金代北曲中合于支微部之中,在《中原音韵》中我们称支思部与齐微部,以示区别。

表 3.14　支思组（即止摄开口齿音三等）独用韵字

《广韵》韵目	出现的韵字
之 24	时 5、词 3、思 7、丝 1、诗 3、辞 3、慈 1、孜 1
支 15	枝 5、厄 2、雌 1、施 1、儿 4、肢 1
脂 6	咨 1、尸 1、姿 2、私 1、脂 1
止 14	子 4、士 1、址 2、始 1、耳 1、使 1、市 1、似 3
纸 9	纸 2、紫 2、是 2、此 2、氏 1
旨 10	死 8、指 1、此 1
至 7	至 1、二 2、示 2、次 2
志 13	字 3、事 6、志 4
置 2	赐 1、翅 1

表 3.15　支思组和齐微组通押中出现的韵字

《广韵》韵目	出现的韵字
之 26	丝 3、时 6、诗 5、思 8、词 2、孜 1、辞 1
支 17	枝 3、施 2、厮 3、儿 9
脂 4	姿 1、脂 3
止 9	子 2、士 1、似 1、使 2、市 1、止 1、耳 1
旨 8	指 5、死 3
纸 15	紫 4、此 2、是 6、纸 3
至 16	次 4、示 6、至 5、二 1
志 14	字 4、事 8、志 2
置	

通过对比表 3.14 和表 3.15，我们可以列出表 3.16。

表 3.16　只入支思、只入齐微以及支思、齐微兼入字表

只入支思组的字以及入韵次数（共 13 字，33 次）	只入齐微组的字以及入韵次数（共 3 字，4 次）	兼入支思和与齐微的字以及入韵次数（共 32 字，94 次）
（之）慈 1； （支）厄 2、雌 1、肢 1； （脂）咨 1、尸 1、私 19； （止）始 1、址 2； （纸）氏 1； （旨）此 1； （置）赐 1、翅 1	（止）止 1； （脂）师 2； （止）祉 1	（之）时 5、词 3、思 7、丝 3、诗 3、辞 3、孜 1； （支）枝 3、施 2、厮 3、儿 9； （脂）姿 1、脂 3； （止）子 4、士 1、耳 1、使 1、市 1、似 3； （旨）指 5、死 3； （纸）纸 2、紫 2、是 2、此 3； （至）至 1、二 2、示 2、次 2； （志）字 4、事 6、志 4

支思组独用的字有 13 个，在出现的所有《中原音韵》支思部的字中占 27%，但是这些字出现的频率都不是很高，以 1 次和 2 次居多，这表明这些字的归属还不是非常明确（只有私字出现了 19 次，归入支思部的趋势非常明显）；只与齐微组通押的字 3 个，也都只是出现一两次，在入韵的所有《中原音韵》支思部的字中约占 6%，这表明《中原音韵》中的支思部与齐微部已经有了明显的差异，两部的字在金代北曲用韵中已经有了一定的距离；兼入支思组与齐微组的字 32 个，在入韵的所有《中原音韵》支思部的字中占 67%，两入的《中原音韵》支思部字在出现的《中原音韵》支思部字中达到了半数以上，这也从侧面证明了我们上文的结论，尽管支思部已经逐渐显出形貌，但支思组与齐微组的联系还是非常紧密，还远远没有到能够独立的地步。

（三）两押的频率与倾向

从兼入支思组与齐微组的《中原音韵》支思部字的入韵频率来说，表 3.14 和表 3.15 的差别显然不是很大，甚至表 3.15 中一些字的出现次数还超过了表 3.14，比如在表 3.15 中，至韵各字的入韵频率甚至是表 3.14 至韵各字入韵频率的两倍。

从表 3.17 我们不难看出，押支思组居多的《中原音韵》支思部字 11 个，押齐微组居多的 17 个，在金代北曲中，《中原音韵》中的支思部字押支思组少，押齐微组多，这再一次证明了支思组各字独立性的欠缺，与齐微组的联系依然非常紧密。

表 3.17 押支思组居多的字与押齐微组居多的字数

押支思组居多的字（11 个）	押齐微组居多的字（17 个）
（之）丝 3、词 3、辞 3；（支）枝 5；（脂）姿 2；（止）子 4、似 3；（纸）紫 4；（旨）死 8；（至）二 2；（志）志 4	（之）时 6、诗 5、思 8；（支）施 2、儿 9；（脂）脂 3；（止）士 1、使 2；（纸）玼 4、是 6、纸 3；（旨）指 5；（至）次 4、示 6、至 5；（志）字 4、事 8

注：后面的数字为两押时居多一方的次数。

总之，从支思组与齐微组的入韵比例、支思组入韵字及出现的频率等方面我们不难看出在金代北曲中，后来归入《中原音韵》支思部的字舌尖化的过程正在进行，但还没有达到能够完全独立的地步，支思组与齐微组的关系依然非常紧密。

《中原音韵》支思部的字只有止摄开口三等舌齿音字，来自中古的止摄开口各韵的"精、庄、章"组字，"日"母字以及几个"知"组字。杨耐思先生认为，这类字的音变，其实早在《中原音韵》以前二三百年就有反映[①]，这个二三百年正好包含了金代。杨先生还指出，北宋邵雍（1011—1077）《皇极经世·声音唱和图》已经把止摄开口"精"组字列在"开"类，稍后的《切韵指掌图》（约出现于十二世纪初）把它们改列

---

① 杨耐思《中原音韵音系》，中国社会科学出版社，1981，38 页。

在一等地位①。那么这样看来，《中原音韵》支思部的萌芽其实很早就已经开始出现了。

从上面的分析和比较中也可以看出另外一个问题，《中原音韵》支思部的崛起和壮大是从北方汉语开始的。南方汉语则迟迟未见端倪，至少从宋元南曲用韵里面反映出来的是这样。

二 中古山摄内部洪细分组的问题

宋代通语十八部中的寒先部与监廉部在宋元时期的南戏中存在着大量的通押。据《考辨》统计，监廉部独用19次，而与寒先部的通押却达96次之多，因此监廉部不具有独立性，可以把它并入寒先部，《考辨》称为寒廉部，本文称为寒覃部。同时，在金代曲韵中也存在宋代通语十八部中寒先部与监廉部因大量混用而并为一部的现象。

宋代通语十八部中的寒先部在《中原音韵》里面已经分化成了寒山、先天、桓欢三部，但是在宋代通语中，关于寒先部的内部情况，寒桓、山删、先仙元各组韵之间的关系我们知之甚少。鲁国尧先生《论宋词韵及其与金元词韵的比较》没有提及。魏慧斌《宋词用韵研究》中把寒先部与监廉部合并为了一部，关于宋代通语寒先部的内部情况也没有提及②。但是刘晓南先生在《宋代四川语音研究》中指出在宋代四川诗人用韵中，咸摄舒声合并成的监廉部和山摄舒声合并成的寒先部在洪音和细音之间表现出通押的不平衡，两者之间表现出相对的独立性，因此具有了分组的倾向③。而《考辨》认为在南戏曲韵中还看不出这种分化迹象。据《考辨》统计，宋代通语十八部中的寒先部独用的466个韵段中，寒山组、先天组、桓欢组各自独用共306次，剩下的160次均系寒山、先天、桓欢三组混叶或两两相叶，通押比例高达34.3%，因此《考辨》认为不论原寒先部内部实际读音如何，《中原音韵》寒山、先天、桓欢三部在宋元南曲中看不出分化的迹象，做同韵字使用④。

在金代曲韵中，宋代通语十八部的监廉部与寒先部通押很多，内部洪细分组的趋势不是很明显，但是寒先部内部也与四川通语一样表现出洪细分组的趋势。详见表3.18。

表3.18 宋代通语十八部的寒先部在金代曲韵中的组合方式

韵类组合方式	平声	平仄	仄声	洪细组合方式	总计
寒桓—山删			1	洪音	1

---

① 杨耐思《中原音韵音系》，38页。
② 魏慧斌《宋词用韵研究》，陕西出版集团陕西人民教育出版社，2009，71页。
③ 刘晓南《宋代四川语音研究》，北京大学出版社，2012，89页。
④ 武晔卿《宋元南戏曲韵考辨》，126-127页。

续表 3.18

韵类组合方式	平声	平仄	仄声	洪细组合方式	总计
寒桓—先仙		3	2	洪细	15
山删—先仙		2	1		
寒桓—山删—先仙		4	1		
元—寒桓					
元—山删					
元—先仙		9	2	细音	11
元—寒桓—山删				洪细	11
元—寒桓—先仙		5			
元—先仙—山删		1	1		
元—寒桓—山删—先仙		4			

《广韵》规定寒桓同用，先仙同用，山删同用，元、魂、痕同用。在词韵和文韵中，先仙元三韵同用的比例都非常大，呈现出一种分立的趋势，在曲韵中也一样，这些我们在曲韵部分已经有所论说，这里不再重复。

由这些数据可以看出，细音先仙元组的独立趋势非常明显，但是寒桓山删与先仙元两组韵之间通押的比例还是很大，表现为洪细两组之间联系依然非常紧密。在一百多年以后的《中原音韵》中，中古山摄根据洪细奔侈细分成了寒山、桓欢和先天三部，监廉部也根据洪细进一步细分成了监咸和廉纤两部，洪细分组最终完成。

这里还不得不提一下元韵的归属问题，元韵经历了一个先归属山摄，后与魂痕靠近，最后又回归山摄的过程。魏晋南北朝时的情况前文已有论说，这里不再赘述。在唐韵中这三韵也常常通用，鲍明炜先生指出在初唐的诗文中元韵与臻摄的关系比与山摄的关系密切一些，关系最密切的是魂、痕，其次是先、仙[1]；而在讨论白居易、元稹诗的韵系的时候，鲍先生又指出在唐代的古体诗中，元既与山摄通押，又与臻摄通押，近体诗则元、魂、痕同用[2]。而张金泉先生在研究敦煌曲子词用韵的时候，指出在唐代的曲子词中元已与山摄各韵通叶不分[3]。周祖谟先生在讨论汴洛语音时也指出："至于元韵，《切韵》本与魂、痕为一类，宋人诗中多读同先、仙，与魏晋以来迥异。其转入先、仙，当亦肇于唐代。"[4]

在金代，关于元韵，韩道昭《改并五音集韵》既没有把它归入臻摄，也没有把它

---

[1] 鲍明炜《初唐诗文的韵系》，《音韵学研究》第二辑，中华书局，1986。
[2] 鲍明炜《白居易元稹诗的韵系》，《语文集刊》第一辑，1982。
[3] 张金泉《敦煌曲子词用韵考》，《杭州大学学报（哲学社会科学版）》，1981 年 3 期。
[4] 周祖谟《问学集（下册）》，中华书局，1966，601 页。

归入山摄,而是把它载到了臻摄的下面。与《广韵》排列韵目的这种不同就反映出了在实际口语中元韵读音已经发生了变化,已经不与魂、痕相近。鲁国尧先生在研究了金代诗人元好问的近体诗以后发现,在元氏的近体诗里,元韵也有同样的表现,它既不与魂、痕通押,也不与先、仙相涉,表现了元韵在远离魂、痕,向先、仙逐渐靠近的一种状态①。在《四声等子》中元韵已经归入了山摄,标明"仙、元相助"。

在金代的曲韵中元韵出现了22次,22次都是与先、仙、先仙通押,而与魂、痕的通押一次也没有,这足以证明,在金代的曲韵中,元韵已经因和先、仙读音相近而与先、仙同用,与魂、痕不再相涉。可是金代颁定的平水韵依旧沿用以前的诗韵,规定元、魂、痕同用,但是从用韵实际来看,这是与实际语音严重相悖的。

三 入声韵的问题

宋元南曲与金代北曲用韵最大的不同还在于入声韵的问题。在南曲中入声还保留了4部,与宋代通语十八部相合,而在金代北曲中入声已经消变。

在武晔卿《考辨》列出的数据中南曲有593例舒入通押的韵例,但88%都是舒声韵为主杂入一两个入声字,他怀疑这些舒入通押并非表示入声消失,而是"助以余音",即为了便于演唱使然;有142例入声独用的韵例,数量虽少,比重却不轻,他认为这些入声韵大多在"急曲子"中使用,正是"急曲子"字句连接快的特点使得入声韵"直促"的特征得以保持,显示出在当时的口语中仍然有入声韵的特点②。

但是在金代北曲用韵中,入声已经发生了很大的变化,喉塞音韵尾逐渐消变,然后分部派入了阴声。

在金代北曲用韵中,入声韵大多已经和阴声韵通押,只有在后来归入《中原音韵》车遮部的薛、屑、月等几个入声韵中还存在着这几个入声韵内部通押而不与阴声韵通押的韵例,这样的韵例有16个,如:

《西厢记诸宫调》卷4《般涉调·柘枝令》③:揭月说薛越月结屑彻薛

《西厢记诸宫调》卷5《仙侣调·点绛唇缠令》④:贴帖歇月舌薛啮屑劣薛

那么这些入声韵是否还保持着独立性呢?是否能够说明金代北曲中入声还保留着呢?表3.19中薛、屑、月等入声韵内部通押的入韵字同样大量与阴声佳、麻等韵通押,入韵字和次数见表3.20。

---

① 鲁国尧《元遗山诗词曲韵考》,《鲁国尧语言学论文集》,江苏教育出版社,2003,437页。
② 武晔卿《宋元南戏曲韵考辨》,104-106页。
③ 朱平楚《西厢记诸宫调注释》,189页。
④ 朱平楚《西厢记诸宫调注释》,233页。

表 3.19　薛、屑、月等入声韵内部通押入韵字及次数

韵目	入韵字
月 7	月 3、歇 3、越 1
薛 29	劣 5、别 2、说 5、绝 2、彻 1、舌 1、憋 1、灭 2、列 1、烈 2、拙 1、裂 1、折 2、悦 1、热 1、揭 1
屑 20	撒 2、铁 4、血 4、结 3、啮 1、切 2、迭 1、节 1、鳖 1、咽 1
帖 4	谍 1、颊 1、贴 2
业 2	业 1、劫 1
叶 6	叶 3、接 3
药 1	约 1

表 3.20　薛、屑、月等入声韵与阴声佳、麻等韵通押韵字及次数

韵目	入韵字
月 14	月 8、歇 6
薛 54	劣 2、别 10、说 13、绝 7、憋 1、灭 7、列 1、烈 2、裂 3、悦 4、热 3、揭 1
屑 30	撒 1、铁 2、血 2、结 6、切 4、迭 2、节 9、鳖 2、咽 2
帖 11	谍 1、颊 3、贴 6、帖 1
业 3	业 3
叶 2	叶 1、接 1

从表 3.19 和表 3.20 的对比中我们发现，在薛、屑、月等入声韵的内部通押中出现而在这些入声韵与阴声韵的通押中没有出现的字仅有 8 个：（薛）彻 1、舌 1、拙 1、折 2；（月）越 1；（屑）啮 1；（业）劫 1；（药）约 1（在阴入通押中出现而在这些入声韵的内部通押中没有出现的字只有 1 个"帖"字）。这些字在薛、屑、月等押入家麻组与车遮组的字中占 20.5%，但是我们观察到，这些字的入韵都只有 1 次，入韵频率并不高，偶然入韵的可能性很大；而且从表 3.21 中我们可以看出，与这些《中原音韵》中派入车遮部与家麻部的薛、月、屑等入声韵通押的佳、麻等韵字出现的范围非常广，几乎涵盖了派入《中原音韵》家麻部与车遮部的所有阴声韵部。所以我们认为在金代曲韵中，这些入韵的入声字并不具有独立性，也就是说薛、屑、月等入声韵没有保留独立的韵部，入声韵作为独立的韵部已经不存在了。

表 3.21　与薛、屑、月等入声韵通押的阴声韵字及入韵次数

韵目	入韵字及次数
佳 11	涯 7、佳 1、差 1、娃 2

续表 3.21

韵目	入韵字及次数
麻 85	奢 1、华 8、纱 4、加 3、裟 2、拿 2、衙 1、家 7、咱 4、霞 5、花 10、茶 4、鸦 3、妈 2、葩 1、麻 1、嘛 1、哗 1、叉 1、沙 2、虾 1、吵 2、嗏 1、邪 1、些 7、哗 1、遮 2、斜 4、车 2、爷 1
马 67	马 7、雅 6、耍 1、把 1、姹 2、哑 1、写 5、者 4、姐 5、惹 2、冶 1、舍 9、野 3、也 17、喏 3
祃 57	讶 1、迓 2、射 1、化 1、怕 3、夏 1、骂 1、辣 1、化 2、下 12、亚 2、价 3、暇 1、瓦 1、夜 6、舍 6、藉 2、赸 2、谢 4、榭 1、借 1、泻 1、暇 2
歌 10	他 6、呵 2、架 1、诈 1
个 1	那 1
卦 9	画 6、衩 1、挂 2
夬 6	话 6
蟹 6	罢 5、洒 1
梗 5	打 5

从《广韵》的入声三十四部到宋代通语十八部的入声四部，再到金代北曲用韵中入声失去韵尾、分部派入阴声韵的大体完成，最后到《中原音韵》的最后定型，近代北方话的入声韵尾经历了一个逐渐削弱直至消亡的过程。这个进程宋元南戏表现出的南方汉语也在进行，但是速度要缓慢一些。

金代北曲用韵与宋元南曲用韵的差别还存在一个歌麻分混的问题，这个问题我们放在第五节专门讨论，这里不再赘述。

通过以上叙述我们可以看出金代北曲用韵与宋元南曲用韵最大的不同集中在歌麻部的分立、支思组的独立趋向、中古山摄洪细分立的情况以及入声韵的保留与否等方面。从这些不同中，我们可以感觉到金代曲韵所反映的通语语音与宋元南戏代表的通语语音之间存在着比较大的差别，二者是两种差别比较大的通语。至于金代曲韵所表现的北方通语的具体面貌，我们后面再作具体和深入的探讨。

第五节 金代北曲用韵与《中原音韵》

王力先生把汉语分成上古、中古、近代和现代四个时期[①]，其中公元 4 到 12 世纪（南宋前期）为中古时期，12 到 13 世纪为从中古到近代的过渡期。这一时期是汉语发生激烈动荡的时期，也是近代汉语具有的各种语音特征开始萌芽和发展壮大的时期。

12 到 13 世纪北方正处于金的统治时期，金代北曲（包括诸宫调和散曲）作为金代

---

① 王力《汉语史稿》，中华书局，2004，43-44 页。

的一种重要艺术形式,产生时间比《中原音韵》早一百五十年左右①。那么金代北曲所体现的韵系反映的应当是比《中原音韵》早一百五十年左右的北方汉语的面貌。和《中原音韵》相比,这一时期的北方汉语用韵又呈现出怎样的特点呢?

第三节我们已经考察了金代北曲的12个韵部以及这个韵部系统的特点。那么,同为曲韵,与一百五十年左右之后的《中原音韵》相较,这些语音现象又有怎样的表现呢?

对比看来,金代北曲用韵与《中原音韵》有相同之处,也有很多不同之处(表3.22)。不同之处,我们分条列出,逐一讨论。

表3.22 金代北曲用韵与《中原音韵》韵部比较

金代北曲韵系	《中原音韵》韵系
歌戈部	歌戈部
家麻部	家麻部
车遮部	车遮部
支微部	支思部
	齐微部
鱼模部	鱼模部
皆来部	皆来部
萧豪部	萧豪部
尤侯部	尤侯部
东钟部	东钟部
侵庚部(真文部和侵寻部并入)	庚青部
	真文部
	侵寻部
江阳部	江阳部
寒覃部(监廉部并入)	寒山部
	桓欢部
	先天部
	监咸部
	廉纤部

---

① 《录鬼簿》和《南村辍耕录》等书都称《西厢记诸宫调》的作者董解元是金章宗(1189—1208年在位)时期的人,而《刘知远诸宫调》的作者和创作年代都不明确,但是由于它在南宋淳熙至绍熙年间(1174—1194年)已经传入西夏,并有刻本流传,所以它的创作年代更早。因此至少在金章宗时期,金代仅存的这两部重要的北曲作品就已经诞生了,因此我们把金代北曲的时间定位在金章宗时期,而《中原音韵》诞生于1324年,所以北曲距《中原音韵》有一百五十年左右。

一 支微部中支思组的问题

宋词中支思组的情况，鲁国尧先生的《论宋词韵及其与金元词韵的比较》中没有提及，我们在魏慧斌《宋词用韵研究》的"独押韵谱"部分发现了 1 个韵例，潘阆《酒泉子·长忆吴山》"词、厄"通押，但是这样的韵段不多，且是两个字的短韵段，这就使得韵段的证明力大打折扣。所以关于宋词中的支思组我们可以说看不出什么萌芽的趋势。

宋元南戏中相当于《中原音韵》支思部的韵例只占了很小的比例，武晔卿统计了宋元南戏中支微部的资料，其中相当于《中原音韵》支思部的独用仅 11 例，在支微部的韵例总数中占 1.3%；而且这些独用的韵例，绝大多数都是两字为韵的短韵段，因此证明力大打折扣。由此他断定，在宋元南戏中支微部没有发生分化[1]。

而鲁国尧对元好问词用韵进行了分析，认为宋词韵的支微部，元好问词分成了两部：支思部（所含相当于《中原音韵》的支思韵，但除去派入的入声字，此点下同）和机微部（所含为《中原音韵》的齐微韵，除去《广韵》灰、泰韵的合口字，因这些字在元好问的词中均入皆来部）。他指出元好问的词押支思部 6 次，押机微部 12 次，此疆彼界，互不相涉。而且这些支思部的韵例不乏十几个字的长韵例，这就使得证明力大大加强[2]。

在金代北曲用韵中支思组还没有与齐微组分立。上一节我们考察了金代北曲韵系中支微部的所有韵段，参照《中原音韵》的韵部结构，从支思组与齐微组的入韵比例、支思组入韵字及出现的频率、只押支思组或者齐微组的字与兼入两部的字以及两押的频率与倾向等方面进行了讨论，最后得出结论，在金代曲韵支微部中支思、齐微两组关系依然非常密切，还没有达到能够分立的程度。而在《中原音韵》中两部的已经界限分明，虽有通押，但并不相混。

其实，即使在支思部已经独立的元代，支思部与齐微部的关系依然非常紧密。在《中原音韵》中，金代北曲支微部中所有入韵的支思部字，不管是独用的还是押入支微部的都已经归入了支思部，完成了舌尖化的音变。但是舌尖化音变的完成，支思部的独立，并不表明支思与齐微两部之间老死不相往来，它们之间的联系依然非常紧密。

根据李蕊《全元曲用韵研究》中的统计，在元曲用韵中，支思部共 191 个韵段，齐微部 607 个韵段，其中支思部入齐微部 23 个韵段，齐微部入支思部 65 个韵段，支思部与齐微部的通押达到了 12% 以上[3]。

---

[1] 武晔卿《宋元南戏曲韵考辨》，111－112 页。
[2] 鲁国尧《论宋词韵及其与金元词韵的比较》，刘晓南、张令吾《宋辽金用韵研究》，68 页。
[3] 李蕊《全元曲用韵研究》，华中科技大学博士毕业论文，2009，122－123 页。

在金代北曲支思组与齐微组通押中出现的《中原音韵》支思部字，在全元曲用韵支思部与齐微部通押中也同样出现了。

通过对比第四节表 3.15 和本节表 3.24 我们发现，第四节表 3.15 中的支思组字在本节表 3.24 中都出现了，这说明金代北曲用韵的支思组字通押齐微组字的情况与元曲用韵中支思部通押齐微部的表现大致相同，而且这些字都来自中古的止摄，而表 3.23 中押入支思部的齐微部字也大多来自中古的止摄。这说明即使在《中原音韵》时代，止摄开口齿音三等已经完成了舌尖化的过程，支思部已经独立，与齐微部的关系也已经不像以前那么亲密了，但是支思部与齐微部还是有很多的联系，因为它们有共同的来源——中古的止摄。由这一相同表现似乎可以反推金代北曲用韵中支思部的独立已经相当成熟了。

表 3.23　押入支思部的齐微部字①

字	韵	次数	字	韵	次数	字	韵	次数	字	韵	次数	字	韵	次数	字	韵	次数
你	止	8	池	支	1	俐	至	1	医	之	1	质	质	1	职	职	1
知	支	3	里	止	1	食	职	2	堤	齐	1	日	质	1			
持	之	3	耻	止	1	脾	支	1	兮	齐	1	觅	锡	1			
伊	脂	2	尾	尾	1	墀	脂	1	雷	灰	1	翼	职	1			
期	之	2	底	荠	1	迟	脂	1	致	至	1	得	德	1			
水	旨	2	吹	支	1	谁	脂	1	意	志	1	黑	德	1			
地	至	2	寄	置	1	痴	之	1	讳	未	1	立	缉	1			
的	锡	2	憔	至	1	基	之	1	比	旨	1	拾	缉	1			

表 3.24　押入齐微部的支思部字②

字	韵	次数	字	韵	次数	字	韵	次数	字	韵	次数	字	韵	次数	字	韵	次数
子	止	13	至	至	4	四	至	2	屎	旨	1	嗣	志	1	饵	志	1
事	志	13	丝	之	3	私	脂	1	似	止	1	髭	支	1	差	支	1
时	之	9	脂	脂	2	孜	之	1	士	止	1	肢	支	1	偲	之	1
死	旨	8	司	之	2	紫	纸	1	市	止	1	支	支	1			
思	之	8	纸	纸	2	此	纸	1	耳	止	1	姿	脂	1			
诗	之	7	是	纸	2	辞	之	1	翅	置	1	茨	脂	1			
词	之	5	指	旨	2	之	之	1	次	至	1	使	止	1			
枝	支	4	施	支	2	尔	纸	1	寺	志	1	志	志	1			

---

① 李蕊《全元曲用韵研究》，121-122 页。
② 李蕊《全元曲用韵研究》，122 页。

二 -m、-n、-y 三种韵尾的问题

在金代的北曲用韵中，中古山摄（寒山部）与咸摄（监廉部），深摄（侵寻部）、梗曾摄（庚青部）与臻摄（真文部）（上面括号中几部的称呼均是宋代通语十八部中的称呼）因为通押的数量很大，因而合并在了一起，而《中原音韵》则将诸部分立，甚至山、咸两摄根据洪细、开合又进一步细分，寒山部被进一步细分成了寒山、桓欢、先天三部，监廉部则进一步细分成了监咸与廉纤两部。从金代北曲的这种侈音-m、-n 两韵尾字的混押可以看出在口语中-m、-n 两韵尾字的混同或-m 韵尾的弱化，它们与弇音韵部的混用一起反映了曲韵中-m、-n、-y 三种韵尾的混并倾向，但是这种混并是否就反映了当时北方汉语的真实面貌呢？如果说这种混并反映了当时北方汉语的真实面貌的话，那么在比金代北曲晚一百多年的《中原音韵》时代，-m、-n、-y 三尾也应当混并才对，但是在《中原音韵》中-m、-n、-y 三尾界限分明，毫不相混，所以我们只能说金代北曲的这三种韵尾的混并并没有反映北方汉语的实际情况，而可能是受方言影响所致。

据宋人王灼《碧鸡漫志》记载，诸宫调由来自山西晋城的孔三传首创，而且从山西博物院所珍藏的百余件金代戏曲砖雕，也可以感受到金代山西戏曲的繁盛，人们生前要看戏，死后在自己的墓葬里也要把这种文化体现出来。作为北曲重要种类的诸宫调（且在北曲韵例中占了绝大多数）发源于山西，自然也会在山西非常受欢迎，那么它自然会受到山西方言的影响，而在山西很多的方言中，-m、-n、-y 三种韵尾是混用不分的。

乔全生先生认为在晋方言中，不光深摄、臻摄、曾摄、梗摄，甚至还包括通摄，都有三种韵尾混并的现象。他认为这几摄韵尾的混并"唐五代肇其端"，在唐末山西诗人徐成和温庭筠的诗里，在敦煌变文中都有深摄、臻摄、曾摄、梗摄通押的韵例；而"宋辽金继其后"，在金末诗人段克己词里有深、梗两摄通押的韵例，道士侯善渊的诗词用韵里也有臻、通两摄通押的韵例①。但是这些相叶，学界只将其看作混押，而不是真正的合并，乔先生还进一步认为，这些混押现象应该是韵母转变的初始阶段或某种方音的合并阶段的反映，是当时西北地区某种方音的反映②。今天的晋方言就是如此。因为当时的这种方音在白读中已经丢失鼻韵尾，所以对文读中的前后鼻音就显得漠然。由于山西方言-m、-n、-y 三种韵尾不分的影响，在金代北曲中便出现了深摄（侵寻部）、梗曾摄（庚青部）与臻摄（真文部）的混并。而《中原音韵》对-m、-n、-y 三种韵尾的这种细分，是当时的口语里面这三种韵尾的细分在文读中的体现，也反映出元

---

① 乔全生《晋方言语音史研究》，中华书局，2008，209－212 页。
② 乔全生《晋方言语音史研究》，210 页。

代曲家们对于语音的敏感以及对于审音的严谨。

其实阳声韵尾的混并并不只是山西方言的特点，魏慧斌指出在宋词中，真文部与庚登部的大量通押是宋代南方词人的普遍特征[①]；刘晓南先生指出宋代闽音中也大量存在三种韵尾的混并，他同时引用了赖江基先生的考证，宋代闽人吴棫按照闽北音划分古韵，其中阳声韵立韵就完全打破了《广韵》音系-m、-n、-ŋ 的界限，如吴氏的真韵就包含了《广韵》的真、谆、臻、欣、痕、清、青、蒸、登、侵韵，与金代曲韵中-m、-n、-ŋ 三尾的混并非常相似[②]。

三 入声韵的问题

在宋代通语十八部中，入声已经由《广韵》三十四部简化为四部，那么在金代的北曲用韵中，入声韵又有怎样的表现呢？下面我们就在金代北曲用韵中，入声韵的保留与否、入声派入阴声韵的情况以及在《中原音韵》中入声派入阴声韵的情况做一个比较，以分析二者的差异。

（一）入声消变

在上一节中我们已经对金代北曲中的入声问题进行了探讨，在金代北曲用韵中，入声韵大多已经和阴声韵通押，只有在后来归入《中原音韵》车遮部的薛、屑、月等入声韵中还存在着这几个入声韵内部通押而没有阴声韵字掺入的韵例，但是由于这几个入声韵内部通押中出现的韵字在这些入声韵与阴声韵的通押中也同样出现，以及佳、麻等韵与这些《中原音韵》中派入车遮部与家麻部的薛、月、屑等入声韵通押的韵字出现的范围，几乎涵盖了后来归入《中原音韵》家麻部与车遮部的所有阴声韵部，我们认定在金代北曲中，这些入韵的入声字并不具有独立性，也就是说薛、屑、月等入声韵也没有保留独立的韵部，入声已经消失。

（二）在金代北曲中入声韵派入阴声韵的情况

在金代北曲用韵中，入声韵呈现出分部押入阴声韵的趋势。而且北曲的一个曲牌甚至一个宫调都是一韵到底的模式，所以在北曲这些阴入通押韵段中并不是一两个入声字押入阴声韵，而是很多的入声字同时与阴声字通押，这无疑增加了这些韵例的证明力。下面根据我们统计的资料，分部考察在金代北曲中入声韵与阴声韵的通押问题。

1. 在入声韵与支微部的通押中，昔韵押入 17 次，质韵押入 22 次，锡韵押入 22 次，职韵押入 24 次，这四韵与支微部通押的比例比较高，且只与支微部相押，因此我们把昔韵、质韵、锡韵、职韵这四个入声韵并入支微部。另外，本部还有陌韵、德韵、

---

① 魏慧斌《宋词用韵研究》，123 页。
② 刘晓南《宋代闽音考》，190 页。

缉韵和迄韵的押入，其中陌韵、缉韵和迄韵只有与支微部相押的韵例，与别的阴声韵相押的韵例一个也没有，因此也可以把它们并入支微部。只有德韵稍微有点复杂，它押入支微部7次，用的是"得""贼"和"黑"三字，在《中原音韵》中这三字都派入了支微部；押入歌戈部1次，用的是"得"字，"得"字在《中原音韵》中属于支微部，所以这里我们处理为特殊通押（表3.25）。

表3.25 与支微部通押的入声韵情况

《广韵》韵目	入韵次数	在与支微部通押的韵例中所占比例
昔韵	17	13.6%
质韵	22	17.6%
锡韵	22	17.6%
职韵	24	19.2%
陌韵	1	0.8%
德韵	7	5.6%
缉韵	6	4.8%
迄韵	3	2.4%

2. 在入声与鱼模部的通押中，屋韵押入32次，烛韵押入18次，二韵与鱼模部通押的比例很高，在鱼模部的韵例中分别占了32%和18%，因此我们把屋、烛两韵的一部分字并入鱼模部。另外，还有物韵、沃韵、术韵、没韵和铎韵一些字的押入，其中物韵、没韵、沃韵和术韵没有与别的阴声通押的韵例，而且在《中原音韵》中它们也全部派入了鱼模部，所以我们把物韵、没韵、沃韵和术韵并入鱼模部。铎韵情况有些复杂，铎韵在与萧豪部的通押中出现的是"度、幕、落、错、薄、恶、铎、泊"等字；在与歌戈部的通押中出现的是"作、愕、廓、度、恶、托、泊、乐、落、阁、薄、凿、错、络、镬"等字；押入鱼模部的是"恶"字。《中原音韵》中派入萧豪部的是"铎、度、薄、恶、愕、镬、泊、阁、托、廓、作、错、落、络、愕"等字；派入歌戈部的是"镬、泊、薄、铎、度、阁、廓、恶、作、落、络"等字，很多字呈现出两属的情况，而金代北曲用韵中也同样反映了这种现象，这种相似反映了金代北曲用韵与《中原音韵》的一脉相承。而《中原音韵》中，"恶"字并没有派入鱼模部，那么北曲中出现的"恶"字与鱼模部的通押当属于特殊通押（表3.26）。

表3.26 与鱼模部通押的入声韵情况

《广韵》韵目	入韵次数	在与鱼模部通押的韵例中所占比例
屋韵	32	32%
烛韵	18	18%

续表 3.26

《广韵》韵目	入韵次数	在与鱼模部通押的韵例中所占比例
物韵	10	10%
沃韵	3	3%
术韵	5	5%
没韵	3	3%
铎韵	1	1%

3. 在入声韵与皆来部的通押中，陌韵押入 11 次，麦韵押入 5 次，与皆来部通押的比例比较大，分别占了 25% 和 11.4%，可以把这两韵的一部分字并入皆来部。另外还有职韵的问题，职韵在与支微部的通押中出现的字是"息、识、力、逼、忆、食、字、翼"等字，它们属于职韵三等字，在《中原音韵》中，这一部分字（除庄组字）归入了齐微部；在与皆来部的通押中出现的是"侧、色"等字，它们属于职韵的庄组字，这一部分字在《中原音韵》中归入了皆来部。所以可以这样说，入声职韵在派入阴声的时候由于声母的关系产生了分化，非庄组字派入了支微部，庄组字派入了皆来部。麦韵押入皆来部的字是"债、摘、隔、策、责"等字，它们属于麦韵的二等字，在《中原音韵》中这部分字派入了皆来部；押入萧豪部的是"索"字，在《中原音韵》中"索"字是两属于皆来部与萧豪部的（表 3.27）。

表 3.27 与皆来部通押的入声韵情况

《广韵》韵目	入韵次数	在与皆来部通押的韵例中所占比例
陌韵	11	25%
麦韵	5	11.4%
职韵	2	4.6%

4. 在入声韵与萧豪部的通押中，药韵押入 17 次，铎韵押入 14 次，觉韵押入 10 次，三韵与萧豪部通押的比例比较大，在萧豪部所有的韵例中分别占了 23.6%、19.4% 和 13.9%，所以可以把药韵、铎韵、觉韵这三个入声韵的一部分字归入萧豪部。药韵押入萧豪部的字有"脚、却、着、略、着、弱"等。铎韵押入萧豪部的字有"度、幕、落、薄、恶、铎、错"等。但是关于觉韵还有必要讨论一下，觉韵押入萧豪部 10 次，用的是"学、捉、角、㯿、掬、觉"等字，在《中原音韵》中，除了"掬"字不见以外，这些字都派入了萧豪部；押入歌戈部 6 次，用的是"捉、学、壳"等字，在《中原音韵》中，除了"捉"派入了歌戈部以外，另外两个属于萧豪部，这显示出在北曲用韵在入声派入阴声的问题上仍有一些不稳定性，《中原音韵》中入声派入阴声的局势在金代北曲中还没有最终定型（表 3.28）。

第三章 金代词曲韵部系统

表 3.28 与萧豪部通押的入声韵情况

《广韵》韵目	入韵次数	在与萧豪部通押的韵例中所占比例
药韵	17	23.6%
铎韵	14	19.4%
觉韵	10	13.9%
麦韵	1	1.4%

5. 在入声韵与歌戈部的通押中，末韵押入 23 次，药韵押入 17 次，铎韵押入 20 次，三韵与歌戈部的通押比例比较大，在歌戈部所有的韵例中分别占了 32%、23.6% 和 27.8%，所以可以把药韵、铎韵的一部分字归入歌戈部。药韵押入歌戈部的字包括"着、约、酌、脚、削、药、壳、掠"等；铎韵押入歌戈部的字有"镬、泊、薄、铎、度、阁、廓、恶、作、落、络、乐"等，其中两属于歌戈部与萧豪部的字有"错、泊、薄、铎、度、恶、落"等，这些字在《中原音韵》中也是两属，这也再一次印证了金代曲韵是《中原音韵》的直接源头。末韵因为没有与别的阴声通押的韵例，所以全部归入。另外，觉、合、辖、曷、德、薛诸韵也有一些字押入，但是比例较小（表 3.29）。

表 3.29 与歌戈部通押的入声韵情况

《广韵》韵目	入韵次数	在与歌戈部通押的韵例中所占比例
末韵	23	32%
药韵	17	23.6%
铎韵	20	27.8%
觉韵	6	8.3%
合韵	4	5.6%
辖韵	1	1.39%
曷韵	2	2.78%
德韵	1	1.39%
薛韵	1	1.39%

6. 在入声韵与家麻部的通押中，曷、合、狎韵各押入 6 次，辖韵、洽韵分别押入 8 次和 7 次，在家麻部的韵例中分别占了 15.4%、15.4%、15.4%、20.5% 和 18%，所以可以把曷韵、合韵、狎韵、辖韵、洽韵这五韵的一部分字归入家麻部。曷韵 6 次押入家麻部，入韵的是"撒、捺、萨、达"等字，这些字是曷韵舌齿音字，在《中原音韵》中，这些字派入了家麻部；2 次押入歌戈部，用的是"渴、喝"等字，它们是喉牙音字，在《中原音韵》中派入了歌戈部。合韵 6 次押入家麻部，入韵的是"衲、纳、答、杂"等字，这些字是合韵舌齿音字，在《中原音韵》中，这些字归入了家麻部；4

次押入歌戈部，用的是"合"字，而"合"字属于见组字，在《中原音韵》中是归入歌戈部的。辖韵押入家麻部8次，出现的是"煞、扎、杀、滑、察"等字，在《中原音韵》中，这些字都派入了家麻部；押入歌戈部1次，用的是"煞"字，"煞"字在《中原音韵》中是派入家麻部的，所以这里算是特殊通押。所以，曷韵与合韵在派入阴声的时候发生了分化，一部分派入了《中原音韵》家麻部，一部分派入了《中原音韵》歌戈部。而狎韵则全部派入了家麻部（表3.30）。

表3.30　与家麻部通押的入声韵情况

《广韵》韵目	入韵次数	与家麻部通押的韵例中所占比例
曷韵	6	15.4%
合韵	6	15.4%
狎韵	6	15.4%
辖韵	8	20.5%
洽韵	7	18%

7. 在薛、屑、帖、月等韵与车遮部的通押中，薛韵、屑韵、帖韵、月韵、叶韵、业韵与车遮部分别通押43次、20次、19次、12次、8次和7次，数量比较大，在车遮部的韵例中分别占了61.4%、28.6%、27.1%、17.1%、11.4%和10%，比例都超过了10%，所以我们认为薛韵、屑韵、帖韵、月韵、叶韵、业韵六个入声韵的字已经派入了车遮部。薛韵押入车遮部43次，入韵的是"灭、折、裂、雪、热、别、揭、绝、缺、洌、说、悦、憋、拽、泄、拙、悦、孽、列、劣、鳖、舌、彻、设、杰"等字，在《中原音韵》中这些字都派入了车遮部；押入歌戈部1次，入韵的是"掇"字，而"掇"字在《中原音韵》中派入车遮部，所以这里算作与歌戈部的特殊通押（表3.31）。

表3.31　押入车遮部的入声韵情况

《广韵》韵目	入韵次数	在与车遮部通押的韵例中所占比例
薛韵	43	61.4%
屑韵	20	28.6%
帖韵	19	27.1%
月韵	12	17.1%
叶韵	8	11.4%
业韵	7	10%

现将金代北曲用韵中入声押入阴声的情况做如下汇总（见表3.32）：

表 3.32 入声押入阴声的情况汇总

《广韵》韵目	入某韵次数	入韵比例[①]	所属情况
昔韵	入支微部 17 次	100%	并入支微部
质韵	入支微部 22 次	100%	并入支微部
锡韵	入支微部 22 次	100%	并入支微部
职韵	入支微部 24 次	92.3%	并入支微部
	入皆来部 2 次	7.7%	与皆来部的特殊通押
缉韵	入支微部 6 次	100%	并入支微部
迄韵	入支微部 3 次	100%	并入支微部
屋韵	入鱼模部 32 次	100%	并入鱼模部
烛韵	入鱼模部 18 次	100%	并入鱼模部
物韵	入鱼模部 10 次	100%	并入鱼模部
沃韵	入鱼模部 3 次	100%	并入鱼模部
术韵	入鱼模部 5 次	100%	并入鱼模部
陌韵	入皆来部 11 次	91.7%	并入皆来部
	入支微部 1 次	8.3%	与支微部的特殊通押
没韵	入鱼模部 3 次	100%	并入鱼模
麦韵	入皆来部 5 次	83.3%	并入皆来部
	入萧豪部 1 次	16.7%	与萧豪部的特殊通押
觉韵	入萧豪部 10 次	62.5%	并入萧豪部
	入歌戈部 6 次	37.5%	与歌戈部的特殊通押
末韵	入歌戈部 23 次	100%	并入歌戈部
药韵	入歌戈部 17 次	50%	并入歌戈部
	入萧豪部 17 次	50%	并入萧豪部
铎韵	入萧豪部 14 次	40%	并入萧豪部
	入歌戈部 20 次	57.1%	并入歌戈部
	入鱼模部 1 次	2.9%	与鱼模部的特殊通押
德韵	入歌戈部 1 次	12.5%	与歌戈部的特殊通押
	入支微部 7 次	87.5%	并入支微部
曷韵	入家麻部 6 次	75%	大部分字并入家麻部
	入歌戈部 2 次	25%	小部分字并入歌戈部

---

① 在该入声韵所有的韵例中押入该部的韵例所占比例,100%即意味着该韵只与某阴声韵相押。

续表 3.32

《广韵》韵目	入某韵次数	入韵比例	所属情况
合韵	入家麻部 6 次	60%	大部分并入家麻部
	入歌戈部 4 次	40%	小部分并入歌戈部
狎韵	入家麻部 6 次	100%	并入家麻部
辖韵	入家麻部 8 次	88.9%	并入家麻部
	入歌戈部 1 次	11.1%	与歌戈部的特殊通押
洽韵	入家麻部 7 次	100%	并入家麻部
薛韵	入车遮部 43 次	97.7%	并入车遮部
	入歌戈部 1 次	2.3%	与歌戈部的特殊通押
屑韵	入车遮部 20 次	100%	并入车遮部
帖韵	入车遮部 19 次	100%	并入车遮部
月韵	入车遮部 12 次	100%	并入车遮部
叶韵	入车遮部 8 次	100%	并入车遮部
业韵	入车遮部 7 次	100%	并入车遮部

从以上阴入通押的情况中我们不难看出，入声韵在金代北曲中已经分部派入了阴声韵，入声作为完整的韵部已经不存在了。

从表 3.25 到表 3.31 我们可以看出入声押阴声有四种表现：第一种是大量地押某阴声韵，比例很大，可以并入该阴声韵；第二种是小量地押阴声韵，可以看作偶然通押，但是合并与偶押之间并没有矛盾冲突；第三种同样是小量地押阴声韵，但是只押某种阴声韵，没有出现该入声韵与别的阴声韵通押的韵例，因此同样也可以认为该入声韵并入了这种阴声韵；第四种是两入的情形，某一入声韵既入阴声某部又入阴声的另一部，这说明该入声韵大概因为等第的原因或者声母的原因发生了分化。

（三）金代北曲用韵中入声韵的分派情况与《中原音韵》的差别

金代北曲用韵中入声韵是分部派入阴声韵的，那么它在阴声韵中的分派情况与《中原音韵》又存在着怎样的差别呢？

表 3.33　《中原音韵》中入声韵派入阴声韵的情况表

《广韵》入声韵目	在《中原音韵》中所属韵部
昔、锡、陌、麦韵的齐齿音字，陌、麦韵开口二等晓、匣母字，缉、职、德和少量迄韵字	支微部
屋、烛、物、沃、术、没和少量缉韵字	鱼模部
陌、麦、职韵的二等字和质、栉、黠、洽、锡韵的一些字	皆来部

第三章　金代词曲韵部系统

续表 3.33

《广韵》入声韵目	在《中原音韵》中所属韵部
觉、药、铎韵字	萧豪部
曷、陌、合、盍、觉、药、铎、没、物韵字	歌戈部
黠、鎋、洽、狎、合、曷、盍的舌齿音字，月、乏韵的轻唇字	家麻部
薛、屑、叶、帖、业及月韵的喉牙音字	车遮部

表 3.34　在北曲中派入阴声韵的入声韵字

《广韵》入声韵目	入韵字	在金代北曲中所属韵部	在《中原音韵》中所属韵部
麦（齐齿、开二晓、匣母）			齐微部
陌（齐齿、开二晓、匣母）	隙	支微部	齐微部
昔（齐齿）	夕、惜、尺、炙、碧、石、迹、驿、只、席		
锡（齐齿）	的、壁、滴、劈、沥、析、戚、敌、踢		
陌（二等字）	白、客、拆、窄、拍	皆来部	皆来部
麦（二等字）	债、隔、索		
职（假二等字）			
黠（舌齿音）			家麻部
鎋（舌齿音）	煞、扎、杀、察、滑		
洽（舌齿音）	霎、插、洽、恰		
狎（舌齿音）	鸭、压、甲、呷		
合（舌齿音）	纳、答、衲、杂	家麻部	
曷（舌齿音）	萨、撒、捺、达		
盍（舌齿音）	榻		
月（轻唇音）	发、袜		
乏（轻唇音）	法、乏		
月（喉牙音字）	月、歇、厥、阙、揭、越、阙	车遮部	车遮部

续表 3.34

《广韵》入声韵目		入韵字	在金代北曲中所属韵部	在《中原音韵》中所属韵部
觉	一部分字	学、捉、角、榘、搁、觉	萧豪部	萧豪部
	一部分字	学、壳	歌戈部	
		捉		歌戈部
药	一部分字	弱	萧豪部	歌戈部
		脚、却、着、略、着		萧豪部
	一部分字	着、约、酌、脚、削、药、壳、掠	歌戈部	
末		脱、抹、末、泼、活、裰、鞢、撮、嘬、阔、掇	歌戈部	歌戈部
铎	一部分字	错	萧豪部	萧豪部
		度、幕、落、薄、恶、铎、泊		
		错、愕、托、凿		
	一部分字	镂、泊、薄、铎、度、阁、廓、恶、作、落、络、乐	歌戈部	歌戈部
曷	舌齿音字	撒、捺、萨、达	家麻部	家麻部
	喉牙音字	喝、渴	歌戈部	歌戈部
合	一部分字	合	歌戈部	歌戈部
	舌齿音字	衲、纳、答、杂	家麻部	家麻部
薛		灭、折、裂、雪、热、别、揭、绝、缺、冽、说、悦、憋、拽、泄、拙、孽、列、劣、鳖、舌、彻、设、杰	车遮部	车遮部
屑		节、结、决、鳖、迭、截、屑、血、切、咽、铁、撇、啮	车遮部	
月		月、歇、厥、揭、阙	车遮部	
帖		颊、帖、牒、迭、贴、谍、蝶	车遮部	
叶		接、睫、捷	车遮部	
业		业、劫	车遮部	

从表 3.33 和表 3.34 的对比中可以看出：

1. 在《中原音韵》中，派入阴声韵的各入声韵并不是整体派入，而是根据主元音的开口度以及韵的洪细分别派入相关的阴声韵，如在《中原音韵》中派入齐微部的是昔、锡、陌、麦齐齿音字和陌、麦开口二等晓、匣母字；金代北曲的用韵中，派入支微部的是昔、锡、陌的齐齿呼，但是麦韵的齐齿音字未见，陌、麦开口二等晓匣母字也未见。

2. 在《中原音韵》中派入皆来部的是陌、麦、职二等字；在金代北曲的用韵中，派入皆来部的陌韵字"白、客、拆、窄、拍"，麦韵字"债、隔"等都是二等，但是职韵二等字①未见。

3. 在《中原音韵》中，派入家麻部的是黠、辖、洽、狎、合、曷、盍等韵的舌齿音字；在金代北曲的用韵中，派入家麻部的辖韵字"煞、扎、杀、察"，洽韵字"霎、插、洽、恰"，狎韵字"甲、呷"，合韵字"纳、答、衲、杂"，曷韵字"萨、撒、捺、达"，盍韵字"榻"等大多数是舌齿音字，但有一些例外，例如辖韵出现了"滑"字，狎韵出现了"鸭、压"等非舌齿音字，而且黠韵舌齿音字未见。在《中原音韵》中，派入家麻部的是月、乏韵的轻唇音字；在金代北曲的用韵中，派入家麻部的月韵字"发、袜"，乏韵字"法、乏"属于轻唇音字，与《中原音韵》相合。

4. 在《中原音韵》中，派入车遮部的是月韵的喉牙音字；在金代北曲用韵中，派入车遮部的月韵字"月、歇、厥、阙、揭、越、阕"都是喉牙音字，这一点与《中原音韵》相合。

金代北曲用韵中入声韵派入阴声韵的情况汇总如下（见表 3.35）。

表 3.35　金代北曲用韵中入声韵派入阴声韵的情况表

《广韵》入声韵目		在本韵系中所属韵部
昔、锡、陌韵的齐齿呼和职、质、德、缉、迄韵的一些字（麦韵的齐齿呼未见，陌、麦开口二等晓、匣母字未见）		支微部
屋、烛韵和物、沃、术、没、铎韵的一些字		鱼模部
陌、麦韵的二等字，职韵的一些字（非二等）（职韵二等字未见）		皆来部
药、铎	觉韵和麦韵的一些字	萧豪部
	末韵和合、觉、辖、曷、德、薛韵的一些字	歌戈部
辖、洽、狎、合、曷、盍韵的舌齿音字，月、乏韵的轻唇音字和没韵的一些字（黠韵舌齿音未见）		家麻部
月韵的喉牙音字和薛、屑、帖、职、业、药韵的一些字		车遮部

---

① 王力先生在《汉语诗律学》（上海世纪出版集团、上海教育出版社，2005）中称是职韵的二等字，但是职韵没有二等字，只有假二等字。

从两种韵系中入声的归派我们可以看出，除了有一些小的差别以外，金代北曲用韵中入声派入阴声韵的情况与《中原音韵》大体相合。《中原音韵》中入声派入阴声韵的规模以及规律，金代北曲用韵中已经大体具备。

从以上的比较中不难看出金代北曲用韵与《中原音韵》之间的差别主要体现在支思部、-m、-n、-y 三韵尾的混并以及入声韵的分派等方面。上面我们说过-m、-n、-y 三韵尾的混并主要是受方音的影响，可以排除在外。支思组独用韵例的增多，表明它作为一个独立的韵部已经逐渐显露出形貌，但是它与支微组的大量通押，表明两组之间的联系还是非常紧密，支思组的独立性还不是很强；而入声的分派，则表明《中原音韵》中入声的分派形势在金代已经大体完成，但部分入声的分派仍然表现出一定的摇摆不定，如铎韵部分字在《中原音韵》中派入了萧豪部，但在金代北曲中却两属于萧豪部和车遮部就是明证。这些都反映出金代北曲用韵与《中原音韵》已经非常接近，是《中原音韵》的直接源头。

全金曲韵小结

金代是一个戏剧非常发达的时代，虽然留下来的作品并不多，但足以让我们窥探到当时戏剧的繁盛。

戏曲是一种娱乐大众的市民文学，通俗化是它的最大特点，这也就决定了曲韵具有直接真实地表现实际口语的鲜明特点。金代曲韵真实体现了金代口语的实际情况，它的最大特点是家麻部与车遮部的分立、-m、-n、-y 三种韵尾的进一步混并，以及入声消变分部派入阴声韵。家麻部与车遮部的分立是诗、文、词三种文体都没有体现出来的，这体现出诗、文、词这三种文体在表现真实口语方面的保守性，而曲韵这里的表现则进一步说明在口语中二部已经分立。除了词韵表现的寒先部与监廉部的混并以外，曲韵还表现出侵寻部、真文部与庚青部的-m、-n、-y 三种韵尾的混并。入声韵的问题如阴入通押、不同入声韵部的特殊通押等在诗、文、词三种文体中都有所体现，而在曲韵中入声的变化我们看得更加清楚，在金代北曲用韵中入声作为独立的韵部已经不存在了，已经分部派入了阴声韵，虽然有些字的归派还有些摇摆不定，但分部归派的规律和规模已经和《中原音韵》大体相同。

南曲（主要包括宋元南戏）与北曲（包括诸宫调和散曲）出身的不同决定了它们反映口语的程度有所不同，而南北地域的差异又决定了它们在语音上可能也存在南北差异。金代北曲用韵与宋元南戏用韵的不同集中在歌、麻部的分立上，在南戏中歌、麻合并成了一个韵部，而在金代曲韵中不但歌戈部与家车部是独立的两部，家车部还进一步分化成了家麻部和车遮部；在宋元南戏中支微部中的支思组并没有表现出独立的趋势，而在金代北曲用韵中支思组已经非常强大，独立的趋势已经非常明显；在宋元南戏用韵中中古山摄洪细分组还没有体现出来，而在金代北曲用韵中细音先仙元的独立趋势已经显现；在宋元南戏中入声作为独立的韵部还保存着，而在金代北曲用韵中，入声作为独立的韵部已经不存在了，入声韵已经分部派入了阴声各部。从这些不同中我们可以感觉到金代北曲用韵所反映的通语语音与宋元南戏用韵所代表的通语语音之间存在着比较大的差别，是两种差别比较大的通语。

作为在《中原音韵》之前而又距之不远的一个音系，金代曲韵与《中原音韵》也存在着一些不同。它们之间的差别主要体现在支思部的分立，-m、-n、-y 三韵尾的混并，山摄内部洪细分化情况以及入声韵的分派等方面。-m、-n、-y 三韵尾的混并主要是受方音的影响。而支思组独用韵例的增多，表明它作为一个独立的韵部已经显露出形貌，但是它与支微组的大量通押，表明二组之间的联系还是非常紧密，支思组还没有强大到足以独立的程度。在《中原音韵》中山摄已经按照洪细进一步细分成寒山、先天、寒桓三部，而在金代北曲用韵中，细音已经表现得非常明显，但还没有强大到能够独立的地步，洪细分立需要时日。同样，与山摄因大量通押而合并在一起的咸摄在洪细分组方面表现得更不明显。而金代曲韵中入声的分派则表明，《中原音韵》中入声的分派形势在金代已经大体完成，但部分入声的分派仍然表现出一定的摇摆不定。这些都反映出金代北曲用韵与《中原音韵》已经非常接近，是《中原音韵》的直接源头。

第四章

金代北方汉语通语探析

金朝1115年建立，1234年灭亡，按照王力先生对汉语史的分期①，这一时期正好处于从中古到近代的过渡期，一般我们把它算在近代里面，属于近代的前期。

这个时期的中国处于南北分裂的局面，这种情形与南北朝时期惊人的相似。鲁国尧先生提出，在南北朝时期，由于南北长期的分裂和人为的隔绝，原本一源的黄河流域北方方言"南染吴越，北杂夷虏"，以致南北之间的分歧逐渐加大，于是导致了南北朝两种通语的出现②。那么处于同样局面下的宋金时期是否也有南北两种通语的存在呢？

关于近代汉语通语，早有分成南北两系的说法。吕叔湘先生首倡这种说法，认为近代官话区的方言，可以分成南北两系，南方方言包括长江流域和西南地区的方言，北方方言则包括黄河流域及东北地区的方言，并认为或许在宋元时代南北两系方言已经有相当大的分别③。之后黎新第④、蒋绍愚⑤等先生也纷纷撰文表示同意吕先生的观点，并从不同角度对近代通语官话分为南北两系之说进行了论证。

宋代通语十八部本是以宋代词韵为基础构建而成的通语音系。但是宋金对峙以来，地域上的阻隔再加上宋代通语在南方受南方诸方言特别是吴语的影响，在北方则受到北方少数民族语言特别是女真语的影响，使得这种通语在南北之间产生了比较大的差异。武晔卿认为宋代通语在南宋境内受到地方方言影响后产生了变体，它在以浙江为中心的南宋政权核心区域内有普遍性，但并非是能行之全国的正式通语，因此他称之为"南宋通语"，认为它属于宋元南方系古官话，亦即南方通语⑥。而在与宋分庭而治的金，由于受南北分治、对峙以及以女真与为主的少数民族语言的影响，宋代通语在语音、词汇等方面都发生了比较大的变化，因此我们有理由相信由金代诗、文、词、曲韵反映出来的音系同样也可能是一种通语——金代通行于北方的北方汉语通语。但是这个通语到底情形如何却没有人做更深入的探讨。现在我们就打算在研究金代诗、文、词、曲用韵的基础上，结合金代编订的韵书反映出的当时语音的实际情况，尝试勾勒出金代北方汉语通语的韵部系统，并考察它在语音史中的地位。

第一节　金代女真语与汉语

金是一个多民族混居的国家，境内除了汉人，还有渤海、高丽、靺鞨、女真、契

---

① 王力《汉语史稿》，科学出版社，1957。
② 鲁国尧《"颜之推谜题"及其半解》，《鲁国尧语言学论文集》，江苏教育出版社，2003，162页。
③ 吕叔湘《近代汉语指代词》，1985，58-59页。
④ 黎新第《南方系官话方言的提出及其在宋元时期的语音特点》，《重庆师院学报》，1995年1期。
⑤ 蒋绍愚《近代汉语研究概要》，北京大学出版社，2005，104-112页。
⑥ 武晔卿《宋元南戏曲韵考辨》，163页。

丹、回纥等多个民族。这些民族各自都有自己的语言，这些语言大多属于没有声调的阿尔泰语系。这些民族的语言特别是处于统治地位的女真人使用的女真语一定会对处于被这些无声调的阿尔泰语系诸语种包围之中的汉语产生巨大而深刻的影响。

一 女真语的发展演变

女真语是女真人在10到15世纪初使用的语言，它是一种接合语①，是属于阿尔泰语系通古斯语族的古代语言，是满语的古代形式②。而我们这里讨论的金代女真语，是以原先生活在白山黑水之间的生女真所持方言为基础发展起来的女真民族共同语。

宋金女真族的前身可以追溯到肃慎、挹娄、勿吉和靺鞨的时代。女真即古肃慎氏，两汉、魏、晋称挹娄，南北朝称勿吉，隋唐称靺鞨，五代宋元明以来皆称女真③。关于女真的记载最早可以上溯到三国时期，而关于他们语言使用情况的汉文记载则只有只言片语，《三国志·乌丸鲜卑东夷传》记载"挹娄……言语不与夫余、高勾丽同"，《北史·勿吉传》记载"勿吉……于东夷最强，言语独异"④。金煦方先生认为，史书记载说明夫余和高勾丽使用的语言与古朝鲜语相近，挹娄、勿吉所使用的语言既不同于夫余和高勾丽，又不同于东夷诸语，"可见是一个自成系统、独立发展的语言"⑤。

靺鞨，与女真有关系的只是其中的黑水靺鞨，关于靺鞨所使用的语言，《隋书》中有一些零星的记载，从这些记载中我们不难看出这时靺鞨的语言，"与后世有文字记载的女真语很为接近了"⑥。金煦方先生进一步指出，在隋朝时期，女真前身的这些部族还处于原始部落时期，还没有进入阶级社会。这一时期，由于这些部落内部的社会组织相对比较简单，社会生产也是以狩猎为主，因此此时这些部族的语言也相对简单，具体表现为基本词汇有限，语法结构也比较原始。"大约从公元9世纪开始，随着女真的先民与汉族的先民有了接触，作为交际工具的两种语言，至迟从那时起就开始了交流。"⑦

在交流的过程中，女真语吸收了大量汉语借词，如京、府、州、县、宫、殿、楼、堂、砖、瓦、斤、两、王、公、侯、伯、将军、指挥、尚书、侍郎、和尚、道士等在女真语中皆用汉语，金代女真文石刻官衔称谓也都直接用汉语译音，可以说女真语的语词有很多是直接由汉语变来的⑧。金光平、金启孮两位先生认为其中有些音不是宋中

---

① 金光平、金启孮《女真语言文字研究》，文物出版社，1980，21页。
② 孙伯君《金代女真语》，中国社会科学出版社，2016，20页。
③ 金光平、金启孮《女真语言文字研究》，12页。
④ 《北史·勿吉传》。
⑤ 金煦方《从女真语到满洲语》，《满语研究》，1990年1期。
⑥ 金煦方《从女真语到满洲语》。
⑦ 金煦方《从女真语到满洲语》。
⑧ 金光平、金启孮《女真语言文字研究》，21页。

叶以来的汉语音，而是隋唐以来的汉语音，认为女真语中掺入汉语为期很早①，这说明女真人和汉人的接触至少从唐代就已经开始了。

辽金时期，对女真语来说是其发展过程中的一个重要阶段。女真民族在辽代初步形成，辽、北宋时期该民族继续发展，但是部族内部并不统一，有生女真、熟女真、东海女真等多个部落。金朝的统治者女真完颜部，本是起源于荒僻的白山黑水间的生女真，尚未更多地接受中原地区汉人的先进文化的影响，社会生产力落后且发展缓慢。从1114年完颜阿骨打统一女真各部起兵反辽，到1115年建立"大金"，再到1125年联合北宋灭掉辽占有了辽的大部分土地，再到1127年发动靖康之变灭掉北宋，女真社会内部经历了急剧的动荡，作为交际媒介的语言对社会的动荡巨变最为敏感，最先受到冲击，因此女真语内部不管是语音、词汇还是语法也同样经历了沧桑巨变。

从12世纪末到13世纪初的120多年时间里，女真人在中国北方建立了一个雄踞一方的封建帝国。在此期间，女真人走出白山黑水迁入汉族聚居区，而汉人也因为统治阶级"实内地"的政策不断迁入女真居住区，形成女真与汉人交错杂居的局面，民族的杂居相处带来了民族的融合，民族融合则进一步带来了语言的融合，女真语受到汉语的深刻影响，汉语也不断冲击着女真语，从而形成一种双语并行的局面。"但是这种双语并行的局面并没有维持多长时间，随着民族融合的进一步加深，女真人汉化程度也在逐渐加深，女真语的应用范围逐渐缩小，最终只成为政府官方行文和宫廷礼节用语了。"② 这样，在女真人汉化程度比较深的华北一带，孤立无援的女真语最先消失在汉语的包围之中。1234年，随着金被蒙古消灭，女真语失去了政治上的依托和保障，女真人进一步失去了因政治优势而带来的语言优势，中原的女真人与汉人完全融合，这样在中原地区女真语也完全为汉语所取代，只有在东北女真故地白山黑水之间的女真人仍然使用女真语，保持旧有的习俗。

而随着金灭辽建立政权，各民族的迁徙融合更加频繁，语言也呈现出一种进一步融合的状态。在政治上，女真人征服了辽和北宋，建立政权入主中原；但在文化上却相反，面对文化发展比较先进的契丹和汉等民族，女真人处于弱势地位，不断受到来自契丹和汉人文化的冲击和挑战，逐渐汉化。而随着女真社会的全面汉化，女真语成为被汉语包围的孤岛，蚕食鲸吞之下慢慢失去其领地，进而逐渐被汉语淹没。

二 金建立前后统治区域内汉语的发展演变

女真族世代居住在中国的东北地区，即混同江以东的长白山下。在女真崛起之前，这里是辽的统治区域，这里也一直都有汉人的生活足迹。而在辽之前的唐，这里属于

---

① 金光平、金启孮《女真语言文字研究》，22页。
② 金棨方《从女真语到满洲语》。

第四章　金代北方汉语通语探析

幽州的管辖范围，据史籍记载，唐代的幽州是众多民族杂居共处之地，受众多少数民族语言习俗的影响，此地的汉人勇猛彪悍，已表现出与中原汉人不同的特点，这些特点除了表现在性格、服饰、民风上面，当然也表现在语言方面，具有幽燕语特点的北方汉语大概从这一时期开始萌芽。

爱新觉罗·瀛生认为契丹族在建立政权以前，已经在战争中大量掠夺北方各族人口，有来自北方的少数民族，也有居住在幽燕一带的汉族。及至契丹建立政权时，东北地区汉人的数量已经相当可观，他们被称为"汉儿"以区别于中原地区的汉人，这种称谓不仅仅反映了地域、习俗、服饰等方面的差异，更代表着一种语言的差异①。

契丹建立辽以后，阿保机多次南征，俘获大量幽燕一带的人口，将这些人口安置在东北地区。由此可见，幽燕语远自辽初就已经进入东北地区。而随着石敬瑭把幽云十六州割让给辽，幽燕地区便进一步脱离了中原汉族政权的统治。随着大批契丹等民族进入幽燕地区，幽燕地区的汉族人处于与少数民族交往密切、与中原汉人日渐疏远的状态。这样，幽燕地区的汉语逐渐远离中原汉语，而在无声调的阿尔泰诸语种的影响下继续向前发展。

金和北宋联合灭辽以后，金占有了辽黄河以北的部分土地，后来进一步扩展到了淮河以北。金政权将大量女真人由关外故地迁至华北广大地区，而把汉人迁到原本女真人居住的地区，这样幽燕汉语的影响进一步扩大。许亢宗《宣和乙巳奉使金国行程录》中记录了当时各民族使用汉语的情形，许亢宗《宣和乙巳奉使金国行程录》的撰写时间是1125年，也就是金建立初期，金的统治区域内已经形成了北方通语。

许亢宗《宣和乙巳奉使金国行程录》中记录了各民族使用汉语的情形：各族之间交往时，因为语言不通，所以不得不选择汉语成为沟通往来的媒介。当时北方很多民族皆习操汉语。这些人，在自己民族内部使用本族语，各族之间交往时，则选择汉语作为媒介。这些民族的汉语不是"生而知之"，而是为了交际沟通"学而知之"，汉语不是他们的母语，而是在掌握本族语言之后才学习来的，这就使得他们在使用汉语的过程中，不自觉地受到本民族语言的影响，使汉语在语音、词汇、语法等方面发生改变。

《隋书·经籍志》言："后魏初定中原，军容号令皆以夷语，后染华俗，多不能通，故录其本言，相传教习，谓之'国语'。"这与金世宗前后女真人学习女真语的情形类似，当时女真人早已经习惯了操汉语、习汉俗、改汉名、易汉姓。金光平、金启琮在论述女真语与汉语的关系的时候，认为汉语属于汉藏语系，女真语属于阿尔泰语系，前者是孤立语，后者为接合语，不论从语言形态上论，还是从语法上论，二者都相距

---

① 爱新觉罗·瀛生《北京土话中的满语》，北京燕山出版社，1993，93页。

甚远①。但由于两个民族长期接触，文化上相互影响，语言上自然也会相互影响。而且金境内除了生活着女真，还有渤海、高丽、契丹、回纥、党项、奚等民族，他们所操的语言也大多属于没有声调的阿尔泰语系。被无声调的阿尔泰语系诸语种包围的汉语以及大量女真等民族改操汉语，会给汉语带来怎样的影响，可想而知。这个影响波及语音、词汇、语法等汉语的各个方面，使这种远离中原地区的北方汉语在不知不觉中变得面目全非，离中原汉语越来越远的同时，离古代汉语也越来越远。

三 汉语受阿尔泰诸语影响的大体情形

相互密切接触的几种语言，互相影响难以避免。北方汉语受契丹、女真、蒙古诸语影响的具体情形，文献证据虽少，但仍是有迹可寻。洪迈《夷坚志》记载贾岛的诗句"鸟宿池边树，僧敲月下门"，翻译成契丹语以后，再按照契丹语的语法翻译成的汉语就是"月明里和尚门子打，池塘树上老鸦坐"，从中我们不难看出按照契丹语的语法翻译成的汉语在词汇、语法等方面都已经和汉人使用的纯粹汉语大大不同了。另一个更重要的证据便是蒙古人使用汉语口语的实况。关于蒙古人众习操汉语口语的实况，有大量文字书写的材料存世，其中数量极大且能真实反映当时由蒙古语按照蒙古语的语法翻译而成的汉语的实际情况和真实面目的，莫过于"元代白话碑"。

"元代白话碑文是一种刊刻在碑石上的白话文牍，多为元代统治者颁发给寺院道观的各类旨书。白话碑的原文多用回鹘式蒙古文或八思巴字写成，再译为汉语。"② 白话碑文不是用古汉语或者当时汉人实际所使用的汉语写成的，而是用当时蒙古人所说的文理不通的汉语写成的。我们录碑文一篇以作示例。

碑文原文：

灵寿祁林院碑③

——皇太后懿旨（1298年）

长生天气力里、皇帝福荫里、皇太后懿旨：

军官每根底，军人每根底，城子里达鲁花赤、官人每根底，过往使臣每根底，众百姓每根底，宣谕的懿旨：

皇帝圣旨里："和尚，也里可温、先生，不拣甚么差发休着者，告天祝寿有。"道来。圣旨体例里，不拣甚么差发休着者，告天祝寿者有，么道。五台山里有的大寿宁寺里住持的花严顺吉祥，执把行的懿旨与了也。

这的每寺院里房舍里，使臣休安下者。铺马祗应休拿者。税粮休与者。

---

① 金光平、金启孮《女真语言文字研究》，文物出版社，1980，12页。
② 祖生利《元代白话碑文研究》，中国社会科学院博士学位论文，2000。
③ 蔡美彪《元代白话碑文集录》，中国社会科学出版社，2017，119页。

第四章 金代北方汉语通语探析

但属寿宁寺的大明川有的三尊佛祁林院为头儿下院，田地、水土、园林、碾磨、店舍、铺席、浴堂、解典库，不拣甚么物件他每的休夺要者。

这的每更有懿旨么道，无体例勾当休做者。做呵，他每更不怕那甚么！

懿旨俺的。

狗儿大德壹年春二月二十九日，大都有的时分写来。

翻译成汉语：

仰仗长生天的力量，托皇帝的福荫，皇太后懿旨：

对军官们、城镇达鲁花赤们、过往的使臣们、众百姓宣谕的懿旨。

皇帝圣旨里曾经宣谕："僧人、景教徒、道士，不承担任何赋役，祷告上天，为皇家祈福祝寿"。懿旨降于五台山大寿宁寺里主持的花严顺吉祥收执。

他们的寺院房屋，使臣不得居留；铺马祗应不须提供；地税、商税无须缴纳；任何人不得恃势侵占属于寿宁寺大明川三尊佛祁林院为首的下院的田地、水土、园林、碾磨、店舍、铺席、浴堂和店铺等财产。

这些人也不得自恃持有懿旨，做违法乱纪之事，如敢做，他们难道不害怕吗？

俺的懿旨。

大德元年狗年春二月二十九日写于大都。

从上面的碑文我们不难看出"元代白话碑文"所用的汉语与实际应用中的汉语有着很大的不同，祖生利先生认为它"具有鲜明的直译体特征，其基本的词汇和语法贴近当时现实口语，同时又掺杂大量中古蒙古语成分，与纯粹汉语有所不同"①。

在这篇元代白话碑文中，碑文是用汉字写的，有很多也是汉语里原有的词汇，如"皇太后、懿旨、气力、皇帝、福荫、军官、军人、官人、过往、使臣、百姓、圣旨、和尚、先生、天、祝寿、有、五台山、大寿宁寺、住持、花严顺、吉祥、房舍、休、税粮、但、属、大明川、三尊、佛、祁林院、下院、田地、水土、园林、碾磨、店舍、铺席、浴堂、解典库、物件、夺要、体例、勾当、做"等，但是我们读起来还是感觉有些奇怪，原因就在于它是把蒙古语直译成了汉语的直译体，对蒙古语词法、语法成分机械硬译，汉语中夹杂了很多蒙古语的词汇和语法。

祖生利先生考察了这些白话碑文中词汇的翻译、语法的翻译之后，总结了元代白话碑文的特点，认为元代白话碑文是直译体，它不是逐字翻译，而是蒙古语语法的全然照搬，它的基本词汇和语法采用的是元代北方汉语的口语元素，同时在汉文句子里嫁接了大量的蒙古语自身的词汇和语法元素，有时还既用汉语的语法翻译了，又按照

---

① 祖生利《元代白话碑文研究·摘要》。

蒙古语法再直译一遍。①

祖生利认为元代白话碑文的直译体特征主要体现在以下几个方面②：

（1）词汇上基本采用当时的实际口语，但同时又有不少蒙古语及其他民族语的译词。

（2）语法上往往采用与汉语中具有相似功能的词汇和语法成分对译蒙古语名词、代词、动词的各种附加成分，以及副词、后置词等虚词。有时汉语词语所标记的词法功能超出了它在元代汉语中所承担的那部分。

（3）句法上照搬蒙古语的SOV结构，介词性成分，后置长定语、长状语、长宾语，特殊的反诘句、条件句、目的句、各种赘余结构等。

元代是北方汉语官话形成的重要阶段，也是北方阿尔泰语同汉语发生大规模接触的鼎盛时期，不同类型语言之间的长期接触，必然会对汉语的面貌产生影响。白话碑文中蒙汉混合的蒙古式汉语，正是这一时期语言接触的直接、真实和生动的体现。蒙古语同样属于无声调的阿尔泰语系，探析其中蕴含的语言现象，对于探索女真语等语言与汉语融合的规律，全面了解金代北方汉语的真实面貌，弄清历史上阿尔泰语对汉语影响的实际情形，具有重要意义。

操无声调语言的众多女真、契丹等族人学习有声调的汉语，不可避免地出现了声调的讹呼。而随着汉族与女真、契丹等族人的交流与融合，词的借入、借出和由此派生新词，以及词经过音译而被另一种语言吸纳等，都使汉语的语音、词汇、语法等发生变化，于是后来北方汉语的主要特点就是在这个时代以这样的方式逐渐形成了。

第二节　金代北方汉语通语的形成

女真族入主中原以后，北方的民族融合达到了又一个高潮。同南北朝时期一样，金时的民族融合也同样是由大规模的人口迁徙开始的。女真灭辽以后，将大批中原人迁至女真地区，称为"实内地"③，金朝统治的一百二十年间，这样大规模的移民就有五六次之多。

除了汉人的"实内地"，女真人也大量迁入中原地区。考虑到中原汉人"怀二三之意"④，即使占有了他们的土地，也未必人人都肯归依，于是女真统治者又将大批的女真族人迁至中原，监视中原地区的汉人。金太宗天会十一年（1133年）秋"起女真族

---

① 祖生利《元代白话碑文研究》，30页。
② 祖生利《元代白话碑文研究》，30页。
③ 内地指"金源内地"，指女真发源的东北地区。
④ 《大金国志校证》，520页。

散居汉地"①。之后金熙宗始创屯田军,"及女真、奚、契丹之人皆自本部徙居中原,与百姓杂居"②。

海陵王完颜亮弑熙宗自立为帝后,先是迁都燕京(1153 年),继而为方便攻打南宋,又迁都南京(今河南开封)(1161 年)。之后虽然世宗完颜雍又把都城迁回了北京,但不久宣宗完颜珣为躲避蒙古军的进攻,再次迁都南京(1214 年)。这两次迁徙带去了女真的后妃、子女、宗室、文武百官及其家属等等,人数足有几万人之多。

大规模的人口迁徙,形成了汉族与女真等族杂居相处的局面。这种杂居在促进民族融合的同时,无疑也会促进语言的交流与融合。因为语言是人们交际的工具,在民族融合的过程中会最先受到影响。

促进语言融合的另一个重要方式是通婚。女真贵族在入主中原的初期已与汉族通婚,但在社会下层是受限制的。后来出于缓和民族矛盾的需要,女真统治者转而鼓励那些迁入内地的猛安谋克③"与契丹、汉人婚姻,以相固结"④。通婚"在促进北方各民族血缘接近的同时,也使女真族的民族特性逐渐消失,与汉族及其他民族间的语言差异日渐减少"⑤。

虽然女真族统治者在入主中原以后,也曾一度凭借政权的力量,使女真语使用的范围较以前扩大,当时华北的汉人也曾一度女真化,着胡服,说胡语。南宋陆游有一首诗真实记录了中原汉人学习女真语的情形:"上源驿中捶画鼓,汉使作客胡作主。舞女不记宣和装,庐儿尽能女真语。"⑥但是,相对于统治阶级使用的女真语,"汉语由于使用人口众多,特别是载荷高度文化甚或权威文化,仍是'强势语言'"⑦,于是各少数民族语言在和汉语接触的过程中,逐渐汉化。

女真人的汉化是从统治阶级开始的。到了熙宗、海陵王一代,这种汉化进一步加深,金熙宗"自少时赋诗染翰,雅歌儒服……尽失女真故态……宛然一汉户少年子"⑧。上行必然下效,统治者如此,臣民可想而知。虽然世宗皇帝担心自己本民族的语言被遗忘,大力倡导学习女真语和女真文化,并参照汉字创制了女真文字,但由于"创制日近,义理尚浅,在社会上无法取代汉字的地位"⑨,当然无法得到普遍推行,"即使皇

---

① 《大金国志校证》,520 页。
② 《大金国志校证》,520 页。
③ 百度百科:猛安谋克是金代女真社会的最基本组织。它产生于女真原始社会的末期,由最初的围猎编制进而发展为军事组织,最后变革为地方的行政组织,具有行政、生产与军事合一的特点。
④ 脱脱《金史·兵志》。
⑤ 薛瑞兆、郭明志《全金诗·序》。
⑥ 陆游《得韩无咎书寄使房时宴东都驿中所作小阕》。
⑦ 鲁国尧《"颜之推谜题"及其半解》,《中国语文》,2002 年 6 期。
⑧ 薛瑞兆、郭明志《全金诗·序》。
⑨ 薛瑞兆、郭明志《全金诗·序》。

家子弟读书也是先教汉字，后习女真语。汉语文字逐渐成为金朝的官方语言，以至于不少女真族人对自己的民族语言'或不通晓'"①。因此从统治阶级开始的这种汉化的脚步无论如何是无法阻挡的。于是汉语作为一种强势语言，逐渐为各少数民族接受从而成为一种通用语言。

在许亢宗《宣和乙巳奉使金国行程录》中对当时各民族使用汉语的情况有过真实的记录："当契丹强盛时，虏获异国人则迁徙杂处于此②。南有渤海，北有铁离、吐浑，东南有高丽、靺鞨，东有女真、室韦，东北有乌舍，西北有契丹、回纥、党项，西南有奚，故此地杂诸国风俗。凡聚会处，诸国人语言不能相通晓，则各以汉语为证，方能辨之，是知中国被服先王之礼仪，而夷狄亦以华言为证也。"《宣和乙巳奉使金国行程录》是宣和七年（1125年）许亢宗奉命为贺金太宗吴乞买登位使金而留下的出使纪录。这种出使纪录又叫语录，是宋廷每个出使要员回朝后必作的一种上之朝廷的例行公文，这也就从一定意义上向我们保证了这段材料的真实性。它向我们真实体现了，在金建立之初，在远离中原的北方地区，汉语已在不同程度上成了北方各少数民族的通用语言。

各民族通用汉语，于是出现了两种情形：一方面北方各族在使用汉语的过程中把本民族语言的一些东西加诸汉语身上；另一方面汉人也会慢慢接受北方少数民族语言对汉语的影响，这两个方面都会使北方汉语发生一些变化。而当这些变化被少数民族接受，同时也被汉人所接受的时候，它便成为一种语言事实。这种语言事实是在因民族融合而导致语言融合的过程中产生的，包含了北方汉语出现的一些新特点或者原本具有的一些语言萌芽的发展壮大。这种汉语与前代的汉语、南方的汉语相比呈现出不同的特点，于是具有自身特点的金代北方汉语通语出现了。

第三节 金代韵书

"晚唐五代以后，汉语进入一个新的发展阶段，开始由中古过渡到近代，汉语语音系统（声母、韵母和声调）发生急剧变化，特别是历来作为汉民族共同语的基础方言——北方话的语音系统变化尤为显著"③，于是原有的韵书《切韵》以及宋代重修的《广韵》和《集韵》，"与实际口语的距离越来越远，为了适应语言的变化，客观上需要编写出突破旧体系的新韵书"④。

---

① 薛瑞兆、郭明志《全金诗·序》。
② "此"在文中指距黄龙府六十里的托撒孛董寨，黄龙府和托撒孛董寨均在现在的吉林省。
③ 唐作藩《〈校订五音集韵〉序》，《古汉语研究》，1992年1期。
④ 唐作藩《〈校订五音集韵〉序》。

第四章　金代北方汉语通语探析

金人也没有辜负历史的期望，勇敢地担当起了历史赋予的重任，出现了荆璞、韩孝彦、韩道昭、王文郁等一批有影响的学者，产生了《篇海》《五音篇》《五音集韵》《改并五音集韵》《四声等子》《新刊韵略》等一列优秀著作，这些著作对后世在语言文字方面产生了"多方面的深远的"[①]影响。

金代的语言文字之学虽然取得了令人瞩目的成就，但是在以往的汉语语言史的研究中常常被忽略忽视，随着《中原音韵》重要性被重新发现和《中原音韵》研究的兴起，与之邻近的金代语言学也越来越引起人们的重视。下面我们根据宁忌浮先生的《金代汉语语言学述评》一一介绍金代的这些语言学著作，以及其中反映出的一些当时语言状况的信息。

一 《新刊韵略》

平水韵是宋代以后使用的诗韵系统，始于平水人刘渊《壬子新刊礼部韵略》，他把韵部分为107部，但是这本书已经不传，现在我们能看到的是王文郁刊行于金正大六年的《平水新刊韵略》（简称《新刊韵略》），他分韵部为106部，差别在于上声，刘渊把上声分成了30部，多了1个"拯韵"。

《切韵》《广韵》系韵书分韵过细，已经严重脱离语音实际，于是刘渊等人就在唐人同用、独用的基础上，对《切韵》系韵书进行了合并，所以平水韵并不是实际语音的真实反映，而是对旧有韵书的改编。其实人们对韵书的改造在很早以前就已经开始了。2001年，在敦煌莫高窟北区石窟中，人们发现了一本名为《排字韵》的古韵书的残片，上面的内容与王文郁《新刊韵略》的内容几乎完全一样，也按照106韵的韵部系统来组织编排，这大概是更早的对206韵的《广韵》的一种改造。因为平水韵是根据唐初许敬宗奏议合并而成的，所以唐人用韵实际上用的是平水韵，只不过当时没有这个称呼而已。

平水韵在宋代以后成为官韵，但是从本质上来说仍然是沿用的唐宋以来的不反映当时实际语音的韵部系统，所以也可以说中国官韵自《切韵》诞生以后，一千多年都没有发生大的改变。

二 《五音集韵》

参照实际语音改并韵母的《五音集韵》是金代语言学的重要著作。它是荆璞在按照36字母重新编排《广韵》《集韵》的各小韵的基础上编纂而成的。荆璞的原作我们已经无缘看到，现在能看到的是金人韩道昭在荆璞《五音集韵》的基础上编纂的《改

---

① 宁忌浮《金代汉语语言学述评》，《社会科学战线》，1987年1期。

并五音集韵》。韩道昭根据实际语音对《五音集韵》作了大量的增、改、并的工作，使韵书的编排更加精简科学。总结起来，宁忌浮先生认为韩道昭的功夫主要花在了两个方面：一是用等韵的理论方法重新编排《广韵》《集韵》的各小韵，使编排更加科学合理；二是参照实际读音改并切语，并在此基础上将《广韵》的 206 韵合并为 160 韵。韩道昭对切语的改动并不是单纯改良反切，而是以音变后的实际语音为根据。所以王力先生说《五音集韵》是汉语语音史的宝贵数据。

宁忌浮先生研究后认为韩道昭《五音集韵》包含了两套音系：一套是由十六摄、一百六十韵和三十六字母及一、二、三、四等交织而成的体系，这是《五音集韵》的表层音系，它虽然突破了《切韵》系韵书体系，向现实语音靠近了一大步，在一定程度上反映了实际语音的变化，但仍然不彻底，受传统韵书和旧等韵的桎梏还是非常明显的，除了维护三十六字母，不少现实语音里面早已合流的韵部，它仍然分开，如宁先生指出的，中古"重纽"在《五音集韵》中表面上看来比《广韵》还要严整，如"妖""要"对立、"娟""渊"对立、"弃""器"对立等，这种现象并不是实际语音的反映，而是韩道昭墨守等韵图的结果。另一套深层音系是由《五音集韵》的收字、切语的失误反映出来的，如三四等的不分、蟹摄的"齐祭废灰"并入止摄、全浊上声变读去声、入声字亦在消变等等。宁先生认为这些是韩道昭口语的真实流露，从侧面反映了近代北方汉语语音系统发展变化的真实情况。

《五音集韵》通过反切的失误反映出的实际语音的变化具体体现在以下几个方面。

（一）戈韵三等归麻

韩道昭把戈韵三等的"迦、伽、𤜼、靴"等八个字并入麻韵。戈三归麻，韩氏作为一大发现提出来，让人们看到了《中原音韵》车遮部的直接源头。

（二）元韵

值得注意的还有元韵的问题，韩道昭既没有把它归入臻摄，也没有把它归入山摄，而是把它载到了臻摄的下面。这就反映出了在实际口语中元韵读音已经发生了变化，已经不与魂痕相近。鲁国尧先生在研究金代诗人元好问的近体诗以后发现，在元氏的近体诗里，元韵同样既不与魂痕通押，也不与先仙相涉[1]，正好印证了这种变化。

（三）蟹摄各韵的变化

"企"字，《广韵》用"弥"作反切下字，而韩氏则用"体"字作反切下字，"弥"是支韵，"体"是荠韵，反映出齐韵系字与止摄的逐步靠近；还有"梨、犁"同音、"魏、卫"同音等都同样反映出蟹摄各韵已经有了变化，泰代合并、齐祭废各韵已经并入止摄。

---

[1] 鲁国尧《元遗山诗词曲用韵考》，刘晓南、张令吾《宋辽金用韵研究》，209 页。

三 《四声等子》

关于《四声等子》(简称《等子》)的成书年代众说纷纭,有人说是南宋,有人说是元代,宁忌浮先生考察了《等子》与《五音集韵》的关系,其中《等子》36 字母的次第及排列方法与《五音集韵》完全相同;《等子》16 摄名称与《五音集韵》相同,各韵归摄也相同;《等子》20 图所标之韵部与《五音集韵》相同,与《广韵》《集韵》无涉,所记韵部数目 160 个,与《五音集韵》相合;《等子》的作者对韩道昭的 160 部非常尊重,对再度合并的韵部不是径直删去,而是加注说明;《五音集韵》的戈三归麻,《等子》中同样有体现;而且《等子》收字与《五音集韵》有很多相同之处。可以看出《五音集韵》对《等子》有巨大影响,由此他判定《等子》产生于《五音集韵》之后,宁先生又指出从元代熊泽民为刘鉴《经史正音切韵指南》写的序里面说"古有《四声等子》,为流传之正宗"可以看出不是元代的作品,由此宁先生判断《四声等子》应该产生于金代末年,即十三世纪的二十年代前后。

《四声等子》关于韵母的处理很多都体现了当时的实际语音。

(一) 中古重韵、纯四等的合并

中古重韵、纯四等在《五音集韵》中还保留着,而《等子》则把它们彻底合并。齐与祭废、青与清蒸、冬与东、钟与东三、泰与灰咍、微与脂、鱼与虞、殷与真、文与谆、元与仙、凡与盐全部合并,至此汉语的韵母系统就等第而言,只有一、二、三 3 个等次,每摄每等只有一个韵母(包括开合则为 2 个)。

(二) 入声兼配阴阳

《等子》里入声不但配阳声韵,而且还配阴声韵,有的竟然兼配两个阴声韵,这说明中古入声韵正在发生变化。宁忌浮先生考察之后认为从《等子》可以看出入声的消变是从-k 尾开始的,先是-k 尾变成喉塞音韵尾,然后-t 尾和-p 尾相继变成喉塞音韵尾,之后喉塞音韵尾消失,派入三声。他认为《等子》呈现出来的入声的消变进程仍然处在 "-ʔ、-t、p" 与 "-ʔ、-t" 之间,似仍以三分为宜。他同时认为《等子》的韵母共有 77 个,其中阴声韵 21 个,阳声韵 29 个,入声韵 27 个[①]。

(三) 韵部的重新分合

《等子》把果、假二摄合为一图,并注明内外混等,即内转果摄三等字与外转假摄三等字混同,但果摄一等与假摄二等仍泾渭分明。山摄三等入声薛韵字不兼配麻三,咸摄三等入声叶韵更无兼配的迹象。《等子》合并曾、梗二摄是《中原音韵》庚青韵之前身,合并江宕二摄是《中原音韵》江阳韵之雏形。《中原音韵》中的东钟、江阳、真

---

① 宁忌浮《金代语言学述评》,《社会科学战线》,1987 年 1 期。

文、庚青、侵寻、鱼模、萧豪、尤侯 8 韵，在《等子》中已经定型，歌戈、车遮、家麻已有眉目，皆来、齐微、支思尚未从止、蟹二摄分化组合出来。山、咸二摄内部也未分化。《等子》保留二等韵与入声韵，这是与《中原音韵》（部分保留二等韵）的差异所在，可以这样说，《中原音韵》的十九个韵部，在《等子》中已露端倪。

金代的这些韵书、韵图都是非常宝贵的数据，在没有录音设备的情况下，这些学者以韵书、韵图的形式或多或少地向我们透露了当时汉语语音的实际情况，并与当时的韵文材料互相印证，为我们描绘出了当时语音的实际面貌。

第四节 金代北方汉语通语的韵部系统

爱新觉罗·瀛生先生在说到近代汉语时认为："汉语（近代汉语）北方方言较其他汉语方言距古汉语音韵远，差别大……以古汉语为标准，观察汉语北方方言以外的诸方言，发现它们皆不同程度地保存古汉语的音韵，唯独北方方言的音韵堪称面目全非，自成一派。"①

那么处于近代汉语前期的金代北方汉语又是什么样子的呢，与古汉语相比是否也"面目全非"？现在我们能够看到的反映当时语音实际情况的语料，有金代编定的反映当时实际语音情况的韵书、韵图，这些韵书、韵图反映出来的信息非常重要，可是总有些过于抽象和概括。不过幸运的是，我们还有一个重要的语料可以依靠，这就是金代的用韵文学。下面我们就通过对金代诗、文、词、曲各种文体韵部系统的比较综合，并结合金代韵书、韵图反映出来的当时语音情况的实际，尝试描绘金代北方汉语通语的大致轮廓。

我们已经利用《全金诗》《金文最》《金文雅》《全金元词》《全元散曲》《刘知远诸宫调校注》《西厢记诸宫调注释》对金代的诗、文、词、曲的用韵进行了分析和归纳，得到金诗 19 个韵部的韵部系统、金文 17 个韵部的韵部系统、金词 17 个韵部的韵部系统和金曲 12 个韵部的韵部系统，四个韵部系统有同有异，具体见表 4.1。

表 4.1 金代诗、文、词、曲韵部系统比较

全金诗韵	全金文韵	全金词韵	全金曲韵
歌戈部	歌戈部	歌戈部	歌戈部
家车部	家车部	家车部	家麻部
			车遮部

---

① 爱新觉罗·瀛生《北京土话中的满语》，9 页。

续表 4.1

全金诗韵	全金文韵	全金词韵	全金曲韵
鱼模部	鱼模部	鱼模部	鱼模部
皆来部	皆来部	皆来部	皆来部
支微部	支微部	支微部	支微部
豪肴部	萧豪部	萧豪部	萧豪部
萧宵部			
尤侯部	尤侯部	尤侯部	尤侯部
监廉部	监廉部	寒覃部	寒覃部
寒先部	寒先部		
侵寻部	侵真部	侵寻部	侵庚部（蒸登部和侵寻部并入庚青部）
真文部		真文部	
庚青部	庚青部	庚青部	
江阳部	江阳部	江阳部	江阳部
东钟部	东钟部	东钟部	东钟部
屋烛部	屋烛部	屋烛部	入派三声
觉铎部	觉铎部	觉铎部	
德质部	德质部	德质部	
月帖部	月帖部	月帖部	

因为曲的大众化和通俗化，所以曲韵更能反映当时的口语，所以在归纳金代北方汉语通语韵部系统的时候，我们主要依据曲韵，同时参照诗韵、词韵和文韵。这四种文体的韵部系统中，有些韵部在各系统中都是相同的，比如尤侯部、东钟部等，因此我们就直接认定它们在金代北方汉语通语中也是客观存在的韵部。有些韵部在各系统中是不同的，这些不同中有的反映了实际语音的分混，比如家麻与车遮的分立就反映了实际语音中假摄麻二、麻三的分化，在金代北方汉语通语中我们也同样把它们分立；在曲韵中入声已经消变，而在诗、文和词韵中入声依然还保存着，鉴于曲韵更接近实际语音，结合金代编订的韵书、韵图反映出的入声消变的信息，再加上在之后的《中原音韵》中入声已经消失，我们判定在金代的北方通语中入声作为独立的韵部已经不存在了，已经分部派入了阴声各部。有些不同则反映了方言的影响，比如-m、-n、-y 三韵尾在曲韵中的混用就反映了方言的影响，因为在之后的《中原音韵》中-m、-n、-y 还是截然分开的，因而稍前于《中原音韵》的金代北方汉语通语中三韵尾不可能已经混并，所以方言的影响在归纳通语的时候需要剥离，在金代北方汉语通语中依然保持-m、-n、-y 三韵尾分立的格局。在归纳总结的基础上，我们得到一个完整的金代北方

汉语通语的韵部系统。

(一) 歌戈部

本部包含《广韵》的歌、戈两韵和入声末韵、药韵、铎韵的一部分字。歌戈部，在诗、词韵中变化不大，押入的入声字也比较少，曲韵中该部有入声末韵、药韵、铎韵部分字的派入。文韵有些不同。在文韵中，歌、麻出现了大量的通押，歌、戈韵共入韵16次，其中7次是与佳、麻等韵通押，但是这7例全部是元好问的韵例，所以我们认为在金代北方汉语通语中，歌、戈韵与佳、麻等韵不能合并，元好问的7例歌、麻通押韵例属于方言现象。元好问是山西人，乔全生先生在分析晋方言的时候认为："唐五代西北地区歌麻混用是一种较普遍的现象……金末晋人诗词用韵歌麻又成混用状态，比11、12世纪西北方音稍有逆转，当为不同方音之反映。"① 既是方言的反映，那么就可以排除在通语之外，所以可以认为在金代北方汉语通语中，歌戈部依然保存着，有入声末韵、药韵、铎韵的一部分字派入。

(二) 家麻部

(三) 车遮部

因为金代北方汉语通语中的家麻部和车遮部都源于宋代通语十八部的家车部，即中古的麻韵系，而且在讨论两部的时候会有很多的牵连，所以我们放在一起讨论。

在诗、文、词韵中宋代通语十八部中家车部的麻二和麻三都没有分立，虽有入声押入，但次数较少。只有在曲韵中，家车部中麻二、麻三分立，各自加上派入的入声韵部形成独立的两部——家麻部和车遮部。在《等子》中，家麻部和车遮部已经有了眉目，而且曲的唱词因为它的通俗化和大众化，需要明白易懂，因而用韵也更能反映当时语音的实际，所以我们认为在金代北方汉语通语中宋代通语的家车部已经分立成了家麻部和车遮部。

家麻部包括《广韵》的麻韵二等字，佳韵的"佳、涯、娃"等字，蟹韵的"罢"字，卦韵的"挂、衩、画"等字，夬韵的"话"字，梗韵的"打"字，歌韵的"他"字和曷韵、合韵、狎韵、辖韵、洽韵等入声韵字。车遮部包括麻韵的三等字和入声薛、屑、帖、月、业、叶等韵的字。

(四) 鱼模部

本部包含《广韵》的鱼、虞、模、尤侯部的一部分唇音字和入声物、没、沃、术等韵的字。在诗、词韵中入声押入本部的较少，文韵中入声押入本部的相对较多，但还没有达到要并入鱼模部的程度。曲韵中入声物、没、沃、术等韵的字则已经派入鱼

---

① 乔全生《晋方言语音史研究》，中华书局，2008，142页。

模部。考虑到曲韵的用韵实际，而且在《等子》里面，金代北方汉语通语中的鱼模部已经定型，所以可以认为在金代北方汉语通语中，宋代通语十八部中的鱼模部大体保存着，只不过有一些入声韵派入。本部还有模、虞、鱼三韵与中古流摄部分唇音字的通押，尤韵的"浮"字，有韵的"妇、负"等字，宥韵的"副、富"等字，厚韵的"母"字等，这些字在与尤侯部的通押中都没有出现，所以我们认为它们已经归入鱼模部，没有随流摄一起归入尤侯部。

（五）皆来部

本部包含《广韵》的佳（部分）、皆、灰（除部分合口字）、咍、泰（除部分合口字）、夬（除"话"字）和陌、麦韵以及职韵的一部分字。除了曲韵中陌、麦等入声的派入，金代的诗、文、词用韵中的皆来部的差别都不大，都体现了同样的特点，齐、祭、废三韵已经归入了支微部，泰（除部分合口字）已经和代合并在了一起，等等。这在《五音集韵》和《等子》里面已经有所体现。所以可以认定在金代北方汉语通语中这一部的存在。

（六）支微部

本部包含《广韵》之、支、脂、微、齐、祭、废七韵和灰韵系（灰、贿、队）的部分合口字以及泰韵的部分合口字，如队韵合口字"对、内、碎、配"等，泰韵合口字"会"，灰韵合口字"杯、煤、雷、回"等，贿韵合口字"罪"等。同时还有昔韵、质韵、锡韵、职韵等入声韵字的派入。

在金代的诗、词韵中，入声押入不是很多，文韵中入声押入则相对较多，但也还是没有达到要派入阴声的程度。

除了曲韵中入声的派入，《中原音韵》中支思部（在韵部内讨论的时候，我们称之为支思组）的问题，也是讨论金代用韵的时候无法回避的。金代北方汉语通语支微部中的支思组在金代诗、文、词、曲里面有不同的表现，所占比例也各不相同。在金代的诗、文、词韵中，支思组表现得都不是很明显。在最能体现口语的金代曲韵中，支思组的独用韵例在支微部的韵例中占了15.2%，而齐微组与支思组的通押在支微部的韵例中占了55.2%，由支思组独用的比例可以看出支思组在金代的曲韵中有分立的趋势，止摄开口三等齿音字正在演变为支思部，但与齐微组的大量通押表明，支思组的独立性还不是很强。这与《等子》中所体现出的皆来、支思、齐微三部还没有从蟹、止二摄中分化组合出来相印证。因而宋代通语十八部中的支微部还保存着，同时还包括派入的昔韵、质韵、锡韵、职韵等入声韵的字。

（七）萧豪部

本部包含《广韵》的豪、肴、宵、萧四韵，同时还有药、铎的一部分字和全部的觉韵字的派入（药、铎还有一部分字派入了歌戈部）。除了在诗韵中，由于诗韵的保守，该部分成了豪肴、萧宵两部以外，在文、词韵里面，萧豪部包括豪、肴、宵、萧四韵都是比较稳定的，虽然都有一些入声韵的押入，但是比例都不是很大，都没有达到派入的程度。不过在曲韵里面，药韵、铎韵、觉韵与萧豪部的通押韵例在萧豪部的韵例里面所占的比例很大，分别占了 23.9％、19.7％和 14.1％，所以可以把药韵、铎韵部分字和全部的觉韵字也并入萧豪部。因此，宋代通语十八部的萧豪部还保存着，同时还包括了派入的药韵、铎韵部分字和全部的觉韵字。

(八) 尤侯部

本部包含《广韵》的尤、侯、幽三韵。因为没有入声韵派入，这一部显得比较纯粹。除了一些轻唇音字派入鱼模部外，在诗、文、词、曲四种文体的用韵中，尤侯部的变化都不大。这一部在《等子》中已经定型，在金代北方汉语通语中作为一个韵部也同样存在。

(九) 监廉部

本部包含《广韵》的谈、覃、咸、衔、严、凡、添、盐八韵。在诗韵和文韵中宋代通语十八部的监廉部都保持了自己的独立性，在词韵和曲韵中，宋代通语十八部的监廉部和寒先部因为通押的比例很大合并在了一起，但是这并不能说明这两个韵部之间没有界限。前文已经提及-m、-n、-ŋ 三种韵尾的混并是因为方言的关系，在南北方的方言中都存在三种韵尾混并的现象，因此-m、-n、-ŋ 三种韵尾的混并并不能反映当时北方汉语通语的真实面貌，而且《五音集韵》提及谈覃合并、衔咸合并、严凡合并等，《等子》中，彻底合并的中古重韵、纯四等中就包括凡、盐的合并等，这从一个侧面说明监廉部的存在。而且无论是在这四种文体的用韵中还是在《等子》的韵图分布中，监廉部都没有表现出分化的迹象，所以在金代北方汉语通语中监廉部仍然作为一个韵部存在。

(十) 侵寻部

本部包含《广韵》的侵韵。在金代的诗、词韵中，侵寻部都作为一个独立的韵部存在着，在文韵中，宋代通语十八部的侵寻部与真文部合并成了侵真部，而在曲韵中，侵寻部、真文部和庚青部三个韵部合并成了侵庚部，但是这同样不能说明在金代的北方通语中三个韵部是合并在一起的。鲁国尧先生指出："从汉语语音史看来，宋时-m 尾韵仍然独立存在，《中原音韵》闭口三韵仍然保存"[①]。而且上文我们已经说过，三种韵尾的混并可能是受方言的影响，在通语中不一定如此。在《五音集韵》中，深摄是十六摄之一，而在《等子》中侵寻部作为一个韵部已经定型，所以我们认为在金代的北

---

① 鲁国尧《论宋词韵及其与金元词韵的比较》，刘晓南、张令吾《宋辽金用韵研究》，60 页。

方汉语通语中，侵寻部作为一个韵部仍然存在。

(十一) 寒先部

本部包含《广韵》的寒、桓、山、删、先、仙、元七韵。《广韵》规定寒、桓同用，山、删同用，先、仙同用，元、魂、痕同用，而在金代诗、文、词、曲这四种文体的用韵中，元韵都更多地表现出与先、仙通押的趋势。这表现在《五音集韵》中是元韵既不入山摄也不入臻摄，表现出一种重新归部的趋势；而在《等子》中，元与仙已经合并，标明"元仙相助"。在金代的曲韵中，元韵共出现了22次，22次都是与先、仙通押，因此在金代北方汉语通语中元韵的实际读音与先、仙更加接近。

在金代的四种文体里面，寒先部中的先仙元细音都表现出了一定的分立趋势，特别是在曲韵里面表现出了更强的独立性，但是我们也看到，先仙元与寒桓山删两组之间不管在哪一种文体里面通押的韵例数量都很大，这显示出先仙元与寒桓山删虽然有了洪细分组的趋势，但都没有能够到分立的程度，它们之间的联系依然非常紧密，分立还需要时间。同时寒山、桓欢两组也没有显露出分立的端倪，这与《等子》所反映的山咸二摄内部未分化相印证。所以在金代北方汉语通语中，我们认为寒先部还没有分化，与宋代通语十八部相合。

(十二) 真文部

本部包含《广韵》真、谆、臻、文、欣、魂、痕七韵。上文我们说过，在金代文韵中真文部与侵寻部并为了一部，在曲韵中，真文与侵寻、庚青并为一个韵部，在诗韵和文韵中，真文部都作为一个独立的韵部存在着。刘晓南先生指出《广韵》音系-m、-n、-ŋ之间的混押，唐代就已经出现了，宋代有所增加，但这并不意味着宋代通语音系中鼻韵尾已经合并①。而且在《等子》中真文部已经定型，所以在金代北方汉语通语中真文部作为一个独立的韵部仍然存在。

(十三) 江阳部

本部包含了《广韵》中江摄的江韵和宕摄的阳、唐韵。这一部在金代的四种文体中都比较一致。江韵与阳、唐韵的合流从北周、陈、隋时期就已经开始了，在鲍明炜先生的《初唐诗文的韵系》中，江摄的江韵、绛韵、觉韵已与宕摄通押，关系密切；张金泉先生指出，在曲子词中江、阳、唐三韵通用不分，变文唱词也如此，他认为这是唐代的口语②。在宋代通语十八部中，江、宕两摄舒声已经合为了一部——江阳部。在金代的四种有韵文体中，江、阳、唐三韵都呈现出同用的趋势，《五音集韵》中江、宕摄依然作为独立的韵摄存在，但在《等子》中，江阳部已经定型，所以我们可以肯

---

① 刘晓南《宋代闽音考》，190页。
② 张金泉《敦煌曲子词用韵考》，《杭州大学学报》，1981年3期。

定在金代北方汉语通语中，江阳部已经成为一个独立的韵部。

（十四）庚青部

本部包含《广韵》青、清、庚、耕、蒸、登六韵。除了在曲韵中庚青组与真文组、侵寻组合并为一个韵部以外，在其他三种文体里面，庚青部都作为一个独立的韵部存在着。而且在这四种文体里面，登、蒸韵和青、清、庚、耕四韵都表现出同用的趋势，因此可以把它们并为一个韵部。鲍明炜先生在讨论初唐诗文的韵系时指出，曾、梗两摄关系较多，主要体现在庚、清韵与蒸韵的通押上。张金泉先生指出在敦煌曲子词中青、清、庚、耕、蒸、登这六韵通叶不分。在宋代通语十八部中，这六韵合并为一个韵部——庚青部，而且在《等子》中庚青部已经定型，所以我们认为在金代北方汉语通语中，庚青部依然作为一个独立的韵部存在。

（十五）东钟部

本部包括《广韵》的东、冬、钟三韵。在金代的这四种有韵文体之中，东钟部的变化都不大，在《五音集韵》中通摄作为十六摄之一存在着，而在《等子》中，冬与东、钟与东三已经合并，东钟部已经定型。所以我们认为在金代北方汉语通语中，东钟部依然作为一个独立的韵部存在。

（十六）入派三声

在宋词中也有阴入通叶的现象，但数量不多，据鲁国尧先生的统计，在两万多首宋词中，阴入通叶的词才只有69首。鲁国尧先生在《宋词阴入通叶现象的考察》中对搜集到的阴入通叶韵段以《中原音韵》入声的归属为类进行了考察，发现69首阴入通叶的韵例中有50首符合《中原音韵》的归韵，所以鲁先生推测：宋金时代，北方话的入声处在削弱渐变的过程中，入声韵尾比较微弱，所以偶尔与主元音相同的阴声韵相押①。

发展到金代，在保守的诗词用韵中入声韵作为独立的韵部仍然存在着，在文韵中，虽然在止摄和遇摄中都有一定比例的阴入通押，但也都没有达到并入阴声韵部的程度。在曲韵中，虽然山摄还有一些入声韵内部通押而没有阴声掺入的韵例，但是由于这些入声韵内部通押中出现的韵字在这些入声韵与阴声韵的通押中也同样出现了，以及佳、麻等韵与这些《中原音韵》中派入车遮部与家麻部的入声韵通押的韵字出现的范围，几乎涵盖了后来归入《中原音韵》家麻部与车遮部的所有阴声韵部，我们认为在金代曲韵中，这些入韵的入声字并不具有独立性，入声作为独立的韵部已经不存在了。但是从表4.2可以看出它们也并没有变成一团乱麻，而是有规律地分部派入了阴声各部。

---

① 鲁国尧《宋词阴入通叶现象的考察》，刘晓南、张令吾《宋辽金用韵研究》，665页。

表 4.2　在金代曲韵中派入阴声韵的入声韵字及其在金代曲韵中所属韵部和在《中原音韵》中所属韵部

《广韵》入声韵目		入韵字	在金代曲韵中所属韵部	在《中原音韵》中所属韵部
麦（齐齿、开二晓、匣母）				齐微部
陌（齐齿、开二晓、匣母）		隙	支微部	
昔（齐齿）		夕、惜、尺、炙、碧、石、迹、驿、只、席		
锡（齐齿）		的、壁、滴、劈、沥、析、戚、敌、踢		
陌（二等字）		白、客、拆、窄、拍	皆来部	皆来部
麦（二等字）		债、隔、索		
职（假二等字）				
黠（舌齿音）				家麻部
鎋（舌齿音）		煞、扎、杀、察、滑	家麻部	
洽（舌齿音）		霎、插、洽、恰		
狎（舌齿音）		鸭、压、甲、呷		
合（舌齿音）		纳、答、衲、杂		
曷（舌齿音）		萨、撒、捺、达		
盍（舌齿音）		榻		
月（轻唇音）		发、袜		
乏（轻唇音）		法、乏		
月（喉牙音字）		月、歇、厥、阙、揭、越、阙	车遮部	车遮部
觉	一部分字	学、捉、角、榘、搠、觉	萧豪部	萧豪部
	一部分字	学、壳	歌戈部	
		捉		歌戈部
药	一部分字	弱	萧豪部	歌戈部
		脚、却、着、略、着		萧豪部
	一部分字	着、约、酌、脚、削、药、壳、掠	歌戈部	
末		脱、抹、末、泼、活、掇、聒、撮、嚼、阔、掇	歌戈部	歌戈部

续表 4.2

《广韵》入声韵目		入韵字	在金代曲韵中所属韵部	在《中原音韵》中所属韵部
铎	一部分字	错	萧豪部	萧豪部
		度、幕、落、薄、恶、铎、泊		
	一部分字	错、愕、托、凿	歌戈部	歌戈部
		镬、泊、薄、铎、度、阁、廓、恶、作、落、络、乐		
曷	舌齿音字	撒、捺、萨、达	家麻部	家麻部
	喉牙音字	喝、渴	歌戈部	歌戈部
合	一部分字	合	歌戈部	歌戈部
	舌齿音字	衲、纳、答、杂	家麻部	家麻部
薛		灭、折、裂、雪、热、别、揭、绝、缺、洌、说、悦、憋、拽、泄、拙、孽、列、劣、鳖、舌、彻、设、杰	车遮部	车遮部
屑		节、结、决、鳖、迭、截、屑、血、切、咽、铁、撇、啮		
月		月、歇、厥、揭、阙		
帖		颊、帖、牒、迭、贴、谍、蝶		
叶		接、睫、捷		
业		业、劫		

周德清《中原音韵·正语作词起例》说：“入声作三声者，广其押韵，为作词而设耳……”笔者以为此话不合北曲实际，更不能反映金代北方汉语通语的实际情况，因为如果说入声派入三声是为了戏曲作词的话，那么为什么南戏中入声还是保留了 4 部，而独独北曲为了唱词的需要把入声派入平、上、去三声？而且在金代北方汉语通语中，宋代通语十八部的家车部已经分成了家麻与车遮两部，麻韵三等字本不是很多，如果不是有大量薛、屑、月等入声韵字派入的话，车遮部就根本建立不起来，更谈不上与家麻部的分立。从表 4.3 我们就可以看出在金代曲韵中出现的车遮部的阴声韵字仅有 25 个，而入声韵字却有 59 个之多，且涵盖了在《中原音韵》中所有派入车遮部的入声韵部。所以我们认为在金代曲韵中入声已经派入了平、上、去三声。

表 4.3　金代曲韵中出现的车遮部的阴声韵字、入声韵字及出现次数

阴声	入声						
麻三 25	薛 26	屑 13	帖 7	月 6	业 3	叶 3	药 1
也 18　者 3	劣 7　别 13	撇 3　铁 6	谍 2	月 11	业 4	叶 4	约 1
藉 3　嗟 3	说 18　绝 9	血 6　结 9	颊 4	歇 9	劫 2	接 4	
爷 1　写 5	彻 2　舌 1	啮 1　切 5	贴 7	揭 1	怯 1	睫 2	
谢 5　斜 3	憋 3　彻 1	迭 3　节 11	迭 3	越 1			
舍 11　舍 5	灭 9　列 2	咽 3　屑 1	蝶 1	厥 2			
赸 2　夜 8	烈 4　拙 1	截 2　鳖 1	帖 2	阙 2			
泻 1　姐 5	裂 4　折 10	决 1	牒 1				
借 1　遮 2	悦 6　热 4						
惹 3　些 7	鳖 2　设 1						
车 1　嗟 1	孽 1　拽 3						
榭 1　哳 1	拙 1　缺 3						
野 2　冶 1	泄 1　雪 2						
邪 1	洌 2　揭 1						

经过分析，我们认为金代北方汉语通语应该有 15 个韵部：歌戈部、家麻部、车遮部、鱼模部、皆来部、支微部、萧豪部、尤侯部、监廉部、侵寻部、寒先部、真文部、江阳部、庚青部、东钟部。这个韵系最大的特点是家麻部、车遮部的分立，支微部中的支思组的独立性加强，寒先部中的洪细分组的渐趋明朗和入派三声。

表 4.4　金代北方汉语通语和金代诗、文、词、曲的韵部系统以及中古来源

金代北方汉语通语	全金诗韵	全金文韵	全金词韵	全金曲韵	所包含的《广韵》韵部
歌戈部	歌戈部	歌戈部	歌戈部	歌戈部	歌、戈和入声末、药、铎一部分字
家麻部	家车部	家车部	家车部	家麻部	麻二和入声曷、合、狎、辖、洽一部分字
车遮部				车遮部	麻三和入声薛、屑、帖、月、业、叶
鱼模部	鱼模部	鱼模部	鱼模部	鱼模部	鱼、虞、模、尤侯部的一部分唇音字和入声物、没、沃、术
皆来部	皆来部	皆来部	皆来部	皆来部	佳（部分）、皆、灰（部分）、咍、泰（除部分合口字）、夬（除"话"字）、卦（除"画"字）和入声陌、麦、职韵的一部分字

续表 4.4

金代北方汉语通语	全金诗韵	全金文韵	全金词韵	全金曲韵	所包含的《广韵》韵部
支微部	支微部	支微部	支微部	支微部	之、支、脂、微、齐、祭、废、灰韵系（灰、贿、队）一部分字及泰韵的一部分合口字和入声昔、质、锡、职、陌、缉、迄等韵字
萧豪部	豪肴部	萧豪部	萧豪部	萧豪部	豪、肴、宵、萧和铎、药的一部分字和觉韵字
	萧宵部				
尤侯部	尤侯部	尤侯部	尤侯部	尤侯部	尤、侯、幽
监廉部	监廉部	监廉部	寒覃部	寒覃部	谈、覃、咸、衔、严、凡、添、盐
寒先部	寒先部	寒先部			寒、桓、山、删、先、仙、元
侵寻部	侵寻部	侵真部	侵寻部	侵庚部（蒸登部和侵寻部并入庚青部）	侵
真文部	真文部		真文部		真、谆、臻、魂、痕、文、欣
庚青部	庚青部	庚青部	庚青部		清、庚、耕、青、蒸、登
江阳部	江阳部	江阳部	江阳部	江阳部	江、阳、唐
东钟部	东钟部	东钟部	东钟部	东钟部	东、冬、钟
入派三声	屋烛部	屋烛部	屋烛部	入派三声	末、药、铎、曷、合、狎、辖、洽、薛、屑、帖、月、业、叶、物、没、沃、术、陌、麦、职、昔、质、锡、韵、陌、缉、迄、铎、觉、盍、乏、黠、栉
	觉铎部	觉铎部	觉铎部		
	德质部	德质部	德质部		
	月帖部	月帖部	月帖部		

第五节 金代北方汉语通语在语音史中的地位

金代处在汉语从中古到近代的过渡期，既具有中古汉语的一些特点也具有近代汉语的一些特点。具体是怎样的特点，我们通过金代北方汉语通语与宋代通语十八部、《中原音韵》的比较一一考察（表4.5、表4.6）。

表 4.5　金代北方汉语通语、宋代通语十八部与《中原音韵》的韵部比较

宋代通语十八部	金代北方汉语通语		《中原音韵》
歌戈部	歌戈部		歌戈部
家车部	家麻部		家麻部
	车遮部		车遮部
鱼模部	鱼模部		鱼模部
皆来部	皆来部		皆来部
支微部	支微部	齐微组	齐微部
		支思组	支思部
萧豪部	萧豪部		萧豪部
尤侯部	尤侯部		尤侯部
监廉部	监廉部		监咸部
			廉纤部
侵寻部	侵寻部		侵寻部
寒先部	寒先部		寒山部
			桓欢部
			先天部
真文部	真文部		真文部
江阳部	江阳部		江阳部
庚青部	庚青部		庚青部
东钟部	东钟部		东钟部
觉铎部	入派三声		入派三声
屋烛部			
德质部			
月帖部			

表 4.6　各入声韵在金代北方汉语通语中的派入情况

《广韵》韵目	在金代北方汉语通语中所属韵部
昔韵	派入支微部
质韵	派入支微部
锡韵	派入支微部
职韵	派入支微部

续表 4.6

《广韵》韵目	在金代北方汉语通语中所属韵部
缉韵	派入支微部
迄韵	
屋韵	派入鱼模部
烛韵	派入鱼模部
物韵	派入鱼模部
沃韵	派入鱼模部
术韵	
陌韵	派入皆来部
没韵	派入鱼模
麦韵	派入皆来部
药韵	一部分派入萧豪部
	一部分派入歌戈部
觉韵	派入萧豪部
末韵	并入歌戈部
铎韵	派入萧豪部
	派入歌戈部
德韵	派入支微部
曷韵	大部分派入家麻部
	小部分派入歌戈部
合韵	大部分派入家麻部
	小部分派入歌戈部
狎韵	派入家麻部
辖韵	派入家麻部
洽韵	派入家麻部
薛韵	派入车遮部
屑韵	派入车遮部
帖韵	派入车遮部
月韵	派入车遮部
叶韵	派入车遮部
业韵	派入车遮部

第四章　金代北方汉语通语探析

金代北方汉语通语与宋代通语十八部以及《中原音韵》相比都有一些差异，差异主要体现在以下几个方面。

（一）金代北方汉语通语中家麻部与车遮部的分立

《广韵》的假摄包括麻韵的二等和三等，宋代通语十八部的家车部除了包括麻韵的二等和三等以外，还有佳韵的"佳、涯、崖"、蟹韵的"罢"、卦的"挂、画"、夬韵的"话"、歌韵的"他"、戈韵的"靴"、梗韵的"打"等字的归入。佳韵系字的归入，使《中原音韵》的家麻部初具规模。"靴"等戈韵三等字的归入和麻三一起，成为《中原音韵》车遮部的源头。但是无论在鲁国尧先生《论宋词韵及其与金元词韵的比较》中，还是在魏慧斌《宋词用韵研究》中，都没有提及在宋代通语十八部家车部中麻韵二等和三等有分成两类的趋势。

对《中原音韵》车遮部有所涉及且时间比较早的是韩道昭《改并五音集韵》（1208年），书中"戈三归麻"被韩氏作为一大发现提出来，让人们看到了《中原音韵》车遮部的直接源头。韵书对家麻部与车遮部分立的纪录也很早就已经出现了。两宋间成书的毛晃、毛居正父子所作《增修互注礼部韵略》（1162—1223年）中，毛居正有一条按语"所谓一韵当析为二者，如麻字韵自奢字以下、马字韵自写字以下、祃字韵自藉字以下，皆当别为一韵"，坚定鲜明地提出了家麻部与车遮部的分立。丁治民先生在讨论麻、遮分韵时代的时候，进行了更详细的论证：根据对以《礼部韵略》进行增修的两部韵书①、以《礼部韵略》为基础加以编排的两部辞书②和目前能见到的最早的《礼部韵略》的版本——日本真福寺藏本的麻韵各小韵的排列次第的考察，可以看出平声麻、遮分韵始自《礼部韵略》（1037年），上声"马、写"、去声"祃、藉"分韵始自毛晃父子的《增修互注礼部韵略》，他甚至指出了麻遮分韵的发生地点，可能是"以汴京（开封）为中心"的中原地区③。

在金代北方汉语通语中，中古假摄的麻韵二等和三等已经截然分开，随之与麻二、麻三通押的入声韵也相应地被分成了两类，于是金代北方汉语通语中的家麻部和车遮部出现。尽管车遮部已经出现，但就所包括的字来说，宁继福先生指出："毛氏、韩氏的'车遮'韵所包含的韵字大概远少于元曲的车遮韵韵字，在元曲中押车遮韵的古入声字，毛氏、韩氏还作入声韵字处理。"④ 宁先生的话不错。家麻部和车遮部的分立在《中原音韵》中更清楚地呈现了出来，而且所包含的字也增加了很多。

（二）支微部中支思组的崛起

在《全宋词》中，有29例德质部的字押入支微部的韵例，但与宋词的巨大数量相

---

① 《附释文互注礼部韵略》和《增修互注礼部韵略》。
② 《草书礼部韵宝》和《集篆古文韵海》。
③ 丁治民《麻遮分韵时代考兼论〈中原音韵〉的语音基础》，《语言研究》，2013年4期。
④ 宁忌浮《〈增修互注礼部韵略〉研究》，《社会科学战线》，1992年2期。

比,所占比例很小。在宋代通语十八部中,支微部除了之、支、脂、微,原属蟹摄的齐、祭、废,灰韵系合口字和泰韵的合口字也已经派入,这在《五音集韵》和《等子》中都可以得到证明。但是还没有看到《中原音韵》支思部的影子。

在金代北方汉语通语中,考虑到与齐微组的大量通押,我们还不能说支思组已经到了独立的程度,但是势力已经非常强大。在金代曲韵中支思组独用的韵段一共是19个,在支微部的韵段中占了15.2%,独立的趋势已经显现。但齐微、支思两组通押的韵段一共是69个,在支微部的韵段中占了55.2%,因此在金代曲韵中支思组与齐微组的联系依然非常紧密,支思组还无法独立出来。在《中原音韵》中,支思组已经挣脱了与齐微组的牵绊,完全独立成为支思部。但是在元曲实际的押韵当中,支思部与齐微部通押依然很多,联系依然非常紧密。

(三)寒先部洪细分组渐趋明朗

在宋代通语十八部,关于寒先部的内部情况,寒桓、山删、先仙元各组韵之间的关系,上文我们已经说过,鲁国尧先生《论宋词韵及其与金元词韵的比较》没有提及,魏慧斌《宋词用韵研究》中把寒先部与监廉部合为了一部,关于宋代通语十八部寒先部的内部情况也没有提及,所以在宋代通语十八部中寒桓、山删、先仙元各组韵之间的情况我们不得而知。但是刘晓南先生指出在宋代四川诗人用韵中,咸摄舒声合并成的监廉部和山摄合并成的寒先部在洪音和细音之间表现出通押的不平衡,两者之间表现出相对的独立性,因此具有了分组的倾向①。在金代曲韵中,宋代通语十八部的监廉部与寒先部通押很多,洪细分组的趋势不是很明显,但是寒先部也与四川语音一样表现出洪细分组的趋势。

《广韵》规定寒、桓同用,先、仙同用,山、删同用,元、魂、痕同用。在诗、文、词韵和曲韵中,先仙元这组细音通押的数量都非常大,呈现出一种分立的趋势。从表4.7中我们可以看出,在金代的四种文体中,洪音独用175次,细音独用157次,洪细通押257次,由这些数据可以看出洪音寒桓山删组和细音先仙元组的独立趋势已经有所显现,但是寒桓山删与先仙元两组韵之间通押的比例还是很大,表明洪细两组之间联系依然非常紧密,分离还有待时日。在一百多年以后的《中原音韵》中,金代北方汉语通语中的寒先部不但根据洪细弇侈进一步细分成了寒山、桓欢和先天三部,就连监廉部也被根据洪细进一步细分成了监咸和廉纤两部,洪细分组完成。

---

① 刘晓南《宋代四川语音研究》,89页。

表 4.7　寒先部在金代四种文体中的组合方式

韵类组合方式	平声	平仄	仄声	洪细组合方式	合计
寒桓—山删	(97, 2, 52, 0)	(12, 0, 1, 0)	(3, 0, 7, 1)	洪音	175
寒桓—先仙	(24, 7, 15, 0)	(6, 1, 3, 3)	(3, 0, 18, 2)	洪细	179
山删—先仙	(17, 2, 7, 0)	(1, 0, 5, 2)	(0, 0, 0, 1)		
寒桓—山删—先仙	(1, 3, 14, 0)	(1, 2, 1, 4)	(0, 2, 6, 1)		
元—寒桓	(4, 0, 1, 0)	(1, 1, 1, 0)	(1, 0, 6, 0)		
元—山删	(5, 0, 2, 0)	(0, 0, 0, 0)	(1, 0, 4, 0)		
元—先仙	(44, 12, 55, 0)	(2, 1, 4, 9)	(12, 0, 16, 2)	细音	157
元—寒桓—山删	(2, 0, 5, 0)	(0, 0, 1, 0)	(1, 0, 3, 0)	洪细	78
元—寒桓—先仙	(0, 3, 12, 0)	(2, 1, 4, 5)	(2, 0, 17, 0)		
元—先仙—山删	(1, 1, 3, 0)	(0, 0, 2, 1)	(0, 0, 0, 1)		
元—寒桓—山删—先仙	(0, 0, 5, 0)	(0, 1, 0, 4)	(0, 0, 1, 0)		

注：括号中的数字按照诗、文、词、曲的顺序排列。

（四）入声的消变

宋代通语十八部中，入声已经由《广韵》的三十四部合并成了四部，这表明从汉语自身来说入声已经在大大简化。《等子》里入声不但配阳声韵，而且还配阴声韵，有的竟然兼配两个阴声韵，这说明中古入声韵正在发生剧烈的变化。而《等子》呈现出来的入声的消变进程仍然处在"-ʔ、-t、p"与"-ʔ、-t"之间。韵书、韵图常常是滞后于实际语音的，金代北方汉语通语中入声的情况如何，通过金代曲韵就可以看出来。

在金代北方汉语通语中，阴入通押非常普遍，入声作为独立的韵部已经不存在了，已经分部派入了阴声韵。虽然入声韵有一些内部通押而没有阴声韵掺入的韵例，但是这些韵并不具有独立性，入声作为独立的韵部在金代北方汉语通语中已经消失了。从表 4.2 可以看出除了有一些小的差别以外，金代曲韵中入声派入阴声韵的情况与《中原音韵》大体相合。在《中原音韵》中，金代北曲用韵中表现出的一些入声在派入阴声韵部时候的摇摆不定已经消失，入声已经固定地分部派入了平、上、去三声，入声作为独立的韵部已经不存在了。

金代作为宋元之间的一个时期，其所用的北方汉语通语也呈现出上承宋代通语下接《中原音韵》的状态，它是汉语从中古到近代的一个过渡阶段，继承宋代通语十八部而来，又与《中原音韵》有着内在的无法割裂的联系，三者之间是一脉相承的关系。

金代北方汉语通语小结

由于国家的分裂、地域的阻隔和语言环境的影响,宋代通语发展到宋金对峙时出现了南北分歧,与宋元曲韵反映的南部通语相对应,在北方的金代也存在着一种通行于北方的北方汉语通语。这种通语在金代的韵书、韵图中有所反映,更通过金代的诗、文、词、曲的用韵表现出来。它是汉语从中古到近代的一个过渡阶段,继承宋代通语十八部而来,又与《中原音韵》有着天然的无法割裂的联系,所以研究它能为汉语从中古到近代的演变提供重要的信息。

与宋代通语十八部以及《中原音韵》相比,三者的不同主要集中在家麻部与车遮部的分立上。在宋代通语十八部中,麻二、麻三还没有显示出分化的迹象,而在金代北方汉语通语中,麻二、麻三分立并与派入的入声一起分别组成了家麻部和车遮部,不过,与《中原音韵》相比,金代北方汉语通语中车遮部的字要少一些。

三者的不同还表现在支微部中支思组的情况上。在宋代通语十八部中,支思组还没有看到萌芽,在金代的北方汉语通语中支思组已经表现出一定的独立趋势,但是其与齐微组的大量通押表明,支思组与齐微组之间的联系依然非常紧密,支思组还没有强大到能够独立的地步。

三者的不同也表现在寒先部洪细分组的情况上。在宋代通语中,寒先部内部还没有显示出洪细分组的趋向,而在金代北方汉语通语中寒先部的洪细音分组渐趋明朗,洪细都已经表现出一定的独立性,有了分立的趋向,不过洪细的通押还是很多,表明洪细之间的联系依然非常紧密,洪细分立同样需要时间。

三者之间的不同还集中在入声问题上。在宋代通语中入声韵已经从中古的三十四部简化成了四部,入声已经表现出了消变的趋势。在金代北方汉语通语中,入声的消变已经接近尾声,入声各部已经分部派入了阴声各部,派入的规模和规则与《中原音韵》大体相同,不过,有些入声表现出与《中原音韵》不同的两押的趋势,这显示出在金代北方汉语通语中,入声在派入阴声的时候仍有一些摇摆不定,《中原音韵》中入声派入阴声各部的局势在金代北方汉语通语中还没有最终定型。

总之,金代北方汉语通语与宋代通语十八部以及《中原音韵》有着内在的无法割裂的联系,研究它能为厘清近代北方汉语的演变提供重要的信息,因而具有非常重要的价值。

05
第 五 章

特殊用韵

第一节　特殊韵脚字

　　个别字音也是各个时期语音研究的重要内容，因为它可以从一个个细微而又具体的点折射出语音的变化，为研究语音演变提供重要的信息。这里要对在诗、文、词、曲四种文体的韵例中表现出语音实际变化的韵脚字做一些探讨，以便从中窥测出一些语音演变的线索。

一　歌戈部

（一）他

　　《广韵》吐何切，谁也。吕叔湘先生指出，"他"也写作"它"，上古属歌部，中古属歌韵，在唐人的韵语中"他"押入歌、戈韵，在宋词中已经出现与家车通押的韵例，已经有了归麻韵的趋势①，如苏轼《减字木兰花》："已属君家。且更从容等待他。"便是"家""他"通押。刘晓南先生指出在宋代闽人的诗词中，"他"也表现出"因文体不同因而押韵取音有所不同的趋向"，词、文韵中多押麻车，诗韵中多押歌戈②。由此我们认为"他"在宋代即已经出现了文白两读，只是韵书滞后，没有及时反映出来而已。在金代的用韵中，"他"同样也表现出一种因文体不同而取音不同的趋向。在金代的诗、文、词用韵中，该字只押歌戈部，没有押家车部的韵例，而在曲韵中，"他"8次押入歌戈，7次押入家麻，表现出一种两属的迹象，但是已经是一种歌戈与家麻平分秋色的局面，这说明"他"押入家麻的趋势越来越明显。而在元曲中这种押韵的比例进一步倾斜，在李蕊研究全元曲用韵列出的数据中，"他"押入歌戈68次，押入家麻138次③，表明"他"与家麻的关系在进一步靠近。由此可以看出从宋经金元，"他"经历了一个与歌戈逐步疏远而与家麻逐步接近的过程。在戈载《词林正韵》中即收录了该字"何和韵、嘉华韵"的两读。

（二）么

　　《广韵》亡果切，果韵，细小。《集韵》收录眉波切，平声戈韵，细小，也合称"么么"。但是中古以后这个词的意义越来越虚化。张相先生指出该字一为指点兼形容之词，"么"，即"这么、那么、甚么"之"么"，亦可解为"这么、那么、甚么"之省文，如黄庭坚《南乡子》："招唤欲千回。暂得尊前笑口开。万水千山还么去，悠哉。"

---

　　① 吕叔湘《近代汉语指代词》，学林出版社，1985，5页。
　　② 刘晓南《宋代闽音考》，151页。
　　③ 李蕊《全元曲用韵研究》，92页。

二为疑问词，如王建《宫词》："众中遗却金钗子，拾得从他要赎么？"①

在金代诗、文、词、曲中这个字的意义同样也已经虚化，或用作指点形容之词或用作疑问词。如马钰《满庭芳》："寻思上床鞋履，到来朝、事节如何。遮性命，奈一宵难保，争个甚么。"又如谭处端《寄姚先生》（七律）："心生贪好招灾甚，意着浮华积罪过。损损存存低下做，未知贤圣肯饶么？"又如刘处玄《出家冷七翁》（四言）："古今生灭，前程会么。虚空贤圣，怎生谩那。"这里的"么"或为指点形容之词或为疑问词，均是虚词。读音也是果韵、戈韵都有。

（三）嘬

《广韵》楚夬切，夬韵，叮咬。《汉语大字典》收录另一个读音［tsuo］，义为"吮吸，嘴巴翘起"，该音韵书无收，而该字也只在曲韵中出现1次，我们认为［tsuo］应该是该字的俗读音。如《西厢记诸宫调》卷5《正宫·凉州三台》："抱来怀里惜多时，贪欢处鸣损脸窝；办得个欹着、摸着，偎着、抱着，轻怜惜痛一和。恣恣地觑了可喜冤家，忍不得恣情唔嘬。"在鲁西南方言的西鲁片便有这个词，义为嘴巴撮起小口吮吸，与《西厢记诸宫调》例句的意义相同，读音也一样。

（四）喏

《集韵》尔者切，上声马韵。周祈《名义考·唱喏》："贵者将出，唱使避己，故曰唱喏，亦曰鸣驺，即《孟子》'行辟人也'。"唱喏，在早期的白话里面，指一面作揖一面出声致敬。如《西厢记诸宫调》卷3《般涉调·尾》："把那弓箭解，刀斧撇，旌旗鞍马都不藉。回头来觑着白马将军，喝一声爆雷也似喏。"

（五）些

《广韵》三读，苏个切，去声个韵，楚语语辞；又苏计切，何，可，此；又写邪切，平声麻韵，少许，一点儿。《说文新附·此部》："些，见《楚辞》。"沈括《梦溪笔谈》卷三："《楚辞·招魂》尾句皆曰'些'，今夔峡、湖湘及南北江獠人，凡禁咒句尾皆称些，此乃楚人旧俗。"孙锡信先生认为，"些"宋代开始用作语气词，元代继续沿用②。在金代的用韵中，"些"的用例我们见到1个，如李之翰《书呈仲孚》（五律）："长溪霜练静，修岭苍龙卧。魂梦吾已安，不劳歌楚些。"这里"楚些"应当是一个词，表示楚国的招魂曲。不用作语气词。

吕叔湘先生认为，"些"在古代虽然有这个字，但多用作语助词，没有数量值的用法。他指出同很多别的词一样，"些"是借用来传写口语里的一个词的，吕先生怀疑它的来源和古代的"少"有关系。"'少'在古代只用作谓语，不用作名词修饰语，魏晋

---

① 张相《诗词曲语词汇释》，中华书局，1977，378页。
② 孙锡信《近代汉语语气词》，语文出版社，1999，141页。

以后逐渐有名词修饰语的用法。到了近代'少'的用法不见了，而'些'字的用法恰恰等于'少'字，而'些'的读音也当从写邪切而来。"① 金代的诗词中也可以见到"些"用作量词的用法，如马钰《挂金索》："一更里，端坐慢慢调龙虎。运转三关，透入泥丸去，龙蟠金鼎，虎绕黄庭户。这些儿功夫，等闲休分付。"但是这里不用作韵脚字。

二 家麻部

（一）打

《广韵》两读，德冷切，梗韵；都挺切，迥韵。该字在金代的曲韵中出现 6 次，但是没有一次是与庚青部通押，都是与家麻部通押。关于"打"字的读音，宁忌浮先生做过研究，他在《〈增修互注礼部韵略〉研究》中认为《增修互注礼部韵略》是最早记录"打"字马韵读音的韵书，在该书的卷三上声马韵第十六小韵记录"打，都瓦切，击也"，"以后的韵书似皆因袭毛居正"。宁先生认为"打"字最早的文献记录大概是东汉王延寿《梦赋》："捎姐娅，拂诸渠，撞纵目，打三颅。"他指出《广雅》收录"打"字。陆德明《释文》："打音顶。"唐写本《切韵》将"打"字收入梗韵。唐人诗文中"打"字用了很多，但都不在韵脚处，读音难以确定。但是在唐代的俗文学中，"打"的家麻韵读音已经有所呈现②。周大璞先生指出在变文中"舍、卸、谢、骂、下、打、跨、亚、价、呀"相押③，说明"打"字的读音已经变化。毛居正《增韵》增入了"都瓦切"的读音，但仍保留了"都挺切"的又读。宋词"打"字也已经出现押麻韵的韵例，如蒋捷《女冠子·元夕》"也、画、射、挂、夜、耍、打、借、他、帕、砑、话、下"相叶；赵以夫《探春慢·南国收寒》以"榭、冶、也、价、打、暇、下、夜"为韵。在《中原音韵》中"打"字已经入了家麻韵。由此我们知道，"打"字的读音从唐代开始已经发生了向家麻部的演变，宋词中该字两属，到金代这种演变已经完成。

（二）抹

《广韵》末拨切，入声末韵，磨灭；涂抹；擦拭；一扫而过等。《康熙字典》收录另一个读音，古转月韵，勿发切。在《中原音韵》中该字歌戈、家麻两读。《西厢记》卷1《中吕调·香风合缠令》："难道不清雅？见人不住偷睛抹。"在金代这个字已经由入声变为阴声，因而可以与"雅"通押，不过派入家麻部的读音应该是从"勿发切"而来。

---

① 吕叔湘《近代汉语指代词》，366 页。
② 宁忌浮《〈增修互注礼部韵略〉研究》。
③ 周大璞《〈敦煌变文〉用韵考（续一）》，《武汉大学学报（哲学社会科学版）》，1979 年 5 期。

（三）那

《广韵》三读，诺何切，歌韵，多，美好，对于等。"刹那"来自佛教，是古印度最小的计时单位。如王处一《会真歌》（杂）："金雷吼，玉人呵，脱体全空一刹那。无极诸天洪正教，十方三界普周罗。"这里"那""罗"通押，用的是歌韵的读音。

又奴个切，去声个韵，语气词，用在句末，表示疑问。如兰世一《仙游观永阳图诗并序》（五古）："人生谁无几，事往悲岂那。欲压市尘嚣，且来取静坐。"（表示疑问）这里"那""坐"通押，"那"仍然是个韵的读音。

又奴可切，上声哿韵，代词，表示疑问，后作"哪"。孙锡信先生认为"那"从五代开始就有非疑问语气词和疑问语气词两种用法，这两种用法宋元时代均继承了下来①。非疑问语气词用来表示感叹和呼唤，后来为了在字形上区别于指示代词"那"，"那"加上了口字旁表示语气词。如李清照《转调洞庭芳》："当年曾胜赏，生香熏袖，活火分茶。极目犹龙骄马，流水轻车。不怕风狂雨骤，恰才称，煮酒笺花。如今也，不成怀抱，得似旧时那？"这里"茶、车、花、那"通押，表明至少在宋代"那"的读音已经发生了变化。疑问主要用来表示特指问和选择问，如：《西厢记诸宫调》卷1《仙侣调·赏花时》"那、吵"通押，"吵"《龙龛手鉴》注音"沙"，因此，在金时"那"也有了家麻部的读音。

由此看来，"那"首先是在作"语气词"的用法中发生了读音变化，之后这种变化又扩展到了其他用法的读音中。在《中原音韵》中，"那"已经有了家麻部的身份。

（四）耍

该字《广韵》《集韵》没有收录，在敦煌变文和曲子词等俗文学的韵谱中也没有发现其踪迹。《五音集韵》收录该字，"沙瓦切，尖耍俊利也"。《篇海》："沙下切，戏也。"如王喆《黄鹤洞中仙》："信任水云游，忺放灵猿耍。耍去随霞恣害风，乘良马。稳坐香罗帕。南北与东西，选甚高和下。"该字在魏慧斌《宋词用韵研究》的韵谱中没有出现，在《增韵》中也没有出现，我们猜测这可能是一个在金代新产生的字。

（五）咱

《广韵》和《集韵》无收。《改并四声篇海》引《俗字背篇》子葛切，代词我，语气词，表示祈使或者陈述。《字汇》庄加切，代词我们或者我，助词，用在人称代词后。宋元时期，随着白话小说出现，很多新的语气词也开始出现，"咱"便是新出现的语气词之一。孙锡信先生认为"咱"与宋元时"者""着"的用法大体相近，有祈使和表白两类用法②。

---

① 孙锡信《近代汉语语气词》，125页。
② 孙锡信《近代汉语语气词》，127页。

关于代词的用法，吕叔湘《近代汉语指代词》没有收录。张相《诗词曲语词汇释》："咱，于自称或称人时用为语尾，与普通之独立为自称义者异。"① 在金代曲韵中我们没有看到人称代词的用法，只有语助词的用法。如《西厢记诸宫调》卷1《中侣调·墙头花》："觑举止行处，管未出嫁。不知他姓甚名谁，怎得个人来问咱。""嫁"与"咱"通押，那么"咱"应当属于家麻部。用在人称代词后也可以见到，如《西厢记诸宫调》卷5《仙侣调·瑞莲儿》："谁知后来遇群贼，子母无计皆受死，难闪避。恁时节，是俺咱可怜见你那里！"高文达《近代汉语词典》注释"俺咱"为"我"②。在宋代"咱"与"家"在一起表示"我"，如《水浒传》第36回："如不用膏药，可烦赐些银两铜钱，赍发咱家，休教空过了盘子。"不过这又是明人的作品。

"咱"，《字汇》又收录了另一个读音"祖含切"，这个读音应该是现代汉语"咱"[tsan]读音的来源，不过在金代的诗、文、词、曲的用韵中，都没有见到这个韵的押用。

三 车遮部

（一）趄

《广韵》七余切。《中原音韵》鱼模、车遮两收。《篇海类编》收录了两个读音：子余切，赵趄，行不进貌，阻隔，如姬志真《趋时》（七律）"鱼、趋、趄、拘、夫"通押；又千谢切，偏斜，倾斜，身斜，斜靠，如《西厢记诸宫调》卷3《双调·月上海棠》"舍、孹、趄"通押，那么这里的"趄"字应该归入车遮韵。徐嘉瑞《金元戏曲方言考》中收录了这个字"趄，偏着。《陈州粜米》：'把斛放趄着'"③。按照意思来说，"趄"应该用的是[tɕʰiɛ]的音，不过《陈州粜米》是元代的作品。查检数据没有看到金之前的作品出现这个字[tɕʰiɛ]的音，所以我们猜测"趄"这个字随着新的意义的产生，读音产生了分化。后来这个词产生了叠韵词"趔趄"，这个词在《水浒传》中就能看到，《水浒传》第22回："宋江已有八分酒，脚步趔趄了，只顾踏去。"不过《水浒传》是明人的作品，又是后话了。

（二）拽

《说文》只见"曳"字，弋势切，申也，牵也，引也。《广韵》两读，余世切，羊列切，入声薛韵，同"曳"，揣带，划船的短桨。在金代的词韵里面用的也是入声韵，如王喆《惜芳时》中"拽、灭、彻、接"相押，"灭、彻、接"在金代通语中属于车遮部，那么"拽"也应该属于车遮部。它现代的另一个读音[tʂuai]没有看到用例。

---

① 张相《诗词曲语词汇释》，624页。
② 高文达《近代汉语词典》，知识出版社，1992，7页。
③ 徐嘉瑞《金元戏曲方言考》，商务出版社，1957，36页。

(三) 啮

《说文新附》："喫，食也，从口契声。"郑珍《说文新附考》："《说文》'啮，噬也'，即喫本字，从口犹从齿……唐人诗始见此字，盖六朝以降俗体。"《广韵》不见"喫"字形，该字作"啮"，五结切，屑韵。《集韵》巧韵，五巧切，同"咬"。《龙龛手鉴》五结反，同"吃"，咬，啃。《正字通口部》："啮，俗吃字。"在金代的曲韵中该字出现了，如《西厢记诸宫调》卷5《仙吕调·点绛唇缠令》"舌、麝、啮、劣"通押，说明"啮"没有发"吃"的音，仍然用的是从《广韵》五结切而来的阴声车遮部的读音。

四 鱼模部

(一) 粗

《广韵》姥韵，徂古切。《集韵》增加聪徂切，模韵，意义相同，粗糙，粗疏等。在金代的诗韵中该字4次押入平声，1次押入仄声；在词韵中1次押入平声；在曲韵中3次押入仄声，1次押的有平也有仄。这似乎也同样体现出因文体不同而读音取向有所不同的现象，在诗、词等典雅文学中多读平声，在口语俗文学中则多读仄声。如丘处机《修道》（五绝）"无、粗"通押。《西厢记诸宫调》卷2《仙侣调·台台令》"虏、肚、粗、竖"通押。《西厢记诸宫调》卷2《黄钟宫·快活缠令》"余、秀、粗、朱、恶"通押。

(二) 觑

该字形《广韵》写作"覷"，七虑切，窥视，偷看。《正字通》收录"觑"，以之为"覷"的俗体，后来俗体取代了正体，"覷"便湮没无闻。如段克己《渔家傲》："醉眼看花如隔雾。明朝酒醒哪堪觑。"

(三) 做

该字形《广韵》《集韵》无收。《增韵》引为"作"的俗体。《字汇》子贺切，作，从事某种工作或活动；制作，创作等。张相先生《诗词曲语词汇释》解为："'做'犹使也，以应用于假设口气时为多。"[①] 如《西厢记诸宫调》卷1《仙侣调·尾》："倘或明日见他时分，把可憎的媚脸饱看了一顿，便做受了这厮皇也正本。"不过这里的"做"不在韵脚的位置。又如王喆《惜黄花》："人须猛醒，人须猛悟。独不醒，独不悟，巧机越做。"这里面的"做"便是"使"的意思。不过"做"在金代的四种文体中大都是与鱼模部的字通押。在词中还有一个特殊的例子：王喆《无梦令》"倒、做、讨、道、

---

① 张相《诗词曲语词汇释》，87页。

灶"相通，这里"做"与萧豪部的字通押。《中原音韵》把"做"字收入了萧豪韵，说明"做"字还有一个萧豪部的读音，而金代词韵的这个用例也证实了这种情况的存在。

五 皆来部

（一）崖

《广韵》两读，鱼羁切，支韵，崖岸；五佳切，佳韵，高崖。"崖"字在金代的诗韵中出现了 17 次，词韵中出现了 6 次，都是与皆来部相押。"崖"字在唐代李白、杜甫、白居易的诗中已经都押入了麻韵，在敦煌变文中，"崖、钗、涯"三字已经被归并到家麻部①，周祖谟先生也指出在唐五代西北语音系统中"崖、涯、洒"等字已经归入了麻部②。在宋代通语十八部中鲁国尧先生把它归入了家车部③。这说明从唐五代开始"崖"字就已经归入了家麻部，但是在金代的诗词用韵中"崖"字都是与皆来部通押，没有看到一例与家车部通押的韵例，也没有与支微部通押的韵例。这是一种比较特别的读音取向，值得注意。

（二）大

《说文》："大，天大，地大，人亦大。故大象人形。古文大，他达切。凡大之属皆从大，徒盖切。"《广韵》两读，唐佐切，在面积、体积等方面超过所比对象。又徒盖切，去声泰韵，同"代"或"待"。如刘处玄《五言绝句颂》（五绝）："轮回生灭大，厌世游天外。志坚乐清平，松枯性命在。"

《集韵》收录了"他达切"的又音，该音在金词中出现了用例，马钰《清心镜》："弃家缘、路远三千，似孤云野鹤。有胜心，忒煞大。"这里"大"与"鹤"通押，"鹤"入声铎韵，那么"大"应该是入声"他达切"。"达"在《中原音韵》中派入了家麻部，那么这里的"大"的读音应该是现代汉语中"大"［tA］读音的来源。不过虽然该字在《中原音韵》中歌戈、皆来、家麻三收，但这个字家麻部的读音在元曲中并没有体现出来，在李蕊《全元曲用韵研究》中，"大"两入，押入皆来 49 次④，押入歌戈 42 次⑤，但没有一次押入家麻，这是一种非常特别的现象。

（三）餭

音意未详，韵书未见。这个字在《刘知远诸宫调》中出现了，如《刘知远诸宫调》卷 1《仙侣调•胜葫芦》："善能饮醉酒冲席，整顿吃糕餭。"其实"餭"应该是"糜"

---

① 周大璞《〈敦煌变文〉用韵考》，《武汉大学学报（哲学社会科学版）》，1979 年 4 期。
② 周祖谟《周祖谟学术论著自选集》，322 页。
③ 鲁国尧《论宋词韵及其与金元词韵的比较》，刘晓、南张令吾《宋辽金用韵研究》，51 页。
④ 李蕊《全元曲用韵研究》，80 页。
⑤ 李蕊《全元曲用韵研究》，87 页。

的俗体或者错写,从《刘知远诸宫调》中出现的很多错字别字,我们知道作者本身的文化水平不高,那么用形声字"䅟"去代替不形声的"糜"很有可能。糜,止摄支韵,一种植物。"糜子",是中国北方干旱地区最主要的农作物,西北的很多美食都是用它做成的,其中就有"糕糜"。糕糜是西北地区惯有的食用谷面和糜面的方法,即将面用开水烫好后,加入酵母,蒸成发糕,这种吃法在今天甘肃的一些山区仍可见到。

(四)筛

"筛"字在《广韵》中属于止摄脂韵,一种竹名,传说中的一种异草。在《增韵》中脂韵"筛"的解释后注明"又皆韵",查检"皆韵",在"筛"字后注明"增入",说明这是《增韵》新增加的韵。但这并不是一个新产生的读音,《玉篇》收录了"所街切"的读音,义为一种竹编带孔的器具,又可用作动词,用筛子过滤东西。这样看来"筛"字的皆韵读音很早就产生了,只是韵书没有记录而已。那么也就不涉及支微部与皆来部的通押了,只是又音的问题。如商道《天净沙》中"栽、咍、态、来"通押,《西厢记诸宫调》卷7《道宫·大圣乐》中"海、筛、怀、台、腮、猜、白"相押。

(五)色

《广韵》所力切,职韵。《中原音韵》只收录了从入声来的皆来部上声的读音,这个读音在金代的诸宫调中也可以看到,如《刘知远诸宫调》卷12《大石调·玉翼蝉》"晒、改、色、派、摆、怠、凯、百、筛、外、才、坏、害"相押,但是现代"色"字通用的[sɤ]的读音我们并没有见到用例,在《中原音韵》中这个读音也没有收录。

(六)揣、帅

"揣"字《广韵》两读,止摄止韵,量度,思考,除去;果摄果韵,摇动。《集韵》增加两读,止摄脂韵,击,捶击;山摄桓韵,通"团"。查检《增韵》也没有看到皆来部的读音,但是《中原音韵》中"揣"已经归入皆来部。我们看一下"揣"在金代曲韵中的韵例:《西厢记诸宫调》卷6《商宫·尾》"揣、来"相押,《西厢记诸宫调》卷2《正宫·文序子缠》"解、帅、策、坏、揣、白、海"相押,在这两个韵例里面都是"挣揣"连用,高文达《近代汉语词典》中收录该词,意为"尽力争得,博取"[①]。《汉语大词典》解为"努力挣扎"。不管是两个义项中的哪一个,都不是《广韵》和《集韵》收录的义项,所以我们认为随着新的意义的产生,"揣"也产生了新的读音,而且在这两个韵例中"揣"都是与皆来部通押,而且无论在金代的诗、词、文韵中还是在最能反映实际语音的曲韵中,都没有看到"揣"与支微部通押的韵例,所以我们认为在金代"揣"已经归入了皆来部,《中原音韵》中"揣"就归入了皆来部,二者恰好吻合。

---

① 高文达《近代汉语词典》,知识出版社,1992,93页。

"帅",《广韵》收录了两个读音,止摄至韵,将帅;入声术韵,佩巾,亦将帅。查检《增韵》也没有看到"帅"有皆来部的读音,而在金代"帅"都是与皆来部相押,没有与支微部相押的韵例,如:《刘知远诸宫调》卷12《般涉调·墙头花》"派、帅、开、猜、在、来、骇、凯"相押,《西厢记诸宫调》卷2《正宫·文序子缠令》"解、帅、坏、揣、白、财、海"相押,且在《中原音韵》中"帅"字已经归入了皆来部,因此我们认为"帅"字在金代已经发生了语音变化,发生了从支微部到皆来部的转变,而《中原音韵》中"帅"字归入皆来部便可为证。

"揣"和"帅"在《广韵》中属于止摄的合口韵字,很可能是合口的关系使它们发生了特殊的音变,据鲁国尧先生的研究在宋代通语十八部中没有反映这种现象,在《中原音韵》中这两个字已经派入了皆来部,而金代曲韵便证明这种音变在金代就已经出现或者说已经完成了,因为在支微部的韵例中没有发现这两个字。这同时也反映出在皆来部部分字发生音变归入支微部的同时,还有一小部分支微部字像"揣、帅"等也在悄悄发生音变归入了皆来部,因此可见语音的变化并不总是单向的,有时也可能是双向互动的。

(七)褪

《广韵》《集韵》未收。《古今韵会举要》恩韵,土困切,凋萎,脱衣等。如王寄《点绛唇》"阵、褪、问、润、喷、困、晕"相通,这个字恩韵的读音和脱衣的义项在现代汉语中仍然使用,不过表示颜色消失或者减淡的义项使用[t'uei]的读音,这个读音和用法在金代诸宫调中可以看到,如《刘知远诸宫调》卷12《大石调·玉翼蝉》"礼、猊、水、鹈、系、对、酡、杯、里、痴、褪、肌、敧、低、息、婿"相押,从这里我们可以知道至少在金代,"褪"字的现代读音[t'uei]已经产生了。

六 支微部

悢

该字形《广韵》没有收录,《广韵》收录了"凄",即是该字。张欣《订正篇海》收录该字形,悢,先齐切,惶惶烦恼之貌。王喆《七骑子》:"儿孙女与妻。致得如今受苦其悢。"《改并四声篇海》《龙龛手鉴》音"恤",义同。

七 萧豪部

(一)拗

《广韵》于绞切,上声巧韵,折,折断,平声无收。《集韵》收录平声,于交切,平声肴韵,固执,倔强;纽,拧;扭曲,弯曲。如马钰《清心镜》:"李先生,忒执拗。

全真堂下，最难训教。"巧韵的读音和义项现在仍在使用。不过肴韵的义项和读音在现代汉语中已经读成了［niu］。《洪武正韵笺》收录了"乙六切"的读音，大概就是"拗"字现代汉语中［niu］音的来源，不过在金代诗、文、词、曲的用韵中我们没有看到韵例。

(二) 屌

该字形《广韵》无收，不过《广韵》收录了"鸟"字，都了切，筱韵，并释义为人畜雄性生殖器。"屌"当为"鸟"的俗体。《字汇》收录了此字形："丁了切，男性外生殖器，骂人的话。"这个读音和义项在金代诸宫调中能够看到用例，如《西厢记诸宫调》卷8《黄钟宫·黄莺儿》："休厮合造，恁两个死后不争，怎结末这秃屌。"

八 寒先部

(一) 攒

"攒"作"积聚"的意义讲，《广韵》收入在玩切，去声换韵；《集韵》增入子罕切，旱韵；《五音集韵》增入徂玩切，都读作去声。该字在金诗中出现17次，全部押的是平声；在词中出现2次，1次押的是平声，1次押的是仄声。如王处一《赠邓先生》"团、安、攒"相押，又如王丹桂《金鼎一溪云》"攒、端、桓、般"相押，这说明在金代"攒"字的读音取向是多读作平声，去声很少。查检《增韵》发现增入了该字平声的读音"徂官切"，也是"聚集"之义。在《中原音韵》中该字即被收入了桓欢部的平声。

(二) 懦

《广韵》虞韵人朱切，无山摄的读音。《集韵》《增韵》收录另一个读音，奴乱切，同"愞"，意义也相同。《洪武正韵笺》收录了四个读音，人余切，鱼韵；乳兖切，铣韵；奴乱切，翰韵；乃个切，个韵。在金代诗、词、文、曲的用韵中，我们只见到了该字山摄的读音。如王寂《丙申，故人李子安之子翊来见》（五古）"绊、懦"相通。

(三) 漫

《广韵》莫半切，去声换韵，平声无收，《集韵》元韵谟官切，水无涯际貌；长貌，辽远貌等。该字在金代的诗韵中出现16次，都是与平声相押；在词韵中出现6次，4次与平声通押，2次与去声通押；在文韵中2次押平声；在诸宫调中出现了1次，难判平去。因此从"漫"的读音取向来说，在金代的有韵材料中多用平声。如段成己《送山人李生湛然之燕》（七律）"寒、弹、骦、漫、安"相押，又如元好问《寄钦用》（七律）"盘、漫、寒、官、难"相押。

(四) 熳

该字形《韵书》未收，《汉语大字典》收录，色彩鲜丽；放浪等。如马钰《巫山一段云》："正看琼花烂熳。蓦地青衣叫唤。"《广韵》收录"漫"，莫半切，去声换韵，平声无收，《集韵》元韵谟官切，水无涯际貌等。如司马朴《雪霁同韩公度登圆福寺阁和李效之》（五排）："一气转浩渺，万里皆弥漫。"和火有关，写作"熳"，和水有关，写作"漫"，臧克和先生在《中古汉字流变》中认为"慢、蔓、漫"为同源分化，那么"熳"应该也是它们同源分化产生的字之一①。

(五) 燌

韵书未收，《汉语大字典》收录，一种烹调方法。关汉卿《望江亭》第三折："拿了去，与我姜辣煎燌了来。"臧晋叔音释："燌，钻上声。"如马钰《渔家傲·咏铁罐，先生出外常携之》（杂言）："灶为炉频炼煅，烧铅汞长煎燌。动饥肠白气满。中看。"

九 真文部

恁

《广韵》两读，如林切，相信；又如甚切，上声寑韵，思念，念及；此，这；怎，怎么等。这个字在金代词韵中也出现了用例，如王喆《西江月》："养甲争如养性，修身争似修心。从来作做到如今，每日劳劳图甚？好把幽微搜索，便将玄理思寻。交君稍悟水中金，不肯荒郊做恁。"这首词分上下两阕，两阕的平仄也应该是对应的，上阕"甚"是仄声字，那么对应位置的"恁"也应该是仄声字，所以"恁"应该取的是后一个读音和意义，表示"这、此"。《中原音韵》收录了这个字，不过标明是"影母字"。这个意义现在在鲁西南方言的西鲁片仍然存在，表示这么，这样，那么，那样，但是读音已经变成了[nən]。

十 江阳部

(一) 嚷

韵书无收，《汉语大字典》收录，音[ʐɑŋ]，大声喊叫；吵闹；责备，训斥。如马钰《清心镜》："被妻男逼得，有如心恙。竞利名、来往奔波，忒劳嚷劳嚷。"该字在魏慧斌《宋词用韵研究》的韵谱中没有出现，在《中原音韵》中也没有收录，在李蕊《全元曲用韵研究》中出现了2次，收在了养韵②。

---

① 臧克和《中古汉字流变》，华东师范大学出版社，2008，1525页。
② 李蕊《全元曲用韵研究》，43页。

（二）忘

《广韵》漾韵，巫放切，平声无收。《集韵》增收平声阳韵，武方切，意义相同，表忘记，遗失，遗漏。在金诗里面这个字用了89次，其中87次押平声，2次押去声；在金词中出现了32次，其中30次押平声，2次押去声；在文韵中出现了13次，全部押平声。这反映出该字在金代的用音取向是多用平声，去声少用。如刘处玄《上敬奉三教》"忘、乡"相押，又如马钰《满庭芳》"梁、当、扬、芒、忘、璋、香、芳"相押，刘晓南先生在考察宋代闽音的时候发现里面"忘"字也同样存在这种现象，在宋代闽人的诗里，该字入韵76次，全部押平声，无一押去声，表现更为纯粹[①]。在魏慧斌《宋词用韵研究》中也是同样的情况，"忘"字入韵76次，多数押入平声韵[②]。这显示出在宋金两代，"忘"字都有多读平声的读音取向。在《中原音韵》中，该字收录平、去两读，但是在李蕊《全元曲用韵研究》中，该字收入了去声漾韵，平声无收[③]，我们猜测在元代的时候，"忘"的读音取向应该已经发生了变化。

十一 庚青部

（一）醒

《广韵》三读，桑经切，平声青韵；又苏挺切；苏佞切，意为酒醒后恢复常态、睡眠状态结束、由昏迷变为清醒、明白事理、明显等。在金代的诗韵中该字出现了31次，其中28次押平声，3次押仄声；在词韵中7次押平声，6次押仄声；在文韵中6次押平声。从"醒"平、仄读音的用例中，我们可以观察到，在金代的韵文中，"醒"字也同样是多用平声，仄声少用。如段成己《醒心亭》（七律）"泠、醒、经、灵、听"相押，又如赵元《丙子夏卧病，汗后有作》（七律）"灵、零、醒、翎、瓶"相押。而在古体诗中都押仄声。如曹昂《清凉山》（七古）"猛、醒、领、景"相押，又如赵秉文《和渊明饮酒》（五排）"境、醒、领、颖、炳"相押，在词中则有平有仄，如王喆《无调名》"醒、惊、明、平、程"相押，王喆《又锁门》"听、醒、定、影、莹、命"相押。

在魏慧斌《宋词用韵研究》中，该字全部收入了"径韵"，平声无收[④]。在《中原音韵》中该字平、上两收，但是在李蕊《全元曲用韵研究》中，该字只收入了迥韵，平声无收[⑤]。

---

① 刘晓南《宋代闽音考》，162页。
② 魏慧斌《宋词用韵研究》，81页。
③ 李蕊《全元曲用韵研究》，43页。
④ 魏慧斌《宋词用韵研究》，82页。
⑤ 李蕊《全元曲用韵研究》，59页。

(二) 莹

《广韵》两读，永兵切，庚韵，又乌定切，径韵，意义相同，玉色光洁，物体光洁、明亮；明白，觉悟；琢磨等。该字在金诗中出现了10次，其中5次押平声，5次押仄声；词韵中该字出现26次，全部押入去声；文韵中出现1次，押入平声；曲韵中出现1次，与之通押的字有平也有仄。因此从韵例可以看出，在金代，"莹"的读音取向是多押仄声，平声少用。如赵秉文《汝瓮酒尊》（五律）"醽、宁、莹、扃"相押，又如王丹桂《喜迁莺》"莹、稳、影"相押，又如王喆《蓦山溪》"定、请、证、圣、净、莹"相押，又如《西厢记诸宫调》卷3《仙侣调·恋香衾》"镜、莹、巾、韵、影、领、称、整、净、稳、骋、行、分"相押。在魏慧斌《宋词用韵研究》中，该字收入了径韵，平声无收[①]。在《中原音韵》中，该字被收入东钟部和庚青部的去声。但是在李蕊《全元曲用韵研究》中，"莹"只收入了庚韵，东钟和庚青韵的去声均无收[②]，这是实际用韵与韵书之间的不同，大概在元代的实际读音中"莹"的读音已经发生了变化。

十二 东钟部

惚

该字形《广韵》没有收录，《集韵》作"惚"，"惚"送韵，千弄切，"惚、恫"。《音韵阐微》收录该字形，措瓮切，鲁莽，无知貌；奔走，钻营；不得志貌等。如谭处端《满庭芳》："真空。离色相，闲闲闲里，慢慢休惚（钻营）。"

第二节 特殊通押

特殊通押是指不符合通语音系的用韵形式，它是音韵学研究的重要内容，因为它可以直接反映古音的遗留、语音的演变和方音的影响，对语音史的研究具有至关重要的意义。

这里我们要对前文涉及的特殊通押做一些考察，但是在考察之前我们还要对特殊通押做一个说明：这里所说的特殊通押与前文在诗、文、词、曲的用韵中提到的特殊通押还有一些不同之处，前文在诗、文、词、曲中提到的特殊通押指不符合《广韵》音系的特殊通押，这里的特殊通押指不符合金代北方汉语通语音系的特殊通押，两者之间有些是相同的，比如歌麻的通押，-m、-n、-ŋ三种韵尾的混用等对于两者来说都

---

① 魏慧斌《宋词用韵研究》，82页。
② 李蕊《全元曲用韵研究》，59页。

第五章 特殊用韵

是特殊通押,但是两者因为参照系不同,结果还是会有一些不同,这个不同集中表现在对阴入通押的处理上。在诗、文、词中入声都没有派入阴声各部(曲韵除外),以《广韵》作为参照系,那么阴入通押我们当作特殊通押来处理。但是在金代北方汉语通语中,入声已经分部派入了阴声各部,所以在诗、文、词中出现的阴入通押我们就要分成两类来处理,一类是阴声与在金代北方汉语通语中派入该部阴声的入声之间的通押,这个是符合金代北方汉语通语音系的,不再算作特殊通押;另一类是阴声与在金代北方汉语通语中没有派入该部阴声的入声之间的通押,我们才算作是特殊通押,这里要讨论的阴入通押也主要是这一类。

这里我们要对金代北方汉语通语中的一些特殊通押做一些考察,以观察金代北方汉语通语的一些特殊之处。

(一)歌麻通押

歌麻这里分别指金代北方汉语通语中的歌戈部、家麻部和车遮部,在金代的诗、文、词、曲四种文体中都有歌麻通押的韵例,共计 25 例,其中诗中出现了 2 例,词中出现了 8 例,曲中出现了 8 例,文中出现了 7 例,不过这 7 例全部是元好问的用例。

李俊民《沧浪歌》(七古):波$_戈$沙$_麻$衙$_麻$

马钰《南柯子》:茶$_麻$涯$_佳$家$_麻$趖$_戈$砂$_麻$霞$_麻$

元好问《鹧鸪天》:家$_麻$沙$_麻$衙$_麻$花$_麻$华$_麻$他$_歌$

《西厢记》卷 3《仙吕调·赏花时》:加$_麻$煞$_辖$他$_歌$么$_歌$下$_祸$呵$_歌$家$_麻$咱$_麻$

杜仁杰《般涉调·耍孩儿·庄家不识勾栏·五》:坡$_戈$坐$_过$窝$_歌$社$_马$锣$_歌$

元好问《张君墓志铭》:嘉$_遐$耶$_芽$华$_麻$多$_歌$家$_麻$涯$_佳$何$_歌$

元好问《恒州刺史马君神道碑》:蛇$_歌$嗟$_华$麻$摩$_戈$荷$_它$_歌$磨$_戈$婀$_歌$波$_颇$_戈$华$_遐$家$_麻$

歌、麻的特殊通押既有历史的原因也有方音的影响。在《诗经》时代歌、麻均属于歌部,周祖谟先生指出,西汉、东汉时期甚至魏晋宋时期也是如此,歌部包括歌、戈、麻三韵字,但是麻韵一类的上去二声字在晋宋时代大多数作家的笔下都是独用的,同歌、戈两类的上去二声通押的很少,周先生认为这正是齐梁以下歌麻分成两部的开始。到了齐梁时代,麻韵的平声字也完全独用了,因此歌、麻要分为两部了,这与《切韵》歌戈合为一部,麻韵独立为一部相合①。

罗常培先生也指出,其实在《切韵》时代,歌、戈、麻三韵的不同只是元音微有弇侈的不同,不过后来随着时间的推移,歌戈与麻之间的差别越来越大②。在金代编订的《四声等子》③ 中三韵虽然还是列在一图,不过却已经分立了果、假两目。

---

① 周祖谟《魏晋南北朝韵部之演变》,18 页,719 页。
② 罗常培《唐五代西北方音》,61 页。
③ 宁忌浮先生在《金代语言学述评》中认为它是金代末年,即十三世纪二十年代前后的作品。

歌、麻不分还和方言有密切的关系。在北宋的汴洛音中，就有"歌麻不分"的现象，周祖谟先生在论述宋代汴洛语音的时候进行了详尽的论述，并认为这是唐代以来中原地区的语音特点①。张金泉先生在论述敦煌曲子词用韵的时候也指出，在敦煌变文这种民间文学中"歌麻通押"也有用例②。但是在现代兰银官话中已经无法看到歌、麻通押的现象。

据鲁国尧先生的研究，在宋代山东词人的用韵中，辛弃疾有11例歌麻通押的韵例，李清照有1例，辛弃疾和李清照都是济南人，所以鲁先生怀疑这可能是宋代济南话的方言现象③。在金代诗、文韵例中所涉作者杜仁杰便是山东济南人，那么在他的诗文用韵中出现歌麻通押当是方音的反映。但是现代济南方言中已经不存在这种现象。马钰是山东宁海人，也就是现在的山东牟平，在现代牟平方言中也同样不再有歌、麻通押的现象。

乔全生先生对歌麻不分也有论述："唐五代西北地区歌麻混用是一种较普遍的现象……再到11、12世纪的歌麻基本分离，……这种过渡在各方言中至今也未彻底完成，只是保留得多寡而已。金末晋人诗词用韵歌麻又成混用状态，比11、12世纪西北方音稍有逆转，当为不同方音之反映。"④ 在金代歌麻通押韵例所涉作者中元好问、李俊民是山西人，那么在两人的诗、文中出现歌麻通押，当是方音的反映。在现代晋方言中，歌麻混用已经不是非常普遍的情况，但还是在一些方言点中保存着，比如吕梁片、陕北晋方言和汾河片的一些方言点。

今昔对比我们不难发现，歌麻通押从地域空间上来说是处于一种出现范围越来越小的状态。在晚唐五代甚至宋代很多地方都存在二者相通的现象，但是现在很多原本存在这种现象的地方歌麻相通都不再存在。这或许是受普通话的影响，又或许是语音自身发展的规律导致的。

（二）支鱼通押

支鱼在这里分别指金代北方汉语通语中的支微部和鱼模部。在金代的诗、文韵例中出现的支鱼通押有支微部押入鱼模部，也有鱼模部押入支微部。这里出现的支微部字有齐齿、开口也有合口，而鱼模部字则多是鱼、虞两韵字，没有模韵字出现。在金代的诗词文中都有支鱼通押的韵例，金诗中出现了4例、金文中出现了1例、金词中甚至出现了16例。

---

① 周祖谟《宋代汴洛语音考》，《问学集（下）》，604－605页。
② 张金泉《敦煌曲子词用韵考》。
③ 鲁国尧《宋代辛弃疾等山东词人用韵考》，刘晓南、张令吾《宋辽金用韵研究》，220页。
④ 乔全生《晋方言语音史研究》，142页。

1. 支主鱼从

元好问《写真自赞》：祭弟荠气未藉昔锐祭知支至至恤术避置地至

段克己《蝶恋花》：未未蕊纸地至趣遇系霁味未意志置志（段成己的和诗里用的也是同样的韵）

段克己《满江红》：味未稚至趣遇矣止事志累脂致至翠至记志

刘志渊《大江东去》：气未雨虞水旨地至系霁（止遇通押）

侯善渊《洞天春》：仪支飞微离支微微奇支间鱼辉机归微

侯善渊《黄莺儿》：喜止计霁底荠系霁际祭去御

侯善渊《酹江月》：许语系替霁计霁缀祭致至桂霁

侯善渊《西江月》：机微趣遇池支枝支视至

侯善渊《夜行船》：理止主雨虞语语委纸水旨

刘志渊《大江东去》：气未瑞置雨虞水旨体荠地至系霁死旨

侯善渊《七言绝句六十首》：夷脂机微拘虞

侯善渊《七绝》：期之机微间鱼

2. 鱼主支从

马钰《金莲出玉花》：举语贵未住遇雨虞

李俊明《南乡子》：炉模居鱼时之书鱼珠虞余如鱼壶模

李俊民《四舍人生日》：美旨鱼鱼珠虞书鱼虞无夫雏虞

3. 支鱼等立通押

马天来《俳体作讥刺语》（七绝）：谁脂猪鱼

侯善渊《益寿美金花》：胥鱼飞微

侯善渊《益寿美金花》：丽霁去御

侯善渊《益寿美金花》：蒂霁去御

侯善渊《减字木兰花》：郁屋室质

侯善渊《减字木兰花》：贵未去御

考察金代的诗、词、文我们可以发现，这些有韵文体中出现的支鱼通押的韵例，除了 6 例一支一鱼的等立通押，大多数以主从通押为主，其中支主鱼从的通押出现了 12 例，鱼主支从的通押出现了 3 例。这说明在金代的支鱼通押中以鱼模部押入支微部为主。

支主鱼从的通押韵例中出现的遇摄字（字后数字为出现次数，未标则表示出现次数为1）有"趣3、雨3、间2、去、许、语、主、拘"，其中"趣、雨、主、拘"是虞韵字，"去、间、许、语"是鱼韵字，而模韵字未见，这说明与止摄字通押的遇摄字主要是鱼、虞两韵字。而入韵的止摄字中，有"气3、知、至、避、地4、未、蕊、味2、意、置、稚、矣、事、累、致、翠、记、水3、仪、飞、离、微2、奇、辉、机3、归、喜、池、枝、视、理、委、瑞、死、夷、期"，共36个，这些字中齿音字有"至、置、事、翠、水、枝、视、死"，共8个；唇音字有"避、飞"，共2个；舌音字有"知、地4、稚、致、池"，共5个；半舌音字有"累、离、理"，共3个；喉牙音字有"气3、未、蕊、味2、意、矣、记、仪、微2、奇、辉、机3、归、喜、委、瑞、夷、期"，共18个，在出现的止摄字中占了一半。这说明在金代的北方汉语方言中主要是止摄的喉牙音字读同鱼模。这是与宋代闽人诗歌用韵中不一样的地方，在宋代闽人的作品中支鱼通押，不管是支主鱼从还是鱼主支从，止摄字主要以精庄组字为主①。

鱼主支从的通押韵例中出现的止摄字有"贵、时、美"，其中两个是洪音，一个是细音。而出现的遇摄字则是模、鱼、虞三韵字都有。

而在支鱼等立通押中，止摄字"谁、飞、贵"均是止摄的合口字，遇摄字"猪、胥、去"也全部都是鱼、虞韵字。

观察一下上述的几位诗人，除了马钰是山东人以外，其他的几位都是山西人。现代宁海方言支鱼混用已经不存在，但在现代晋方音中支鱼相通的情况仍然存在。乔全生先生认为："今晋方言遇摄合口三等韵精泥组、见系字读撮口呼 [y] 韵母，蟹摄祭、齐韵合口、止摄支微韵合口精泥组部分字的白读读同遇摄撮口呼。支微与鱼模混同只是支微韵的部分字音混同，不涉及整个韵部相并。"② 王军虎先生也指出在今日山西的中、西、南区，陕西的陕北和关中地区的方言白读音中都保存着支微入鱼的现象③。现代晋方言是对前代晋方言的继承和发展，从而从侧面证实了金代支鱼通押的存在。

支鱼通押由来已久，刘晓南先生指出在《诗经》时代就已经有支鱼通押的现象出现④。而鲍明炜先生指出在唐代诗文中不管是初唐还是中晚唐都存在支鱼通押的韵例⑤。支鱼通押在唐代变文中出现了8例⑥，在曲子词中有11例⑦，在敦煌诗歌中出现了7例，在吐鲁番出土文献中也有支鱼通押的韵例出现⑧，这说明在唐代的敦煌地区或者说西北地区已经显露出支鱼混用的迹象。而在罗常培先生《唐五代西北方音》所引《开蒙要训》注音本中列有很多虞韵与止摄合口三等韵相注的例子，他甚至把鱼韵的一部分字和之、支、脂、微的开口字合并为脂摄⑨，这说明在唐代的西北方音中，鱼、虞韵

---

① 刘晓南《宋代闽音考》，180页。
② 乔全生《晋方言语音史研究》，170-171页。
③ 王军虎《晋陕甘方言的"支微入鱼"现象和唐五代西北方音》，《中国语文》，2004年3期。
④ 刘晓南《宋代闽音考》，211页。
⑤ 鲍明炜《初唐诗文的韵系》，《音韵学研究》第二辑，中华书局，1986。
⑥ 周大璞《〈敦煌变文〉用韵考》，《武汉大学学报（哲学社会科学版）》，1979年4期。
⑦ 霍文艳《敦煌曲子词用韵研究》，南京师范大学硕士学位论文，2008，48页。
⑧ 朱丹《敦煌诗歌用韵研究》，南京师范大学硕士学位论文，2008，41页。
⑨ 罗常培《唐五代西北方音》，商务印书馆，2012，141页。

与止摄开合口三等韵的读音是相同或相近的。

刘晓南先生在讨论宋代文士用韵与宋代通语及方言的时候指出，支鱼通押，在北音中韵例呈递减的趋势，唐代多见于北方的这一方音特点，宋以后在北方各地逐渐消失，而成为南方吴、闽、赣等方言的普遍特点①。其实这一特点在北方的晋方言中仍然存在，金代诗词用韵中的韵例便能说明这一现象。

支鱼通押在南方也同样存在。刘晓南先生指出在宋代闽人和川人的诗文中都存在支鱼通押的现象，现代的闽方言和四川方言中支鱼混用现象仍然存在②③。

（三）鱼麻通押

鱼麻通押在金代的诗歌中出现了2例：

《郊庙乐歌·初献奠玉币》（四古）：举_语下_祃着_御祜_姥

赵秉文《尚书右丞侯公云溪图》（古风）：下_祃雨_麌

在《诗经》时代，麻韵部分字是归鱼部的，如"马、者、也、下、写"等。陆德明《经典释文·毛诗音译》无法解释这种现象，只能采用"协韵"的办法，其实这只是用今音去揣测古音罢了。鱼麻通押在《变文》中有反映，如"家枯孤乎"通押④。乔全生先生进一步指出，在《变文》时代，"从北方语音演变的大趋势上来看，'家'与鱼部的读音已经分离；从《变文》所代表的西北某一局部方音来看，'家'与鱼部的读音还没有分离"⑤。在现代晋方言的一些方言点还存在鱼麻混用的现象，如汾河片和洪洞、浮山等方言点，这大概是在西北方言中孑留的古音。

刘晓南先生指出在宋代四川诗人的用韵中有18例鱼模部与家麻部通押的韵例，这些韵例中有鱼模部押入家麻部的，也有家麻部押入鱼模部的。押入鱼模部的家麻部字有6个，其中出现频率最高的就是"下"字⑥。而在金人的作品中押入鱼模部的家麻部字也是"下"字，但是韵例只有2例，1例作者不详，1例是赵秉文的用例，赵是河北磁县人，磁县方言属于晋语片⑦，因此在用韵中体现出晋方言的一些特点也是正常的。

（四）鱼豪通押

豪指金代北方汉语通语中的萧豪部。在金代的诗词中存在着3例鱼豪通押的韵例。

王喆《无梦令》：倒_晧做_暮讨_道晧_灶号

---

① 刘晓南、张令吾《宋辽金用韵研究》，86页。
② 刘晓南《宋代闽音考》，179-180页。
③ 刘晓南《宋代四川语音研究》，121-122页。
④ 周大璞《〈敦煌变文〉用韵考（续一）》。
⑤ 乔全生《晋方言语音史研究》，148页。
⑥ 刘晓南《宋代四川语音研究》，159页。
⑦ 尹大仓《邯郸方言的语音特点及其形成》，《河北师范大学学报》，1995年2期。

王喆《歌赠丹阳》（古风）：鼓姥舞虞乔宵土姥

丘处机《继丹阳师叔丫髻吟韵》（古风）：祖鼓姥舞虞乔宵虑御土姥

西汉和东汉时期，两部都有通押的韵例出现，比如韦孟《讽谏诗》"娱、姁、苗、偷"相押，张衡《西京赋》"躯、趋、獢、书、初、储"相押等。这些韵例都是宵部字押入鱼部，导致这种现象产生的原因，除了特殊用韵和个人习惯，还有一个就是方言的影响。唐末李匡乂《资暇篇》卷中"俗谭"记载了很多鱼豪混用的例子："帽为慕，保为补，褒为逋，暴为步，触类甚多，不可悉数。"这种古萧豪与鱼模有规律对应的现象向我们展示出在唐代的某些方音中鱼豪的读音有相混的现象。钱大昕在《十驾斋养心录》卷五中认为这是豪韵转入鱼模的例子，并认为这是北方方言的特点。

刘晓南先生列出了宋代四川诗人用韵中的 10 例鱼豪通押的韵例，并指出宋代陕西、四川同属于西部方言区，由此他认为唐代通行于陕西一带的萧豪韵部分字读若鱼模，在宋代四川诗人的笔下仍然可以见到①。王喆是陕西人，出现鱼豪通押的现象不足为怪，当是对唐五代鱼豪相混的承继。鱼豪相混在现代晋方言中还有残留，比如汾河片、并州片、上党片等都有这种现象②。丘处机和马钰是王喆的徒弟，在用韵方面受王喆的影响也可以理解。

现代方言中鱼豪读音相混现象已经很少能看到，但是在陕西和河南的某些地名中，"堡"读作［pu］仍然可以看到这种古音的残留痕迹。

(五) 尤鱼通押

这里的尤指金代北方汉语通语中的尤侯部，而这里的尤鱼通押是指流摄的非唇音字与遇摄鱼、虞、模韵的通押，这种通押在金诗中有 5 例，在金词中有 3 例，在金文中有 1 例，在金曲中有 5 例，共计 14 例，有流摄字押入遇摄，也有遇摄字押入流摄。如：

元好问《满江红》：住遇旧有九首有口厚酒有候候去御许语（段克己《满江红》用了同样的韵脚）

段克己《渔家傲》：与语土姥缕虞絮语所语处去御住遇后厚

尤侯部与鱼模部的关系一直都非常密切，据罗常培、周祖谟先生的研究，在西汉时期鱼侯通押是普遍现象，东汉时两者仍有大量的通押，如王褒《四子讲德论》"儒、臾、留"通押。魏晋时还有人把鱼侯通押，不过刘宋的时候就很少了，齐梁时期就更少了③。但少并不等于不存在，金代的诗、词、文中的这种通押韵例说明在金代的晋方

---

① 刘晓南《宋代四川语音研究》，130 页。
② 乔全生《晋方言语音史研究》，176 页。
③ 周祖谟《魏晋宋时期诗文韵部的演变》，周祖谟、罗常培《汉魏晋南北朝韵部演变研究》，339 页。

言中还存在着这种古老的方言现象。

刘晓南先生指出在宋代闽人的诗歌中存在12例鱼尤通押的韵例，并认为这是古闽语方言现象的反映，在现代闽语中喉牙音的尤韵字仍可叶鱼模，所以他猜测在宋代尤韵的舌齿音应当也可以叶鱼模①。刘先生在研究四川语音的时候指出，在宋代四川诗人用韵中有30例鱼尤通押的韵例，且这些韵例中有尤侯部向鱼模部靠拢的趋势。他认为侯韵一等字读为模韵一等的乡音，使得出现了尤侯部入鱼模部的通押。他指出上古侯—屋—东相配，如果"屋""东"的主元音拟为*u，那么，侯韵的主元音也应该拟为*u，但是后来，随着鱼韵的主元音逐渐高化，变成u，推动侯韵的主元音裂变为[əu]，但是这种变化的格局在空间上并不平衡，西部巴蜀一带演变的速度远远落后于中原地区，于是仍然存在鱼尤通押的现象②。

在金代几种文体中出现的鱼、尤相混韵例的作者都是山西人，晋方言与四川方言都同属于西部方言，与四川一样，被太行山脉阻断了与中原的交流，也阻断了中原语音的影响，长期处于比较闭塞的"独立方言岛"的状态，因此保留了很多上古的发音不足为奇。在现代晋方言中也仍然存在鱼模部与尤侯部非唇音字混用的现象，它同时又分为两种情况，一种是鱼模部字读同尤侯部字，一种是尤侯部字读同鱼模部字。

乔全生先生认为在现代晋方言的多数方言点中遇摄模韵泥精组字、鱼虞的庄组字与流摄同韵，读［ou］或［əu］③，比如在南部汾河片的新绛和关中东部方言区的渭南、三原和韩城都存在这种现象。在并州片、上党片和五台片也存在这种情况，不过仅限于泥、来母字。现代晋方言也有尤侯部的非唇音字读同鱼模的现象，但比较少见，乔全生先生给我们举了"喉咙"这个例子，在平遥方言读"［kəu］咙"，洪洞方言读"［ku］咙"④，即属于这种情况。乔先生同时还指出："从历史上看，流摄的字转入遇摄要早于遇摄的字转入流摄。但是遇摄的字转入流摄要多于流摄的字转入遇摄。"⑤ 但是不管怎么样都说明了一个问题，那就是尤鱼两摄关系密切，自古以来就如此。

（六）萧尤通押

萧指金代北方汉语通语中的萧豪部。萧尤通押在金代的四种文体中只见到了1例。

马钰《发叹歌》（七古）：剖厚道皓

豪、肴、萧、宵诸韵部分字在《诗经》时代即属于幽部，罗常培、周祖谟先生指出，两汉的韵文虽然这两部通叶的很多，但是其间仍有分野，其中豪韵一类的上声字

---

① 刘晓南《宋代闽音考》，185页。
② 刘晓南《宋代四川语音研究》，138页。
③ 乔全生《晋方言语音史研究》，154页。
④ 乔全生《晋方言语音史研究》，157页。
⑤ 乔全生《晋方言语音史研究》，158页。

与尤韵一类的上声字不常在一起押韵，这正是幽部豪、尤两韵系渐渐离析的开端，到三国时代豪、肴、萧、宵诸韵便都并入宵部了，到晋宋以后与幽、尤、侯等韵通押的情形就少了①。但是在一些方言中仍然可以看到这种痕迹。

刘晓南先生在研究宋代闽音的时候列出了 38 例萧尤通押的韵例，刘先生认为这是闽北方言的特点，同时在西北地区也同样存在这种现象②。他在研究宋代四川语音的时候也指出这种现象在宋代四川和江西诗人的用韵中都大量存在，更根据宋代语料指出这是宋代西部方言的特点③。

乔全生先生认为 11 世纪回鹘汉译音、12 世纪末期的西夏汉对音所反映的汉语西北方言里，尤侯与萧豪同韵。11、12 世纪西北方言的这种特点现在在某些晋南方言点仍然可以发现，虽然不是大范围的存在，但是我们仍然可以据此推测 11、12 世纪这种现象应该是在方言中大面积存在的④。现代山东的大部分方言中都已不存在这种现象，只是在作者自己的方言中即接近河南的鲁西南方言即西鲁片中还可以听到这种读音，比如"剖"白读成 [pʻau]。

（七）麻皆通押

皆指金代北方汉语通语中的皆来部。这种通押在金代的四种文体中只看到 1 例：

王处一《赠老王先生二首》（四古）：娅马在海

在《诗经》中，中古麻韵的一部分在上古属于歌部，而中古皆来部的皆、灰、咍诸韵在上古属于脂部，牵涉不大，不论在东汉还是西汉脂部与歌部关系都不是很密切，但还是可以看到少数几个二者通押的韵例，如傅干《皇后箴》"器、爱、化、内"⑤相押。

刘晓南先生列出在宋代四川诗文中 26 例麻皆通押的韵例，这些韵例中有家麻部押入皆来部，也有皆来部押入家麻部。家麻部押入皆来部，刘先生认为是宋代四川语音中的麻韵字保留了上古歌部的 -i 尾，读作 [ai] 或 [ei] 韵母，所以可以与皆来部相通；而皆来部押入家麻部则是因为皆来部 -i 韵尾在演变中表现不稳定，常常失落韵尾，因而可以与家麻部相通，而且这种现象在宋代四川诗文中有 19 个韵例⑥。

王处一是山东宁海人，与四川无涉，我们无法借机判断他属于哪种情况。但是在现在的山东莱州方言中存在一种复合元音单音化的趋向，如"该"读 [kɛ]、"乖"读

---

① 罗常培、周祖谟《汉魏晋南北朝韵部演变研究》，19-20 页。
② 刘晓南《宋代闽音考》，178-179 页。
③ 刘晓南《宋代四川语音研究》，134-135 页。
④ 乔全生《晋方言语音史研究》，179 页。
⑤ 周祖谟《魏晋南北朝韵部之演变》，东大图书公司，1996，475 页。
⑥ 刘晓南《宋代四川语音研究》，147-148 页。

[kuɛ]①，与之相邻的宁海也可能存在这种现象。那么"在"失落[i]韵尾，变成单元音与"姹"通押就很正常了。

(八) 支皆通押

支指金代北方汉语通语中的支微部。支微部与皆来部的通押在金代的四种文体中共出现了28例，其中在金诗中出现5例，在金文中出现了7例，在金词中出现12例，在金曲中出现4例。如：

房皡《贫家女》(古风)：会泰态代翠至

元好问《愿成双》：细霁开哈厄支气未比旨飞微岁祭水旨

长筌子《满庭芳》：来哈回灰魏微雷灰提齐开哈梅灰莱哈

山主《临江仙》：衰支财来开埃台哈

谭处端《南乡子》：雷灰辉微飞微随为支归微

元好问《蒲桃酒赋》：开哈回灰来哈涯佳胎哈埋皆杯灰裁哈怀皆埃哈媒灰材哈偕皆哀哈斋皆台哈毁纸灾哈梅灰孩哈哉哈

马钰《和胡讲师韵》(古风)：蠢支培灰

《刘知远诸宫调》卷2《般涉调·沁园春》：阶皆起止侍志开哈埋皆哉哈雷灰在海乖皆灾哈

马钰《和胡讲师韵》(古风)：蠢支培灰

在《诗经》时代，支微部与皆来部的关系就非常密切，中古皆、灰、哈的一部分字属于之部，支部中就包括支韵系、齐韵系的一部分和佳韵系的字，脂部还包括皆、齐韵系的一部分字。在西汉和东汉时期，支微部和皆来部也都有很多通押的现象，如西汉司马相如《美人赋》"依、悲、迟、衰、私、衣"通押，东汉阙名《北海相景君铭》"危、回、追、摧、归、哀、徊、里"通押。在魏晋南北朝时期，二者也有一些通押的现象出现②。

刘晓南先生指出在宋代福建文士用韵中，"止摄合口字成批押入皆来部"，这是宋代福建文士用韵的一大特色③。乔全生先生认为在早期的晋方言中齐微韵与皆来韵是相押的，他考察了一个"来"字，在山西很多的方言中均读[li]，这一南一北，一古一今，遥相呼应，证实了在中古的汉语方言中存在止蟹通押的现象④，而现代山西方言便是当日语音现象的残留。

在宋代的吴语中也同样存在这种现象，长洲（今苏州）人王楙《野客丛书》卷六：

---

① 钱曾怡《莱州方言志》，齐鲁书社，2005，2页。
② 罗常培、周祖谟《汉魏晋南北朝韵部演变研究》，163-164页。
③ 刘晓南《宋代闽音考》，218页。
④ 乔全生《晋方言语音史研究》，168-169页。

"今吴人呼来为厘,犹有此音。"宋代昆山人龚明之《中吴记闻》曰:"吴人呼来为厘,始于陆德明,'贻我来牟''弃甲复来'皆音厘。盖德明,吴人也。"二书均认为"来"音"厘"为吴音。同门钱毅在研究宋代江浙诗韵的时候指出,在宋代江浙诗人的用韵中,"来"入支微12次①。在现代吴方言中也同样存在这种现象,《上海话大词典》中,"来、雷"都失落了韵尾,标作[lE]。虽然在《上海话大词典》中没有看到皆来部与支微部相通的用例,但"来、雷"如果失落韵尾,那么相通也在情理之中。

从上面的韵例中我们可以看出,支微部和皆来部通押,有两种情况,一种是少数止摄的字押入皆来部,这时候支微部字很多是合口音,如"衰""翠"等,但也有齐齿音,如"起""侍"等,也有少数皆来部的字与很多支微部的字相押,如"开"等。

侯精一先生指出,在晋语中止、蟹两摄部分合口字今白读为[y]。他还指出复合元音的单音化在现代晋语区比较普遍,山西省有79个市县属于晋语区,其中36个有这种现象。比如,"怪、盖"单元音化后,主元音有[æ](如平遥),有[E](如阳泉),有[ɛ](如沁县),甚至有[e](如宁武)等②。

(九) 支歌通押

两摄的通押比较少见,在金代的四种文体中只见到了1例。

周昂《翠平口》(五古):驰支过戈

在《诗经》时代支歌是分划得很清楚的两部,但是晚周的时候两部有相通的例子,"蛇"字的两读就是明证,到西汉时期支歌两部的相叶更为普遍,几乎支部的字都跟歌部字相押③。但是到了东汉由于歌部与支部字的重新归并,两部之间的通押减少。不过在三国魏晋时代也还有歌支通押的韵例④。

周昂是河北正定人,正定方言属于冀鲁官话的石家庄话,现代石家庄方言中已经没有支歌混用的现象,且这种用韵在金代诗文中只有1例,所以无法判断,只能存疑。

(十) 支庚通押

庚指金代北方汉语通语中的庚青部。两部的通押在金代的四种文体中出现了2例:

侯善渊《益寿美金花》:性劲始止

《郊庙乐歌·第三爵登歌奏嘉禾之曲》(四古):穗至岁祭声清遂至

支庚通押,丁治民先生认为属于阴阳互叶。这种现象是阳声韵失落鼻音韵尾与主元音相同的阴声韵读音相同或相近所致,属于方言现象,同时这种现象主要涉及的是金代北方汉语通语支微部中的齐、祭韵系,支、之、脂、微等韵涉及不多。这种现象

---

① 钱毅《宋代江浙诗韵研究》,扬州大学博士学位论文,2008,114页。
② 侯精一《现代晋语的研究》,商务印书馆,2008,2页。
③ 罗常培、周祖谟《汉魏晋南北朝韵部演变研究》,26页。
④ 周祖谟《魏晋南北朝韵部之演变》,183页。

在敦煌曲子词中就能看到，如：

苏幕遮·聪明儿

聪明儿，禀天性。莫把潘安、才貌相比并。弓马学来阵上骋。似虎入丘山，勇猛应难比。

善能歌，打难令。正是聪明，处处皆通娴。久后策官应决定。马上盘枪，辅佐当今帝。

这首词全词叶"性、并、骋、比、令、娴、定、帝"，"帝、比"与"性、并、骋、令、娴、定"互叶当是阳声韵失落鼻音韵尾读同阴声，而非阴声韵添加鼻音韵尾。

这种现象在唐五代的对音材料中也有反映。罗常培先生利用《开蒙要训》的注音窥测五代敦煌方音，在韵母的论述中他认为齐摄第三包括了《切韵》齐、祭、庚、耕、清、青六韵，这一摄的注音，一种是梗摄本身的混合，另一种是梗摄跟齐、祭韵的混合。他列举了梗摄跟齐、祭韵混合的四种韵例，以庚注齐，以庚注祭，以清注齐，青、齐互注，认为庚、耕、清、青四韵的收声-n当然也消变成[ɤ]了，所以他援照《千字文》藏音的例子，把齐、荠、霁、祭等韵与庚、耕、清、青等韵合并在一起，组成了齐摄①

这种现象陆游《老学庵笔记》也有记载。《老学庵笔记》卷六有这样一段话："四方之音有讹者，则一韵尽讹。闽人讹'高'为'歌'，'劳'为'罗'，秦人讹'青'为'萋'，谓'经'为'稽'……""青"与"萋"、"经"与"稽"即属于主元音相同的阴阳互叶，金代的这两例用例无疑也证实了这种现象的存在。

这种现象在现代晋方言中仍然存在，乔全生先生认为在晋方言并州片梗摄丢失鼻韵尾后，庚青两韵读同祭韵，青韵读同齐韵②。而侯精一先生则指出在晋语的并州片曾梗摄的舒声字，多有文白异读，白读往往失落鼻音韵尾，例如：寿阳"蒸"，白读为[tsi]，"蝇"白读为[zi]③。

(十一) 鱼东通押

东指金代北方汉语通语中的东钟部。这种通押在晋南诗人侯善渊的词里发现1例：

侯善渊《益寿美金花》：悟暮梦送

鱼东通押也同样属于阴阳互叶，这种通押同样与鼻音韵尾的失落有关。

李范文先生认为12世纪末的汉语西北方音的鼻音韵尾处在消失的阶段，但并没有全部消失，乔全生先生进一步指出，鼻音韵尾消失以后，前面的元音发生了2种分化，一种是前面的元音鼻化，另一种是鼻音韵尾消失，前面的元音也没有鼻化。通摄的字

---

① 罗常培《唐五代西北方音》，商务印书馆，2012，137-138页。
② 乔全生《晋方言语音史研究》，338页。
③ 侯精一《现代晋语的研究》，36页。

有些就是如此，它们不像曾梗摄一样失落鼻韵尾变成开韵尾，而是继续保留了后鼻韵尾，仅有个别字失落鼻韵尾读同阴声，如晋南方言汾河片的"梦"字①。

在西夏文的《番汉合十掌中珠》中"同、铜、动、土"就在同一韵，这说明"同、铜、动"失落后鼻音韵尾与"土"字读音相同，"梦"与"悟"的通押大概就源于此。刚和泰《音译梵书与中国古音》中曾提起梵僧法天宋初入中国译经，译"龙"为"lu"，"曩"为"na"，但是这种情况又比较少见②。

现代晋方言中还有一种情况就是阴声韵与前鼻音韵的通押，比如在晋方言的南区运城片有一种情况就是"门煤"的韵母相同，"魂回"的韵母相同③。只不过这种情况即使是在晋方言区也比较少见。

上面的两例都是阴阳通押，在我们的韵例和现代的方言中我们看到的情况都是阳声韵失落鼻音韵尾与阴声韵的读音变得一样，从而造成混用，而不见阴声韵读如阳声韵的情况。

在与金同时代或者稍后的宋元南戏中也有 10 个鱼东通押的韵例④，不过与金代鱼东通押出现是受方言影响的情形不同，宋元南戏出现的鱼东通押是戏曲在演唱的时候失落鼻音韵尾造成的，与戏曲演唱的特殊性有关。

(十二) 庚东、东阳、庚阳通押

阳指金代北方汉语通语中的江阳部。庚东两部的通押在金文中有 3 例，在词中有 1 例，在曲中有 3 例。东阳通押在诗中出现了 1 次，在词中出现了 1 次。庚阳通押，金文有 2 例，金词有 2 例，词中的 2 例都是王喆的。

王喆《五更出舍郎》：郎_唐狂庄量_阳评_庚

王喆《无梦令》：泺绛冻众送送蝀董

张陟《大夏国葬舍利碣铭》：情清行明_庚诚清形青壤_养倾清

失名《潍县龙泉院碑》：王阳精清光唐妆洋羊张_阳藏_唐疆_阳藏_唐凉_阳乡伤_阳惶_唐详方芳_阳当_唐王量场_阳傍_唐扬殃_阳

商道《双调·夜行船·尾声》：风_东生_庚病映情_清镜映经青

在《诗经》中中古庚青、江阳和东钟三部的关系就比较密切，江韵的一部分字属于东部，一部分字属于冬部，庚韵的一部分字又属于阳部，而在中古江阳又合并成了一部。在西汉和东汉的韵文中庚东、东阳、庚阳都有很多通押的韵例出现⑤。

关于庚东相混，在《敦煌歌辞·悉昙颂》的《俗流悉昙章》中，最后一首的下阕用"通、聋、春"与"灯"相通，龙晦先生据此认为庚东相混可以上溯到唐朝。在

---

① 乔全生《晋方言语音史研究》，205-206 页。
② 刚和泰著/胡适译《音译梵书与中国古音》，《国学季刊》，第 1 卷第 1 号，1923 年 1 月。
③ 侯精一《山西方言概况》，山西高校联合出版社，1993，9 页。
④ 武晔卿《宋元南戏曲韵考辨》，198 页。
⑤ 罗常培、周祖谟《汉魏晋南北朝韵部演变研究》（第一分册），33-34 页。

《敦煌歌辞·证无为》中以"僧、人"与"容"相叶，由这两个例证我们可以看出在唐代西北地区有庚东相混的现象。这种现象到宋代仍然存在。刘攽《贡父诗话》记载："（宋初）向敏中镇长安，土人不敢卖蒸饼，恐触'蒸'字讳。"周祖谟先生据此论证在宋初的长安方言中存在东蒸相混的现象。不过上面几例庚东通叶涉及的都是蒸登韵，不涉及庚、耕、清、青。东钟与庚青的通押在现代一些方言中仍然可以看到，通押也涉及了庚、耕、清、青。在山东东莱方言的东潍片，"东＝登""争＝中""擎＝穷""兴＝兄"，即 ey、oy 和 iy、ioy 两对韵母合并。在以青岛话为代表的胶东方言区也同样存在庚东不分的情况①。

关于东阳的通押，陶贞安在研究《敦煌歌辞》用韵的时候认为 oy 与 ay 声音很近，因此从很古的时候就能合韵，但是东汉以后东韵逐渐高化成 ung，与阳韵越来越远，不再合韵②。三国魏晋南北朝时期，有很多江阳同东钟通押的韵例，但主要涉及的是江韵字，阳、唐则少见，如卞兰《赞述太子赋》"聪、双、龙、凶、恭、同、蒙"相押③。在敦煌变文中江、阳、唐已经合并成了一部④，不过在敦煌诗歌用韵中，东钟与江阳出现了 5 次通押，其中 4 次是王梵志的诗。王诗中押入东钟的江韵字有"棒、项、巷"三字，这三字上古属东部。这不可能是出于泥古，因为王梵志以白话诗著称，那么他的用韵应该更多地反映了当时的口语，这说明在王梵志的方音中，还有一些东阳混用的古音残留⑤。这种情况在罗常培《唐五代西北方音》中也有反映，在《大唐中宗见解》中宕摄字大多同通摄一等字相押⑥。龙晦先生也认为"阳东通韵本是秦地旧音，是古韵的遗存"。在金代的诗词中出现的这 2 例东阳通押都是王喆的用韵，大概到金代秦地的方音中还有这种古音的残留。这种混用在现代的西北方言中已经无法看到。

在晋宋时期，和东汉时候相似，还有少数作家把庚部的一类字和阳部字通押，但是到了齐梁，便很少看到了。乔全生先生指出江宕同曾梗的通押由来已久，在《变文》中就有这样的例子，颜师古《匡谬正俗》也记载了如"杨盈""上盛"的发音相同这样的例子，同样证明了这种现象的存在。而 12 世纪西夏文、汉文互注音中，宕摄字与梗摄字共为一韵⑦。这种现象在现代晋方言中同样可以找到证据，在汾河片方言中江、宕摄与曾、梗、通摄文读系统同韵的现象，乔先生认为这应当是唐五代、金代晋南方音的直接遗衍。张陟是西夏人，西夏的统治区域在现在的宁夏、陕西、甘肃、新疆一带，所以我们猜测庚阳通押体现的仍然是西北方言的特点。《潍县龙泉院碑》作者失名，无法借其籍贯进行考证，但是在现代的潍坊方言中仍然存在"东登"不分的情况，这是

---

① 钱曾怡《莱州方言志》，齐鲁书社，2005，2 页。
② 陶贞安《敦煌歌辞用韵研究》，广西师范大学硕士学位论文，2004，24 页。
③ 周祖谟《魏晋南北朝韵部之演变》，791 页。
④ 周大璞《〈敦煌变文〉用韵考（续一）》。
⑤ 朱丹《敦煌诗歌用韵研究》，南京师范大学硕士学位论文，2008，33 页。
⑥ 罗常培《唐五代西北方音》，商务出版社，2012，81 页。
⑦ 罗常培《唐五代西北方音》，81 页。

潍坊所在的山东方言东潍片的重要特点①。

刘晓南先生指出东钟与江阳相混是现代闽南音的一大特点②，并指出"以现在对唐宋用韵的考察，作为闽方言的押韵现象，东钟和江阳通押最早出现于宋代③。罗常培研究厦门音系的时候指出宕江通的混用，真实的情况是一部分宕摄字转入通摄，一部分通摄字转入宕摄，而江摄的字44%转入宕摄，30%转入通摄④。

（十三）深、臻、曾、梗、通五摄之间的通押

这五摄之间韵尾不同，主元音也略有差别，但是在金代文人的作品中却存在着大量的通押现象，特别是在晋南诗人侯善渊的作品中臻通通押就有20例（表5.1）。

表5.1 深、臻、曾、梗、通五摄通押用韵形式及次数（附宕梗、宕通）

通押类型	诗	文	词	曲
深臻	7（侵真4 侵文1 侵魂1 侵真谆1）	4（侵痕2 侵真1 侵稕1）	5（侵痕2 侵寑问1 侵真谆1 轸准寑1）	1（侵恩混稕1）
通押韵字及次数	襟1 侵1 寻1	侵1 任1	心1 寑1	侵2 撼1 衾1
	盆1	身1 顺1	问1 尘1 恩2	
臻梗（曾）	11（真清3 震劲青映1 震劲径映1 清真1 清庚真1 清青庚真1 登魂痕1 隐静映1 青清庚文震1）	8（真谆登1 真谆清1 震径1 映震1 庚青真1 登青真1 庚真映1 清青庚耕登震径1）	19（清真轸准1 静劲映证震1 真清庚1 真青清庚1 真蒸青庚耕1 青真1 登真谆1 真庚耕1 混梗1 青文魂1 真蒸清青庚1 轸静梗1 登蒸痕证映1 登文庚稕震静1 准梗震径映劲证1 轸稕准静映1 梗燃劲1 轸震稕准劲径梗1 证劲映震燃1）	13（混等1 真文耕1 梗轸稕等1 青清静径梗恩1 魂震问映静1 真文庚问混映梗静证劲1 真文问震吻隐1 真魂文问清1 真隐稕问震劲径映1 真谆文轸恩震耕1 真魂文清耕问震映径1 真魂文清吻稕混恩震1 真魂庚混轸恩迥证径1）

---

① 钱曾怡《潍坊方言志》，潍坊市新闻出版局出版，1992，2页。
② 刘晓南《宋代闽音考》，186页。
③ 刘晓南《宋代闽音考》，187页。
④ 罗常培《厦门音系》，科学出版社，1956，60页。

续表 5.1

通押类型	诗	文	词	曲
通押韵字及次数	春1 旻1 尘1 民1 秦1 春1 胤1 人1 真1	刃1 民2 新1 馑1 尘1 珉1 震1 镇1	神2 身1 吞2 恩1 近3 鬓1 镇1 粪1 魂1 认3 准3 阵1 信2 分2 润1 紧1 稳1 尽3 忖1 印1 盆1 尘1 真2 问1	巾1 韵1 稳1 分1 嫩1 门1 问1
	城1 成1 青2	命1 清1 能1 成1 定2 能1	听1 城1 生1 姓1 命2 经1 倾1 贞1 行1 灯1 萦1 省1 净2 命2 境1 兴1 等1 能1	秉1 称1 明1 定2 莺1 筝1 性1 圣1 命1
深臻梗（曾）		2（侵真魂清1 侵蒸登魂清庚1）	3（清青轸寝1 清静寝蒸准1 庚蒸侵青震混梗劲1）	
通押韵字及次数		心1 任1	恁1 沉1 沁1	
		贞1	准1 认1 损1 忍1 信1 俊1	
		昆1		
臻通	17（文魂真痕东1 文魂谆东钟1 真文问焮恩董1 文问轸焮恩董1 东魂1 焮轸用董1 东钟谆1 东真2 东问1 东钟真2 文魂东1 东钟魂1 文魂东1 问焮恩董1 问焮董用送1）		11（隐震问恨送1 东谆1 东文1 东真1 东真谆1 东钟魂1 真文魂谆钟1 东钟震问1 隐用1 东钟震1 钟真谆魂1）	

续表 5.1

通押类型	诗	文	词	曲
通押韵字及次数	风3 龙1 雄2 动2 中1		奔1 坤1 认1 分1 尊1 准1 频1 闻1 真1 春1 人1 身1 群1 近1 尽1 仑1	
	群1 坤2 仑1 闻1 轮1 问1 身2 近2 尽1 韵1		慵1 送1 功1 东1 同1 宫1	
臻梗（曾）通			2（东登魂1 东耕真1）	
通押韵字及次数			准1 稳1	
			重1 梦1	
深梗（曾）	5（青侵1 青清侵1 清庚侵1 青庚侵1 寝迥劲1）	3（侵清2 侵青1）	16（侵清2 侵青1 侵梗寝1 清真谆1 青痕1 真清1 问劲1 痕清庚4 真青清1 庚文痕魂1 真臻清青庚1 登魂文1）	2（侵等证1 青清耕侵映静梗1）
通押韵字及次数	林1 心1 侵1		饮2 侵1 心1 阴1	阴2
	生1 成1		正1 青1 正1 肯1 清1 影1	
梗（曾）通	3（清庚送1 清庚肿1 东清1）	10（清东钟1 庚东钟1 清青庚钟1 清庚东钟1 梗肿董送用1 钟清静1 冬钟梗1 庚东证径1 蒸庚劲映用1 蒸庚东证映劲径1）	6（用映1 东钟庚1 送映1 登东钟1 东钟清1 静映经劲送1）	3（东庚青清映迥1 东钟登送1 东钟庚肿静1）

续表 5.1

通押类型	诗	文	词	曲
通押韵字及次数	功1 重1	封1 隆2 冲1 东1 镕1 颂1 公1 永1	层1 兄1 疼1 纵1 动1 弄1	风1 请1 兄1 朋1
	名2 明1	绳1	清1 腾1 经1 行1 静1	
深通			3（侵东2 隐用1）	
通押韵字及次数			沉1 近1 心1	
			珑1 用1 红1	
宕（江）梗（曾）	1（静迥梗阳1）	3（清青庚养1 阳唐庚漾宕1 阳唐清1）	2（漾等拯1 阳唐庚耕1）	
通押韵字及次数	凉1	壤1	况1 庄1	
		精1	评1	
宕（江）通	1（东钟养1）		1（江阳送漾1）	
通押韵字及次数	壤1		梦1	
臻梗（曾）通宕（江）			1（阳混庚登东1）	
通押韵字及次数			望1	
			混1	
			蒙1	
深臻梗（曾）通	1（侵真庚青钟1）			
通押韵字及次数	人1			
	重1			

根据我们的考察，这五摄的通押韵例，常常是以某一摄为主的主从通押，而比较少见入韵字数相差无几的等立通押。而且这几摄字之间的通押互见也并不是对等的，多出现 A 摄的字常常押入 B 摄的情形，而 B 摄字押入 A 摄则比较少，比如梗通之间的通押，通摄字押入梗摄要多于梗摄字押入通摄；而臻梗之间，两摄字的通押互见则几乎相差无几。臻通之间的通押，臻摄字押入通摄的次数也同样要多于通摄字押入臻摄。不过侯善渊作品相关韵例中有两个例外：《龙》（杂言）"龙、群、雄、东、魂、谆"，《真》（杂言）"新、穷、通、宫、尘、神"，这两个韵例几乎是一种势均力敌的等立通

押，基于侯善渊的 20 个臻通通押的韵例再加上这 2 个韵例如此特殊的表现，我们判断在侯善渊的诗词中臻通通押不可能是偶然通押或个人用韵习惯，而可能是在侯善渊的方言里有臻通混用的方言基础。其实深、臻、曾、梗、通五摄之间的混用在山西诗人用韵中显得更为普遍，因为这五摄的通押韵例中山西诗人的用例占了四分之三还要多。

周大璞先生认为这些韵之间的通押是因为韵腹相同或相近，而乔全生先生认为这五韵之间的通押是韵母演变的初始阶段或某种方音的合并阶段，是当时某种方音的反映，因为当时的这种方音白读已经丢失鼻韵尾，所以对文读中的前后鼻音就显得漠然，谈吐中前后鼻音归并是自然而然的事情，今天的晋方言就是如此①。这五摄同韵从唐五代就已经开始了，例如在敦煌变文中就有很多这五摄通押的现象，如"因、僧、轮、循、人"通押，"霖、中、音"通押等②，这些韵例已经显示出这五摄混用的趋向。宋辽金这种通押继续存在，如在 12 世纪藏文注音的西夏残经中这五摄的字已经共为一韵，甚至在现代的晋方言的各片中仍然存在这种现象。比如在现代晋方言的并州片，深、臻、曾、梗、通五摄的舒声合流，不过这五摄同韵，是文读音，白读音却不尽相同③。在现代的兰银官话中，深、臻、曾、梗、通五摄为同一套韵母④。这说明深、臻、曾、梗、通五摄的舒声合流是西北方言的特点，这种特点从唐五代的西北方音中开始显露，并持续到现代的西北方言中。

侯善渊、刘志渊、姬志真等人是山西人，在现代的山西方言中仍然存在五摄混用的现象，那么金代这些人用韵中的深、臻、曾、梗、通五摄之间的通押也应该是方言现象。王处一是山东东莱人，即现在的山东黄县，黄县属于胶辽官话的登连片，在这个方言片，梗摄合口字有读如通摄的现象⑤。刘迎是山东益都人，即现在的山东青州，在青州方言中，通摄字在零声母的情况下实际读成了梗摄的合口音⑥。在现代山东方言中的这种现象让我们猜测金代山东方言中这种梗通相通的现象应该也存在，或者更加普遍一些。

关于深、臻、梗三摄在山东诗人用韵中的混用，鲁国尧先生指出，在宋代山东词人用韵中，真文、侵寻、庚青三部基本是分用的，但也普遍存在不同程度的通押现象，鲁先生认为这并不是方言现象，而是用韵较宽所致⑦。因此在金代山东诗人的用韵中出

---

① 乔全生《晋方言语音史研究》，210 页。
② 周大璞《〈敦煌变文〉用韵考（续完）》，《武汉大学学报（哲学社会科学版）》，1979 年 6 期。
③ 乔全生《晋方言语音史研究》，209 页。
④ 宋佳《浅析兰银官话语音的主要特点——以河西走廊为例》，《北方文学》，2011 年 12 期。
⑤ 钱增怡《汉语官话方言研究》，齐鲁书社，2010，115 页。
⑥ 钱增怡《潍坊方言志》，43 页。
⑦ 鲁国尧《宋代辛弃疾等山东词人用韵考》，刘晓南、张令吾《宋辽金用韵研究》，230-231 页。

现三部的混用我们也同样不认为是方言现象，而是主要元音相近造成的用韵较宽造成的，因为在宋代或者金代没有找到资料能够证明深、梗、臻三摄之间在方言中有混用的现象。而王寂是河北玉田人，在现代的玉田方言中，同样也已经看不到五摄通用的情形，也找不到什么资料能证明在金代或者金代前后时期的用韵或者方言中存在深、臻、曾、梗、通五摄混用的现象，而且王寂的相关用例只有1例，所以我们认为偶然通押的可能性很大。

侯善渊《上平西》：中融_东蓉钟宫空珑_东清清风_东

山主《临江仙》：松峰钟层登宗雄中_东

山主《临江仙》：风_东兄_庚穷丛_东冲钟宫_东

《郊庙乐歌举酒奏万寿无疆之曲》（四古）：功_东名清

姬志真《媒嫛》（五绝）：心侵生_庚

刘迎《题孟宗献诗卷后》（五古）：今侵南覃

王寂《丙午次宜民县》（七古）：骖覃三谈堪覃贫真

刘志渊《江神子令》：奔魂雄融_东坤魂空_东弘登通风_东

侯善渊《益寿美金花》：近隐用用

侯善渊《益寿美金花》：珑_东沉侵

侯善渊《诉衷情》：人_真功空_东争_耕中童风_东

王处一《请惠先生修殿》（七古）：恩_真风_东

侯善渊《龙》（杂言）：群_文雄风_东坤魂仑谆闻_文

完颜雍《减字木兰花》：心侵尘真

（十四）山咸江宕摄通押

在金代的四种文体里面，因为主元音相近，山咸、江宕分别通押的韵例比较多，甚至在曲韵中因为山、咸通押很多，比例超过了10%，我们把咸摄并入了山摄。散曲和诸宫调与实际口语更为接近，因而更能反映实际口语中山、咸二摄的通押，有深厚的语音基础。

从表5.2可以看出山咸之间的通押，以咸摄字押入山摄为主，山摄字押入咸摄则比较少见，-m韵尾读同-n韵尾，这正说明闭口韵-m韵尾的消变，与-n韵尾逐渐合流。山宕（江）与咸宕（江）也有一定数量的通押，但是数量比较少，这说明与-m韵尾向-n韵尾的逐渐靠拢不同，-m韵尾与-ŋ韵尾、-n韵尾与-ŋ韵尾普遍保持着一定的距离。

表 5.2　山咸江宕四摄通押用韵形式及次数

（附咸臻、山臻、山咸臻、咸侵）

通押类型	诗	文	词	曲
山咸	15（覃删 1 覃山 1　仙添盐 1 仙覃 1　删衔 1 谈寒删 1 山删凡 1　寒谈 1 覃衔谏 1 覃寒翰 1　山琰 1 严添狝 1 盐添清 1　先仙 1 勘换 1）	7（琰阚凡艳忝鉴 陷盐桥酽勘豏感 缓 1 琰换 1 梵感豏寒 1 鉴谏换 1　梵霰 1 艳霰 1 先仙桓 1）	16（琰忝愿艳 1 狝缓艳线 1 琰狝线霰 1 琰线霰 1 狝线霰 1 铣狝线愿霰 1 线愿霰 1 襇旱产谏梵 1 狝线霰艳 1　狝愿线霰 2 豏襇谏翰换 1 襇狝线换霰谏阚 1 产旱霰梵翰 1 清产阮豏换翰 1 缓霰阮狝豏线换愿 1）	13（狝阮艳 1 盐先添桓霰 1 先仙元线狝愿 1 先仙山线阮感狝 1 谈盐衔感阚产鉴琰 1 元缓忝霰谏琰线狝 1 桓衔线谏换缓翰狝铣 1 添盐先仙桓删产线狝换 1 先仙琰梵换线翰霰缓阮 1 先仙元桓谈添换翰旱线产缓 1 山霰 1 添咸盐鉴敢产豏勘酽艳陷忝琰 1 先仙山删元寒铣敢翰换线谏狝感 1）
通押韵字及次数	淡 1　岩 1　参 1 僭 1　惨 1　凡 1 三 1　参 1　函 1 纤 1　南 1　减 2	梵 1　缆 1　甜 1 盐 1　犯 1　帘 2	淡 1　点 1　染 2 添 3　憨 1　缆 1 甜 1　盐 1　犯 1 帘 2　髯 1　耽 1 贪 2　三 1　参 1 函 1　缣 1　南 1 减 2　廉 1　惭 1 苒 1　店 2　喊 1 俭 1　堪 1　念 3 陷 1　堑 1　验 1 滟 1　脸 1　点 1 凡 1　男 1　梵 1	念 1　闪 2　敛 2 惨 1　嫌 1　甘 1 添 1　纤 1　尖 1 点 2　梵 1　犯 1 掩 1　揽 1　感 1 眼 1　险 1　衫 1
	年 1　鬟 1　扇 1	见 1　卵 1	愿 1　闲 1　元 1 仙 1　攒 1	产 1　边 1　欠 1 倩 1　掂 1
山宕（江）		1（阳唐仙 1）	2（养缓换翰 1 养漾宕翰 1）	2（元唐养宕荡 1 阳唐养漾缓 1）
通押韵字及次数		焉	灿 1 象 1	瞳 1　烦 1

续表 5.2

	诗	文	词	曲
山咸宕	1（先漾1）			
	念1 上1 田1			
山江宕（江）			1（养绛漾宕翰1）	
通押韵字及次数			翰1	
咸臻	1（覃谈真1）			
通押韵字及次数	贫1			
山臻	3（寒真轸稕震1 桓魂1 寒桓山删仙换魂文慁1）	1（线震隐吻稕1）	2（桓真霰仙换1 真文桓1）	
通押韵字及次数	圆1 兰1 神1 奔1 闻1 民1 论1 昏1	院1	观2	
山咸臻	1（感寒先仙元山删换翰震痕1）			
通押韵字及次数				
咸深	3（覃侵2 谈覃侵1）	1（覃侵1）		
通押韵字及次数	南2 参1	南1		
		琛1		
山深臻		1（侵元真魂谆1）		
通押韵字及次数		金1		
		言1		

在敦煌变文中就已经可以看到山咸摄之间的通押，如"坛、缠、缘、船、潜"相押，乔全生先生认为在晋方言中四摄的同韵可以追溯到 200 多年前的《杂字》，该书记载了很多咸山摄字与江宕摄字互注的例子，如：用"汤"注"滩"，用"良"注"连"，用"奸"注"江"，用"丹"注"当"等①，这说明 200 多年前晋方言中咸山与江宕是混用的。在现代晋方言中，有的片山咸和江宕通押，而有的则是山咸和江宕有条件地

---

① 乔全生《晋方言语音史研究》，222 页。

部分通押。正如乔全生先生所说,"在晋方言中原官话汾河片中有近 20 个方言点咸山摄与宕江摄同韵",但是在有的点,山咸和江宕有条件地部分通押,比如在祁县、文水、汾西,山合一"官"与山合二"关"不同韵,宕摄只与山合二"关"同韵,而不与山合一"官"同韵①。

元好问是山西人,上文已经说过在现代晋方言中仍然保留咸山摄与宕江摄通押,却是有条件地通押。赵秉文所在的河北磁县属于邯郸方言的晋方言区,晋方言的特点磁县方言同样具有。因此元好问与赵秉文的韵例我们认为是受了方言的影响。

马钰是山东宁海人,山东宁海即现在的山东牟平,在牟平所在的烟威方言片没有发现这种山、咸、江、宕四摄混用的现象。而王寂是河北玉田人,在玉田所在的唐山方言片,这四摄混用的现象也同样没有。而且我们也没有找到资料能够证明在金代或者金代前后时期的方言中有山、咸、江、宕四摄混用的现象,因而马钰和王寂的韵例我们看作是用韵较宽所致。如:

赵秉文《祭姬平叔文》：胆寒犯梵撼感黯赚

王寂《丛蔓聚奇赋》：渐琰赠艳缆阚簟忝歉陷觇盐鉴鉴卵缓嗛忝验艳僭标占艳厌艳念标剑酽俭琰憾勘湛赚滟艳坫标芡琰淡阚垫标蘸陷暂阚陷陷颔感

马钰《卜算子》：算缓象养唤换难翰灿翰伴缓

元好问《御史张君墓表》：堂唐乡良阳庞江方阳旁唐璋粮阳唐藏唐昌忘阳滂唐芳常阳光唐

马钰《和完颜尼福海所闻空中颂四章》（七古）："念标上漾田先

(十五) 真寒通押

真指真文部,寒指寒先部,这里两部的通押与元、魂、痕无涉,这种通押韵例诗里有 2 例,词里有 2 例。

王寂《和陈无几送东坡韵》：远阮忍轸见霰键狝满缓晚阮

王丹桂《行香子》：尘银真分文神身真观桓亲人真云文

在唐代敦煌变文中二者就有混用的现象存在,如"嗔、钱、文、身"通押,宋词用韵中山摄、臻摄有通叶的现象,鲁国尧先生考察后认为二摄的通押在福建、江西比较普遍,在山东词人辛弃疾的词里也比较普遍②。乔全生先生指出在宋代山西人司马光、金末高道宽的的词里二摄都有通叶的现象,因此他指出在宋金时代山西的很多方言都有山臻通押的现象,只是这种现象在现代的山西方言中已经不复存在,因此他认为在元后山臻已经逐渐分离了③。

在我们的 2 个韵例中,王丹桂是四川人,刘晓南先生指出在宋代四川语音中,寒

---

① 乔全生《晋方言语音史研究》,220 页。
② 鲁国尧《宋代辛弃疾等山东词人用韵考》,刘晓南、张令吾《宋辽金用韵研究》,234 页。
③ 乔全生《晋方言语音史研究》,222 页。

先通押真文主要取细音字入韵,洪音不多①。但是王丹桂韵例中押入真文部的寒先部字是"冠"字,属于合口洪音字,我们当作偶然入韵来处理。王寂是河北玉田人,在历史上和现代的玉田方言中也没有发现真寒相通的现象,因此也处理为偶然入韵。

(十六) 入声阳声通押

入声阳声通押比较少见,在四种文体中只发现了2例,但是这种通押从一个侧面证明了《四声等子》记录的真实性。在《等子》中入声不但配阳声韵,而且还配阴声韵,有的竟然兼配两个阴声韵,这说明中古入声韵正在发生变化。入声韵尾的失落,阳声韵尾的鼻音化或者失落使得入声与主元音相近的阳声韵的通押成为可能。

赵秉文《圭峰法语》(五古):转狝牵先业业

丘处机《赠潍阳唐括姑》(七古):拔辖牵先还颜删

另有一例有些特别:

王特起《喜迁莺》:满缓媛线馆换见霰靥叶眷线现霰茧铣殿宴电霰

韵例中的"靥"字有些特别,《广韵》于叶切,入声叶韵,意为脸上的小酒窝;古代妇女点搽面部的一种妆饰。《集韵》收录了另一个读音,于琰切,上声琰韵,意为黑痣。诗里的原句是"翠鸾远,但清溪如镜,野花留靥",如果读琰韵,押韵和谐,但是意义又不通。此例存疑。

(十七) 阴入通押和入声之间的特殊通押

在金代的四种文体里面都存在着阴入通押的现象,但是在金代北方汉语通语中入声我们认为已经派入了阴声各部,不存在了,所以不是所有的阴入通押都看作特殊通押,只有诗、文、词、曲韵里面的阴声与在金代北方汉语通语中没有派入该阴声韵部的入声之间的通押我们才算作特殊通押。金代的四种文体里面一共出现了46例阴入特殊通押。如:

《刘知远诸宫调》卷12《南昌宫·尾》:内队披支得德

《西厢记诸宫调》卷2《大石调·伊州滚》:议置贼德细霁备至知支水旨是纸敌锡雷灰地至识职

元好问《蓦山溪》:媚至世祭里止地至北德岁祭

《西厢记诸宫调》卷3《越调·尾》:火果阔末驼歌磨戈壳觉挫过我哿

《刘知远诸宫调》卷12《仙吕调·绣裙儿》:作铎却药搓铎过过他歌捉觉个个磨卧过那个祸果破过拖末波戈

马钰《十报恩》:涯佳砂麻药药葩华霞麻

这些特殊的阴入通押或许反映出了入声韵尾的逐渐消变,特别是阴声与在《中原

---

① 刘晓南《宋代四川语音研究》,186页。

音韵》中没有派入它的入声之间的通押，表现出入声在消变前一种不稳定的状态。

除了阴入之间有特殊通押以外，在入声之间也存在特殊通押。这里的入声之间的特殊通押同样指的是没有派入同一阴声韵部的入声之间的通押。如：

支-车-麻-歌通押：

蔡松年《江神子慢》：叶叶节洁魄铎碧昔月月绝薛泊铎迹昔榻盍寂锡劫业客陌

支-车-豪-歌通押：

蔡松年《石州慢》：碧昔擘麦节屑叶叶绝薛迹役昔侧职客陌

麻-豪-歌通押

马钰《满庭芳》：察黠刷辖角觉抹末觉学朴邈握觉

鱼-麻-歌通押：

耶律履《念奴娇》：骨没物物发月佛拂物没窟咄没

歌-豪通押：

王吉昌《瑞鹤仙》：薄铎落作错索铎绰钥药药拨末廓铎乐觉着药

车-豪-歌通押：

长筌子《花心动》：觉觉着灼烁药薄铎跃药乐铎钥药说薛错铎角觉

鱼-皆-支通押：

王朋寿《珠玉篇》：玉烛德德椟屋目屋则德速屋

支-车-皆通押：

赵秉文《华山感古赋》：坼陌血屑裂薛发獗月宅陌镝锡室质食职绝薛月月极职

麻-歌通押：

侯善渊《法》（杂言）：答乏学觉觉啄屋

鱼-支-皆通押：

段克己《谒金门》：矂锡色识职格陌索铎藉昔出术笛锡

入声之间的特殊通押表明，塞音韵尾失落之后，原来的各入声韵之间的差异性逐渐减少，同时也表明虽然入声已经派入了平、上、去三声，但是有的韵部还是表现出了一定的摇摆性，还没有最后定型。

入声韵尾的消失并不是金代或者宋代的事情，而是从唐五代就已经开始了。罗常培先生指出在《开蒙要训》里面有两对注音材料"栖—薛""履—巨"，这里的"薛"得读 [se]，而不是 [syar]，才能与"栖"相对，"履"得读 [ki]，而不是 [kig]，才能与"巨"相对，那么收声 r（t）、g（k）从五代起已经露出了消失的痕迹①。而许宝华先生的《论入声》列举了《番汉合时掌中珠》（1190 年）中的例子，并指出，从骨

---

① 罗常培《唐五代西北方音》，160 页，163 页。

勒茂才的《番汉合时掌中珠》中对西夏文的汉字注音来看，入声字基本上自成一类，这说明当时入声作为一个独立的调类还存在着，但是已经出现不少入声和阴声同注一个音的例子，这说明塞音韵尾已经逐渐消变①。

(十八) 存疑韵例

还有 4 例非常特别的情况，其中 2 例出自《全金诗》最后的民谣、童谣，《时人为王泽民、吕造语》："泽民不识枇杷子，吕造能吟喜欲狂。"《四方为李妃》："经童作相，监婢为妃。"

另外还有两首是绝句：

刘勋《济南泛舟》（七绝）：里止中东时之

赵文昌《失题》（五绝）：壁锡窗江时之

在敦煌曲子词中也有支微与江阳通押的韵例，如：

《失调名五台山赞》：寺志刚唐鸣庚

支微与庚青通押有方言和历史的依据，但与阳唐、东钟通押就有点无法理解了。刚和泰《音译梵书与中国古音》中曾提起梵僧法天宋初入中国译经，译"曩"为"na"，那么江宕摄的字失落鼻音韵尾也只能与家麻部的字通押。或者根据龚煌城先生对《番汉合时掌中珠》的研究，在西北方言中唐韵的"刚、狼、皇、当"等字与歌韵的"罗、锣、萝、哥、我"等字同韵，从而形成阳唐部与歌戈部的混用②。但是金诗出现的韵例中江宕摄的字与支微部的字通押，显然很特别。至于通摄字与止摄字的通押同样有些奇特，如果通摄字失落鼻音韵尾也只能与遇摄的字通押，这里与止摄字通押，更是特别。

周大璞先生在研究敦煌变文的时候认为江阳在变文中是一个非常活跃的韵部，同真文、庚青、东钟都有大量通押③，因此我们可以做这样的猜测，江阳混同庚青、东钟混同庚青，然后与支微通押是否就可以理解了？但这也只是猜测，要证明江阳、东钟与支微的通押还需要历史和方言的依据。

上文所说这些特殊通押中的很多从金代北方汉语通语中无法找到解释，但是却可以在晚唐、五代、宋代以及现代的晋语中找到印证。我们这里列出的特殊通押有 9 个是在历史晋语中可以找到的，如歌鱼通押、鱼麻通押、尤鱼通押、支鱼通押、萧尤通押、萧鱼通押、真寒通押、深臻曾梗通相通、山咸江宕通押。我们可以从如此多的相似点中看出两点，一是山西文化在金代的繁盛和山西文人在金代文坛的巨大影响；二是晋方言在金代仍然是一种非常有特色的方言，这种特色承继唐五代而来，又延伸到

---

① 许宝华《许宝华汉语研究文集·论入声》，中华书局，2006，92 页。
② 龚煌城《汉藏语研究论文集》，北京大学出版社，2004，301 页。
③ 周大璞《〈敦煌变文〉用韵考（续完）》。

了现代。

晋方言与金代的汉语共同语——金代北方汉语通语之间的不同从特殊用韵中已经展示出来，这显示出在金代即使在民族融合带来语言融合的大背景下，晋方言仍然是一种非常有特色的方言，它的特色仍然从生活在这一方言区的文人们的诗、文、词、曲的用韵中表现出来。

第三节　金元曲韵中歌麻相通探析

这里考察的金代曲韵包括杂剧和散曲，而元代的曲韵指的是南戏。

南戏是十二世纪三十年代至十四世纪六十年代，即北宋末到元末明初，在南方主要是浙东沿海一带流行起来的戏曲艺术，故称宋元南戏，又称南曲戏文、戏文。宋元南戏中宋代的南戏保存下来的很少，所以这里我们讨论的主要是元代的南戏。

我们考察了张月中《全元曲》① 收录的八本元代南戏戏文，萧德祥《小孙屠》、柯丹邱《荆钗记》、施惠《幽闺记》、刘唐卿《白兔记》、徐仲由《杀狗记》、高明《琵琶记》和无名氏《张协状元》《宦门子弟错立身》。我们摘录了这八本南戏中的 2 056 个韵段，以《中原音韵》《古今韵会举要》和《蒙古字韵》所代表的韵系为参照系，依照《中原音韵》的韵部名称，考察了南曲戏文的韵部系统（在讨论韵部的时候，我们对《中原音韵》的各个韵部统一先称组，得出结论之后再称部。韵例中划线的字是入声韵字)，进行了重新归部。得到了 11 个韵部，其中阴声韵 6 部，包括歌麻部、车遮部、支鱼部、萧豪部、皆来部、尤侯部；阳声韵 5 部：包括先廉部、寒咸部、侵庚部、江阳部、东钟部。

在元代南戏的阴声韵部中歌麻相通的表现最为突出，因此这里我们重点考察元代南戏中歌麻相通的情况。

一　家麻组、车遮组分立

家麻组包含《广韵》的麻韵二等字和洽、辖、月、乏四个入声韵的字。

家麻组中，麻韵二等独用 23 例，阴入混用 6 例，"洽、插、拔、猾、察、伐、发、法"等字分别押入 1 次，其中"洽、插"属于中古洽韵，"拔、猾、察"属于中古辖韵，"伐、发"属于中古月韵，"法"属于中古乏韵，这些字在《中原音韵》中都派入了家麻部。家麻组中，没有入声洽、辖、月、乏等韵独用的韵例，由此我们判定在元代南戏中这些入声韵不具有独立性，已经与麻韵二等混同。因此我们认为在元代南戏

---

① 张月中《全元曲》，中州古籍出版社，1996。

中，辖韵、洽韵、月韵、乏韵都派入了家麻组，只是在《中原音韵》中派入家麻部的黠、狎、合、曷、盍五个入声韵在元代南戏中没有出现，我们不能妄下结论。同时要说明的一点是元代南戏中洽、辖、月、乏四个入声韵与麻韵二等混同，以及后面的薛、屑、帖、月、业、叶与麻韵三等混同，入声铎韵、药韵、末韵等韵部分字与歌戈韵的混同，并不是说在元代南方通语中入声韵已经不存在，只是说在元代南戏用韵中入声与和主元音与它相同或相近的阴声混同，戏曲用韵和实际语音相比要宽泛许多，不一定完全反映当时语音的真实情况。

表 5.3　家麻组、车遮组用韵情况表

韵部	韵段数	韵部	韵段数
车遮组	32	歌戈-家麻	17
车遮-歌戈	4	家麻	29
车遮-支思	1	支思-家麻	1
家麻-车遮	12	家麻-歌戈-鱼模	1
家麻-车遮-歌戈	7	歌戈	27

家麻组中阴入混用示例：

柯丹邱《荆钗记·三十二·尾》：发洽霞

萧德祥《小孙屠·十九·北甜水令》：下拿拔加

施惠《幽闺记·十五·竹马儿》野鸦下挂华伐马插花

柯丹邱《荆钗记·三十二·榴花泣》：瑕罚猾衙法怕瓜加

柯丹邱《荆钗记·三十二·榴花泣》：娃沙家花夸讶察化

柯丹邱《荆钗记·三十二·渔家傲》：芽麻咤差嫁马发寡

车遮组包含《广韵》的麻韵三等字和薛、屑、帖、月、业、叶六个入声韵的字。

车遮组中，没有麻韵三等字独用的韵例，薛、屑、帖、月、业、叶六个入声韵独用 13 例，阴入通押出现 19 例。其中阴声韵押入入声韵 17 例（阴声韵字少，入声韵字多），入声韵押入阴声韵 1 例（入声韵字少，阴声韵字多），等立通押 1 例。

表 5.4　押入家麻组的入声韵字

洽	洽、插
辖	拔、猾、察
月	伐、发
乏	法

入声独用韵例：

柯丹邱《荆钗记·四十四·杜韦娘》：冽野雪折洁绝泄穴

高明《琵琶记·十二·高阳台》：绝节结灭

无名《张协状元·四十一·香遍满》：阙歇贴月

施惠《幽闺记·三十二·四犯黄莺儿》：切撒血说妾

施惠《幽闺记·三十二·四犯黄莺儿》：阙迭热叶

阴入混用韵例：

施惠《幽闺记·三十二·四犯黄莺儿》：切怯撒嗟设扯说蛰

施惠《幽闺记·三十二·四犯黄莺儿》：车赊舍节竭缺夜折接

柯丹邱《荆钗记·四十四·尾》：斜妾热赊

柯丹邱《荆钗记·四十四·尾》：缺彻咽姐杰

徐仲由《杀狗记》：跌也

家麻、车遮两组的混用一共出现了 12 例，其中 9 例是阴声韵的混用，1 例是阴声韵押入入声韵，2 例是入声韵独押。

施惠《幽闺记·三十二·莺集御林春》：遮泄别折说业

高明《琵琶记·十二·前腔换头》：别月切彻发

高明《琵琶记·十二·前腔换头》：阅列洁伐发

家麻、车遮、歌戈三组之间的混用出现了 7 例，其中 5 例是阴声之间的混用，2 例是入声之间的混用。

高明《琵琶记·十二·前腔换头》：达屑八撒折掇

高明《琵琶记·十二·前腔换头》：阔别裂设月杀

有 4 例歌戈、车遮两组混用的韵例，其中 1 例是阴声韵之间的混用，3 例是入声韵之间的混用。

高明《琵琶记·三十·红衫儿》：破何过遮些锅祸

高明《琵琶记·十二·高阳台》：脱越葛舌

高明《琵琶记·十二·前腔换头》：热铁说咽活血

高明《琵琶记·十二·前腔换头》：别撒雪迭挈末

《中原音韵》中派入车遮部的主要有薛、屑、叶、帖、业和月韵的喉牙音字，从表 5.5、表 5.6 可以看出，《中原音韵》中派入车遮部的这些入声韵字，在元代南戏车遮组的阴入通押的韵例中都出现了。而且在元代南戏阴入通押韵例中入声韵出现的韵部范围比在入声通押的韵例中出现的韵部范围要广，前者涉及"薛、屑、帖、月、业、叶、昔、锡" 8 个入声韵，后者涉及"薛、屑、帖、月、叶、药" 6 个入声韵；而且这些入声韵在阴入通押的韵例中出现的字数比在入声与入声通押的韵例中出现的字数要多。从表格我们可以看出，薛韵字在押入声韵的韵例里出现了 19 个，在阴入混押的韵例里面出现了 17 个，其中有 13 个在两种韵例里面都出现了，在两种韵例中占了

56.5%。屑韵字在入声互押的韵例里面出现了14个,在阴入混押的韵例里面出现了11个,其中有8个在两种韵例里面都出现了,在两种韵例中占了47%。月韵字在入声互押的韵例里面出现了4个,其中有3个在阴入混押的韵例也出现了,占了75%。帖韵字在入声互押的韵例里面出现了3个,在阴入混押的韵例了出现了4个,其中只有1个在两种韵例里面都出现了,占了16.6%。叶韵字在入声互押和阴入混押的韵例各出现了3个,其中只有1个是两种韵例都出现的,占了20%。还有药韵字在入声互押中出现了1次,而在阴入通押中没有出现。锡昔两韵在阴入混押中出现了,而在入声互押中没有出现。

表 5.5　押入声韵韵例中出现的入声字

薛	灭、<u>折</u>、雪、<u>热</u>、别、烈、<u>绝</u>、<u>悦</u>、<u>说</u>、舌、<u>彻</u>、拙、<u>设</u>、<u>杰</u>、掣、爇、阅、列、缺 19（13）
屑	<u>节</u>、<u>结</u>、迭、屑、<u>血</u>、切、铁、<u>咽</u>、灭、<u>跌</u>、<u>洁</u>、<u>穴</u>、撇、掣 14（8）
帖	<u>帖</u>、贴、燮 3（1）
月	<u>月</u>、<u>阙</u>、<u>歇</u>、揭 4（3）
叶	叶、涉、<u>妾</u> 3（1）
药	脚

注：画下划线的是在阴入通押和入声通押韵例中同时出现的韵字。表中出现的数字,前面的是入声韵例或者阴入通押韵例中出现的入声字数,后面的是在入声独用和阴入通押中共同出现的字数。表5.6同。

表 5.6　阴入混用韵例中出现的入声字

薛	<u>折</u>、雪、<u>热</u>、别、<u>绝</u>、缺、冽、<u>悦</u>、<u>说</u>、泄、劣、舌、<u>设</u>、<u>杰</u>、竭、爇、<u>彻</u> 17（13）
屑	<u>节</u>、<u>结</u>、决、切、拽、<u>撇</u>、折、<u>咽</u>、<u>跌</u>、<u>洁</u>、<u>穴</u> 11（8）
帖	颊、<u>帖</u>、叠、箧 4（1）
月	<u>月</u>、<u>阙</u>、<u>歇</u> 3（3）
业	怯、业
叶	接、<u>妾</u> 3（1）
昔	螫、麝
锡	的

由此我们可以断定,在元代南戏中,在车遮组中尽管有入声独用的韵例,但是这些入声韵几乎都可以与阴声韵通押,这些入声韵的独立性已经不存在了。因此《中原音韵》中派入车遮部的薛、屑、叶、帖、业和月韵的喉牙音字在元代南戏的用韵中同样派入了车遮组。

家麻组和车遮组都来自中古的假摄，两者之间的关系也是我们要讨论的一个重要问题。在元代南戏中家麻组共出现了68次，车遮组共出现了55次，其中两组通押19次，在两组所有的韵例中占了18.2%，这表明在元代南戏中家麻、车遮两组的关系依然非常紧密。

就与歌戈组的关系来说，歌戈组韵例共出现了68例，歌戈组与家麻组通押25例，在歌戈组与家麻组出现的所有韵例中占了28.4%；歌戈组与车遮组通押11例，在歌戈组与车遮组所有韵例中占了9.8%。

对比上面的数据，我们可以看出，由于有着共同的中古来源，在元代南戏中家麻组和车遮组的通押比例很高，说明二者的关系在这一时期依然非常密切，但是这种密切远比不上家麻组与歌戈组28.4%的通押，由此我们判断在元代南戏中中古假摄麻韵二等和三等分立，麻韵三等和派入的入声韵组成的车遮组独立成为车遮部，而麻韵二等和派入的入声韵组成的家麻组与歌戈韵及派入的入声韵组成的歌戈组进一步靠拢合并成为歌麻部。这一点从押入家麻与车遮的歌戈组字中也可以得到证实。

对比表5.7和表5.8我们可以知道，与家麻组通押的歌戈组字共出现了35个，而与车遮组通押的歌戈组字只有21个。因此，不管是从韵段数反映出的宏观方面来说，还是从与两组通押所用的歌戈组字的微观方面来说，车遮组与歌戈组的关系都远没有家麻组与歌戈组那么密切，因此我们把家麻组与歌戈组合并为歌麻部，而车遮组独立成为车遮部。

表5.7　与家麻组混用的歌戈组字

通押组合	韵字
歌戈-家麻	和多讹呵舍阔掇可何跎锁么锉躲破魔我饿薄挫个堕卧妥果娥坷裹罗婆磨科荷多波（35）

表5.8　与车遮组混用的歌戈组字

通押组合	韵字
歌戈-车遮	脱活末讹舍阔掇多呵可何跎锁么锉躲破何过锅祸（21个）

二　歌麻部成立

歌戈组包含《广韵》的歌、戈两韵，还有入声铎韵、药韵、末韵等部分字的派入，我们称之为歌戈组。

在歌戈组中，歌、戈等阴声韵合用的韵例17例，歌戈韵与铎韵、药韵、末韵等入声韵之间阴入通押的韵例10例，阴入通押的韵例大多是一两个入声韵字押入阴声韵的形式。在歌戈组中没有入声独用的韵例。

表 5.9 歌麻部用韵情况表

韵部	韵段数	韵部	韵段数
歌戈	27	家麻	29
歌戈-家麻	17	支思-家麻	1
歌戈-鱼模	6	家麻-歌戈-鱼模	1

歌戈组中阴入混用韵例：

施惠《幽闺记·四十·画眉序》：科娥柯学和

施惠《幽闺记·四十·画眉序》：波末萝合

施惠《幽闺记·四十·画眉序》：戈火磨幕

施惠《幽闺记·二十八·惜奴引》：坷个托

柯丹邱《荆钗记·三·腊梅花》：抹我婆

柯丹邱《荆钗记·二十二·渔家傲》：讹多夺何波

萧德祥《小孙屠·三·水底鱼儿》：多火乐可

萧德祥《小孙屠·九·梁州令》：乐弹（失韵）落唆

施惠《幽闺记·二十八·虾蟆序》：挫躲波愕火我弱

施惠《幽闺记·二十八·虾蟆序》：酌挼多薄磨和

在元代南戏中，押入歌戈组的入声韵主要涉及末、药、铎、觉、合、月、烛、曷8韵。

表 5.10 押入歌戈组的入声韵字

末	抹、末、夺、脱、活、阔、掇
药	弱、酌、却
铎	愕、托、乐、落、薄、幕
觉	学
合	合
月	发
烛	辱
曷	葛

王力先生《汉语诗律学》认为派入《中原音韵》歌戈部的入声韵包括末韵以及药韵、觉韵、铎韵、曷韵、合韵、盍韵的一部分字①，元代南戏中，除了月韵和烛韵的1个韵例以外，押入歌戈组的入声韵与《中原音韵》大体相合，月韵和烛韵在这里我们

---

① 王力《汉语诗律学》，第701页。

看作是特殊用韵。而且在歌戈组中没有这些入声韵独用的韵例,它们全部以与阴声韵通押的形式出现,由此我们断定入声末韵、药韵、觉韵、铎韵、曷韵、合韵、盍韵不具有独立性,已经与阴声歌、戈韵混同成为歌戈组。

歌戈组与别的韵部也有一些特殊通押的韵例出现。其中歌戈组与鱼模组通押的韵例一共出现了6例,其中4例是阴声韵之间的通押,2例是阴入通押,也是一两个入声韵押入阴声韵的形式。

歌戈与鱼模阴入混用韵例:

施惠《幽闺记·二十八·本序》:波疴和可却乐

刘唐卿《白兔记·十九·五更转》:锁何朵辱过

歌戈与鱼模阴声韵混用韵例:

刘唐卿《白兔记·十九·五更转》:挫么做磨过大

刘唐卿《白兔记·三十一·歌儿》:何我过误我个

无名《张协状元·九·油核桃》:呵大顾过

高明《琵琶记·三十·称人心》:堕破么许坐可

歌戈与家麻两组通押的韵例一共17例,其中15例是阴声韵之间的通押,2例是阴入通押,其中1例是歌戈与家麻的通押韵例中混入了月韵"发"字,1例是歌戈与家麻的通押韵例中混入了铎韵"薄"字:

高明《琵琶记·十六·普天乐》:下妈个家我话饿薄挫

高明《琵琶记·二十四·梅花塘》:发价个婆何他

歌戈、车遮、鱼模与家麻之间通押1例,属于阴声韵之间的通押:

无名氏《张协状元·九·油核桃》:呵夜破做话。

家麻组和歌戈组联系密切。歌戈组共出现了68次,家麻组共出现了65次,歌戈组与家麻组混用25次,在歌戈组与家麻组所有的韵例中占了28.4%。因此我们把两组合并为一个韵部——歌麻部。

歌戈组与家麻组通押韵例:

高明《琵琶记·十七·三换头》:锁挫家我花堕何

高明《琵琶记·三十四·绕池游》:卧妥果雅画咱

刘唐卿《白兔记·三十一·普天乐》:葭马下挫大

无名《张协状元·四十二·马鞍儿》:洒荷华

家麻、车遮、歌戈三组之间的混用出现了7次,其中2例是入声之间的混用。

高明《琵琶记·十二·前腔换头》:达屑八撒折掇

高明《琵琶记·十二·前腔换头》:阔别裂设月杀

但在元代南戏中歌戈组和家麻组合并成为歌麻部是否就意味着两组的读音混同呢?

其实并非如此。在家麻组中，与麻二通押的入声韵主要有洽、辖、月、乏四个入声韵的字，与歌戈组通押的入声韵主要有末韵以及药韵、觉韵、铎韵、曷韵、合韵、盍韵的一部分字，派入两组韵的入声绝少混同。同时歌戈组与鱼模组通押的韵例一共出现了7例，而歌戈组与鱼模组通押的韵例只出现了1例。这都说明歌戈组、家麻组虽合并成了歌麻部，但其内部还是有一定的界限存在。

元代南戏中的歌麻相通并不像元代南戏中的支鱼相通那么复杂。支鱼相通以鱼模押入支微为主，也有一小部分的支微组押入鱼模组，是一种你中有我我中有你相互交叉的态势。歌麻通押相对简单。从和歌戈组、家麻组通押的入声韵字来说，它们分别和与自己的主元音相同的阴声韵混同，并不因为两组合并为一个韵部而派入并入的另外一组。因此，从分别派入两组的入声韵来说，歌戈组、家麻组虽因为存在着大量的通押合用而合并成了一部，但还是保持了自己的相对独立性，语音上并没有完全混同。

三 歌麻相通探源

这里说的歌麻分别指《中原音韵》中的歌戈部、家麻部和车遮部。歌麻相通既有历史的原因也有方音的影响。在《诗经》时代歌麻均属于歌部，周祖谟先生在《魏晋宋时期诗文韵部研究》中指出，西汉、东汉时期甚至魏晋宋时期也是如此，歌部包括歌、戈、麻三韵字，但是麻韵一类的上去二声字在晋宋时代大多数作家的笔下都是独用的，同歌、戈两类的上去字二声字合用的很少，周先生认为这正是齐梁以下歌麻分成两部的开始。到了齐梁时代，麻韵的平声字也完全独用了，因此歌麻要分为两部了，这与《切韵》歌戈合为一部，麻韵独立为一部相合[①]。

罗常培先生在《唐五代西北方音》中也指出，其实在《切韵》时代，歌、戈、麻三韵只有元音微有参伪的不同，不过后来随着时间的推移，歌戈与麻之间的差别越来越大[②]，在金代编订的《四声等子》[③]中三韵虽然还是列在一图，不过却已经分立了果假两目。

歌麻不分还和方言有密切的关系。在北宋的汴洛音中，就有"歌麻不分"的现象，周祖谟先生《宋代汴洛语音考》进行了详尽的论述，并认为这是唐代以来中原地区的语音特点[④]。张金泉先生在《敦煌曲子词用韵考》中也指出，在敦煌变文这种民间文学中"歌麻通押"也有用例[⑤]。但是现代兰银官话中已经无法看到歌麻通押的现象了。

乔全生先生在《晋方言语音史研究》中对歌麻不分也有论述："唐五代西北地区歌

[①] 罗常培《唐五代西北方音》，61页。
[②] 罗常培《唐五代西北方音》，61页。
[③] 宁忌浮先生在《金代语言学述评》中认为它是金代末年，即十三世纪的二十年代前后的作品。
[④] 周祖谟先生《宋代汴洛语音考》，《问学集（下）》，17页。
[⑤] 张金泉《敦煌曲子词用韵考》。

麻混用是一种较普遍的现象……再到11、12世纪的歌麻基本分离，……这种过渡在各方言中至今也未彻底完成，只是保留得多寡而已。金末晋人诗词用韵歌麻又成混用状态，比11、12世纪西北方音稍有逆转，当为不同方音之反映。"① 在歌麻通押韵例的作者中元好问、李俊民是山西人，二人的诗文中出现歌麻通押，当是方音的反映。现代晋方言中，歌麻混用已经不是非常普遍的情况，但还是在一些方言点中保存着，比如吕梁片、陕北晋方言区和汾河片的一些方言点。

在金代的诗、词、文、曲四种文体中都有歌麻通押的韵例，共计25例，其中诗中出现了2例，词中出现了8例，曲中出现了8例，文中出现了7例，不过这7例全部是元好问的用例。

　　李俊民《沧浪歌》（七古）：波戈沙衙麻

　　马钰《南柯子》：茶麻涯佳家麻趁戈砂霞麻

　　元好问《鹧鸪天》：家沙衙花华麻他歌

　　《西厢记》卷3《仙吕调·赏花时》：加麻煞辖他么歌下祃呵歌家咱麻

　　杜仁杰《般涉调·耍孩儿·庄家不识勾栏·五》：坡戈坐过窝歌社马锣歌

　　元好问《张君墓志铭》：嘉遐耶芽华麻多歌家麻涯佳何歌

　　元好问《恒州刺史马君神道碑》：蛇歌嗟华麻摩戈荷它歌磨戈婀歌波颇戈华遐家麻

而在南方的吴语区，同门钱毅《宋代江浙诗韵研究》里面指出在宋代江浙诗韵中有68例的歌麻通押，其中6例是江淮官话淮扬片诗人所用，62例出于江浙的吴语区，这些韵例在现代吴语中仍然能够得到印证，他认为这是受到了宋代江浙方音的影响②。

元代南戏除了《张协状元》《宦门子弟错立身》的作者无法考知以外，《小孙屠》作者萧德祥、《幽闺记》作者施惠是杭州人，《荆钗记》剧下注称作者为"吴门学究敬先书会柯丹邱"，因此我们知道《荆钗记》作者柯丹邱是苏州人，《杀狗记》作者徐仲由是浙江淳安人，《琵琶记》作者高明是浙江温州瑞安人，只有《白兔记》作者刘唐卿是山西人。杭州、苏州、淳安和温州都属于吴语区，只有山西属于晋语区。而不管是在吴语区还是在晋语区，歌麻相通都是一种常见的方言现象。因此，南戏中的歌麻通押现象，我们认为更多的是元代南方方言特别是吴语方言的反映。

四 现代吴语区的歌麻相通

　　歌麻相通在宋代江浙诗人用韵中有所体现，在元代南戏中也有反映，那么在现代吴语中又有怎样的表现呢？

　　钱毅《宋代江浙诗人韵部研究》认为歌麻相通在现代吴语中仍然存在。对于果摄，

---

① 乔全生《晋方言语音史研究》，142页。
② 钱毅《宋代江浙诗韵研究》，96页。

在吴语的 77 个方言点中，41 个点（占 53％）有读 [-o] 的现象，可以说在现代吴语区果摄韵母读 [-o] 韵是较普遍的现象。而对假摄来说，吴语 77 个主要方言点中有近 65％的方言点主要元音为 [-o]。同时，少数歌韵字与部分麻韵字有读 [-A] 或 [-ɑ] 韵的现象①。

我们以上海、苏州和宁波为代表分别对吴语方言中歌麻韵的情况进行了考察。[pu]

（一）上海方言

歌戈组在上海方言中比较多的读 [u]②，如：波 [pu]，菠 [pu]，朵 [tu]，哥 [ku]，锅 [ku]，河 [wu]，梭 [su]，罗 [lu]，左 [tsu]，做 [tsu]，梭 [su]，锁 [su]，坐 [zu]，果 [ku]，蜗 [ku]，过 [ku]。

只有少数读 [o]，如：舍 [so] 磨 [mo]。

还有一些有 [ɑ] [u] 两个读音，如：多 [tɑ] [tu]，拖 [tʻɑ] [tʻu] 等。

家麻组在上海话中多读 [o]③，如：虾 [ho]，靶 [po]，怕 [pʻo]，扒 [bo]，茶 [zo]，扒 [bo]，弄 [bo]，爬 [bo]，耙 [bo]，杷 [bo]，骂 [mo]。

但家麻组字在上海话中有比较多的文白异读，文读读 [ɑ]，白读读 [o]，如：鸦，文读 [ɑ]，白读 [o]；芭，文读 [pɑ]，白读 [po]；麻，文读 [mɑ]，白读 [mo]；巴，文读 [pɑ]，白读 [po]；马，文读 [pɑ]，白读 [mo]；蛙，文读 [uɑ]，白读 [o]。

只有"大"比较例外，有 [dɑ] 和 [du] 两个读音。

而车遮组，很多读 [ɑ]④，如：扯 [tsʻɑ]，街 [kɑ]，爹 [tiɑ]，惹 [zɑ]，写 [siɑ]，爷 [ɦiɑ]，鞋 [ɦiɑ]。

还有少数读 [o]，如：赊 [so]，车 [tsʻo]。

从上面的例子中我们可以知道，在上海方言中，车遮组和家麻组，都有读 [o] 的现象，歌戈组多数读 [u]，也有少数读 [o] 的现象；在歌戈组中有少数读 [ɑ] 的现象，而车遮组有很多读 [ɑ]，家麻组文读也读 [ɑ]。这大概是在上海方言中歌麻相通的具体表现，从中我们不难看出歌麻的关系是比较混杂且密切的。

（二）苏州方言

歌戈组在苏州方言中读 [əʊ]⑤，如：罗 [ləʊ]，梭 [səʊ]，鹅 [ŋəʊ]，搓 [tsʻəʊ]，

---

① 钱毅《宋代江浙诗韵研究》，96 页。
② 李荣《上海方言词典》，江苏教育出版社，1997，33－55 页。
③ 李荣《上海方言词典》，201－209 页。
④ 李荣《上海方言词典》，59－79 页。
⑤ 李荣《苏州方言词典》，江苏教育出版社，1997，156－170 页。

驼 [dəʊ]，果 [kəʊ]，火 [həʊ]，素 [səʊ]，租 [tsəʊ]，姑 [kəʊ]，初 [tsʻəʊ]。

车遮和家麻大多读 [o]①，如：骂 [mo]，靴 [ɕio]，霞 [io]，下 [ɦo]，夏 [ɦo]，花 [ho]，瓦 [ŋo]，蛇 [zo]，车 [tsʻo]。

但也有例外，少数家麻组字读 [əʊ]，如大 [dəʊ]。

从上面的例子我们不难看出，歌戈组在苏州方言中发 [əʊ]，车遮组和家麻组大多读 [o]，家麻组只有少数字读 [əʊ]，与歌戈组的读音相同，这大概是在苏州方言中歌麻相通的语音基础。但是我们还是能看出在苏州方言中，歌麻的关系虽有相通，但是数量很少，二者的关系已经比较疏远。

（三）宁波方言

歌戈组在宁波方言主要中读 [əʊ]②，如：做 [tsəʊ]，婆 [bəʊ]，多 [təʊ]，罗 [ləʊ]，搓 [əʊ]，梭 [səʊ]，果 [kəʊ]，个 [kəʊ]，鹅 [ŋəʊ]，和 [ɦəʊ]，波 [pəʊ]。

家麻组主要读 [o]③，如：下 [ɦo]，夏 [ɦo]，家 [ko]，瓜 [ko]，大 [do]，怕 [pʻo]，麻 [mo]。

也有一部分的家麻组字的读 [əʊ]，如：大 [dəʊ]，啥 [səʊ]。

假摄开口二等麻韵一部分见系字部分老派人的文读为 [yo]，新派为 [ia]④（表5.11）。

表5.11 假摄开口二等麻韵的新老派读法

	家（文读）	嫁（文读）	雅	霞	暇	鸦
老派（部分人）	[tɕyo]	[tɕyo]	[ɦyo]	[ɦyo]	[ɦyo]	[yo]
新派	[tɕia]	[tɕia]	[ia]	[ɦia]	[ɦia]	[ia]

车遮组主要读 [ia]⑤，如：爹 [tɕia]，借 [tɕia]，且 [tɕia]，写 [ɦia]，夜 [ɦia]。

也有一部分读 [o]，如：车 [tsʻo]，蛇 [dzo]，赊 [so]，惹 [zo]。

从上面的例子我们不难看出，在宁波方言中歌戈组的字主要读 [əʊ]，少数字读 [o]，如：我 [ŋo]，朵 [to]。车遮组主要读 [ia]，也有一些字读 [o]；家麻组主要读 [o]，也有少数字读 [əʊ]。而家麻、车遮和歌戈组各有一部分字读 [o]，家麻和歌戈组各有一部分字读 [əʊ]，这就是在宁波话中歌麻相通的语音基础，从中我们不难看出，歌麻相通的字还是比较多的，歌麻的关系仍然相对比较紧密。

---

① 李荣《苏州方言词典》，98-111页。
② 李荣《宁波方言词典》，江苏教育出版社，1997，176-192页。
③ 李荣《宁波方言词典》，第95-106页。
④ 李荣《宁波方言词典》，5页。
⑤ 李荣《宁波方言词典》，69-71页

通过对上海方言、苏州方言和宁波方言的考察，我们知道在这三种方言中仍然存在着不同程度的歌麻相通的情况，这是元代南戏中歌麻相通所反映出来的南方方言特别是吴语方音的语音遗存，也从侧面证明了歌麻相通在元代吴语区的存在。

综上所述，在元代南戏中，中古假摄麻韵的二等三等分离，三等及派入的入声韵独立成为车遮部，而二等与派入的入声韵组成的家麻组与歌戈韵及派入的入声韵组成的歌戈组关系密切，合并成为歌麻部。而不管是家麻组还是车遮组都与歌戈组有一定数量的通押的韵例出现。歌麻相通既有历史的原因也有方音的影响，在《诗经》时代二者同属一部，到齐梁时代二者分部，这是在通语雅言中的表现，但在一些方言中二者仍然关系密切。唐五代西北方音中歌麻只有元音微有拿侈的不同，在唐五代以来的晋方言中二者关系紧密，在北宋的汴洛音中歌麻不分，而不管在宋代江浙诗人用韵还是在流行于南方特别是浙东沿海一带的元代南戏中歌麻都关系密切。因此，元代南戏中歌麻相通是元代南方方言特别是吴语方音在文学作品中的表现，而在现代吴语区的上海、苏州和宁波方言中仍然可以找到其语音基础。

特殊用韵小结

在各个时期的语音研究中，个别字音也是研究的重要内容，因为它可以从侧面折射出语音的变化，为研究语音演变提供重要的信息。这里对在金代的韵文中出现的38个韵脚字进行了讨论，发现了一些金代很特殊的用韵现象。比如"崖"字，周祖谟先生认为在唐五代已经归入了家麻部，可是在金代的用韵中，这个字全部用例都是与皆来部通押，没有一个与家麻通押的韵例，表现了金代特殊的读音取向。发现了一些特殊的音变，比如"揣""帅"本来是止摄的字，可是在金代的用韵中它们全部押入了皆来部，而在《中原音韵》中这两个字也归入了皆来部，金代的韵例则说明在金代这种音变已经出现甚至已经完成。这同样也说明语音的演变有时候不是单方向的，而是双向互动的。同时也有一些字出现了新的读音，比如"那"出现家麻部的读音，"褪"出现新的读音［t'uei］。另外还有一些新字出现，比如"嚷""耍"等。

特殊通押是语音研究的重要内容，因为它能够更直接地反映古音的遗留、语音的演变和方音的影响。比如歌鱼通押、鱼麻通押、尤鱼通押、支鱼通押、萧尤通押、萧鱼通押等，这些通押从《诗经》时代就已经存在，在闽语和四川语音中还可以看到，它们是上古音在金代语音中的残留，属于古音残留。而深、臻、曾、梗、通的通押则属于西北方言的影响。五摄之间的通押在唐五代的西北方言中就有表现，在现代的西北方言——晋方言和兰银官话中都仍然存在。而咸、山、江、宕的混用在清代傅山（1607—1684）的《霜红龛集》和识字书《杂字》中都可以看到，而且这四摄字的混用在现代的兰银官话和晋方言中仍然都可以看到，因此这四摄的混用主要是受了方言的影响。方言在金代用韵中的影响还表现为鱼东通押、支庚通押等。对一些韵例比较少而且在现代的方言中也无法找到证明的用韵现象，我们只能存疑，例如《时人为王泽民、吕造语》中"子、狂"通押，《四方为李妃》中"相、妃"通押，刘勋《济南泛舟》（七绝）中"里、止、中、东、时、之"之间的通押等。

特殊韵脚字和特殊通押从不同的层面表现了语音中的特别之处，因此在语音研究中我们要给予足够的重视。

06
第六章

结 语

1115 年建立、1234 年灭亡的金朝，在王力先生对汉语史的分期中处于从中古汉语到近代汉语的过渡阶段，或者说是近代汉语的前期。这一时期是汉语发生剧烈动荡的时期，也是近代汉语的各种语言特征开始出现或者发展成熟的时期。

本书结合金代韵书、韵图对金代的四种有韵文体——诗、文、词、曲分别进行了考察，得出了如下结论。

一 金代各种有韵文体的韵部系统

自唐朝有韵书以来诗韵由于固守功令，在对实际语音的表现方面非常保守和迟滞，金代的诗韵也不例外。我们在计算同用、独用的基础上得到金诗的十九个韵部，包括歌戈部、家车部、鱼模部、皆来部、支微部、萧宵部、豪肴部、尤侯部、监廉部、侵寻部、寒先部、真文部、江阳部、庚青部、东钟部、屋烛部、觉铎部、德质部、月帖部。这个韵部系统与建立在词韵基础上的宋代通语十八部除了一些语音细节上有差异以外大体相同。不过诗韵虽然保守，但对于语音中的一些新现象还是在不知不觉中有所表现，比如支思组的独立趋向、山摄细音先仙元的独立趋向等。

文因为没有功令和韵谱的限制，相对比较自由，不过因为文常用在比较高雅的场所，用语常常偏重文言，因而虽然比较自由，但表现口语的程度还是受到一定的制约。金文的韵部系统包含十七部，包括歌戈部、家车部、鱼模部、皆来部、支微部、萧豪部、尤侯部、监廉部、寒先部、侵真部、江阳部、庚青部、东钟部、屋烛部、觉铎部、德质部、月帖部。这个韵部系统在支思组的问题上、在阴入通押的问题上和山摄细音的问题上表现得也更加明显。

词虽然较之诗相对比较自由，但因为有词谱的制约，在用韵方面还是受到了一定的限制。在计算同用、独用的基础上我们得到金词十七部的韵部系统：歌戈部、家车部、鱼模部、皆来部、支微部、萧豪部、尤侯部、侵寻部、寒覃部、真文部、江阳部、庚青部、东钟部、屋烛部、觉铎部、德质部、月帖部。这个韵部系统与宋代通语十八部相比，最大的不同是中古咸摄与山摄的合并以及入声派入阴声各部的增加。这一方面暗示闭口韵的消变，另一方面也显示词比诗更能表现实际语音。

曲因为是大众文学，需要通俗易懂，所以在用韵方面比其他几种文体更加贴近语音实际。金曲有十二部的韵部系统，包括东钟部、江阳部、寒覃部、侵庚部、支微部、鱼模部、皆来部、萧豪部、歌戈部、家麻部、车遮部、尤侯部。这个韵部系统与诗、词、文韵相比，在支思组、先仙组的独立趋势，阴入通押方面表现得更加明显。另外，在上述三种文体中没有表现出或者表现得不是很明显的家麻与车遮的分立，-m、-n、-ŋ 三种韵尾的混并，在曲中表现得也更加突出。

金曲作为一种北方文学，与流行于南方的宋元南戏有着明显的不同，这些不同主要体现在歌麻部的分立、支思组的独立趋向、中古山摄洪细分组的情况以及入声韵的保留与否等方面。从这些不同我们可以感觉到金代曲韵所反映的通语语音与宋元南戏代表的通语语音之间存在着差别,是两种有南北差异的通语。

金曲作为一种略早于元曲的文学形式,其用韵与《中原音韵》也存在一些不同,差别主要体现在支思部、-m、-n、-ŋ 三韵尾的混并以及入声韵的分派等方面。上面我们说过-m、-n、-ŋ 三种韵尾的混并主要是受了方音的影响,可以排除在外。支思组独用韵例的增多,表明它作为一个独立的韵部已经露出端倪,但是它与齐微组的大量通押表明,二组之间的联系还是非常紧密,支思、齐微二组分立还需要时日;而入声的分派则表明,《中原音韵》中入声的分派形势在金代已经大体完成,但部分入声分派仍然表现出一定的摇摆不定,如铎韵的一些字在《中原音韵》中派入了萧豪部,但在金代北曲中却两属于萧豪部和车遮部就是明证。这些都显示出金代北曲用韵与《中原音韵》已经非常接近,是《中原音韵》的直接源头。

二 金代北方汉语通语

在南北朝时期,由于南北长期的分裂和人为的隔绝,原本一源的黄河流域北方方言"南染吴越,北杂夷虏",以致南北之间的分歧逐渐加大,于是导致了南北朝两种通语的出现。在处于同样局面下的金朝时期,吕叔湘等先生认为可能也有南北两种通语的存在。宋金对峙以来,地域上的阻隔再加上宋代通语在南方受南方诸方言特别是吴语的影响,在北方则受到北方少数民族语言特别是女真语的影响,使得这种通语在南北之间产生了巨大的分歧,最终形成两种内部存在着较大差异的通语。

在综合分析金代各种有韵文体韵部系统的基础上,结合当时韵书、韵图反映出的实际语音的信息,我们得到了金代北方汉语通语十五部的韵部系统:歌戈部、家麻部、车遮部、鱼模部、皆来部、支微部、萧豪部、尤侯部、监廉部、侵寻部、寒先部、真文部、江阳部、庚青部、东钟部。

这个通语系统与建立在词韵基础上的宋代通语十八部和建立在曲韵基础上的《中原音韵》相比都有一些不同。与宋代通语十八部家车部没有分成两类的趋势相比,金代北方汉语通语中家麻部与车遮部已经分立,但是车遮部中包含的字还比较少,到《中原音韵》时期,车遮部中的字已经大大增加;在宋代通语十八部中还没有看到支思部的影子,但是在金代北方汉语通语中,支思组虽然还不能够独立,但是势力已经非常强大,而在《中原音韵》中支思组与齐微组界限已经完全分明,截然分开;寒先部内部的洪细分化虽然在一些方言的内部已有发生,但是在整个宋代通语十八部中还没有看到这种洪细分化的端倪,而在金代北方汉语通语中寒先部内部的洪细分化已经显露端倪,先仙元细音组已经表现出相对的独立性,具有了分组的倾向。在《中原音韵》

中，寒先部的内部根据洪细拿侈进一步细分成了三部。宋代通语十八部中，入声已经由《广韵》的三十四部合并成了四部，而在金代北方汉语通语中，这四部也没有了，入声已经分部派入了阴声，分派的规律和规模与《中原音韵》大致相同，只是在有些字的分派上还有些摇摆不定，入声处于韵尾消变分部派入阴声各部的过程中，但还没有最终完成。在《中原音韵》中入变三声已经完全结束。

三 从特殊通押看晋方言的巨大影响

在金代的四种有韵文体表现出的特殊通押中，细细挖掘都不难看到晋方言的影子。在我们列出的 20 条特殊通押中至少有 10 条可以在历史晋方言或者现代晋方言中找到根据，比如歌麻通押、止梗通押、止遇通押、鱼麻通押等。

从这些特殊通押大都可以从晋方言中找到依据不难看出，山西文化在金代的繁盛和山西文人在金代文坛的巨大影响；晋方言在金代仍然是一种非常有特色的方言，这种特色承继唐五代而来，又延伸到了现代。从这些特殊通押有的在宋代闽人的用韵中也同样存在，我们又可以做这样的猜测，闽方言和晋方言可能有着共同的方言来源——古秦音，它们在不同的语言环境中发展，又同时保留了一些自己原本具有的最原始的样貌。

总之，金代承继中原的文化传统，成为又一个文学繁盛的时代。这个时代上继辽宋，下递元明，是一个语音发生重大转变的时代。繁盛的有韵文学给我们考察它的实际韵部带来了很大的方便，也给考察元之前语音的实际情况带来了可能性。考察的结果当然也没有让我们失望。金代的用韵系统继承宋代的通语十八部而来，而又与《中原音韵》有着血肉相连的关系。这就填补了从宋代通语十八部到《中原音韵》之间的语音空白，在两者之间架起了一座沟通的桥梁。

参考文献

[1] 宇文懋昭. 大金国志校证 [M]. 北京：中华书局, 1986.

[2] 上海书店出版社. 道藏 [M]. 上海：上海书店出版社, 1988.

[3] 郭元釪. 御定全金诗增补中州集 [M]. 上海：上海古籍出版社, 1994.

[4] 侯岱麟. 西厢记诸宫调 [M]. 北京：文学古籍刊行社, 1955.

[5] 蓝立蓂. 刘知远诸宫调校注 [M]. 成都：巴蜀书社, 1989.

[6] 李俊民. 庄靖先生遗集 [M]. 吴重憙, 辑. 山东海丰吴氏, 清光绪年间.

[7] 马钰. 马钰集 [M]. 赵卫东, 辑校. 济南：齐鲁书社, 2005.

[8] 钦定词谱 [M]. 北京：中国书店, 1983.

[9] 丘处机. 丘处机集 [M]. 赵卫东, 辑校. 济南：齐鲁书社, 2005.

[10] 四库全书 [M]. 台北：商务印书馆, 1982—1986.

[11] 隋树森. 全元散曲 [M]. 北京：中华书局, 1964.

[12] 谭处端, 刘处玄, 王处一, 等. 谭处端·刘处玄·王处一·郝大通·孙不二集 [M]. 济南：齐鲁书社, 2005.

[13] 唐圭璋. 全金元词 [M]. 北京：中华书局, 1979.

[14] 薛瑞兆, 郭明志. 全金诗 [M]. 天津：南开大学出版社, 1995.

[15] 元好问. 遗山先生新乐府 [M]. 华希闵, 校. 阳泉山庄版, 1853.

[16] 王重阳. 王重阳集 [M]. 白如祥, 辑校. 济南：齐鲁书社, 2005.

[17] 王寂. 拙轩集 [M]. 北京：中华书局, 1985.

[18] 王力. 汉语诗律学 [M]. 2 版. 上海：上海教育出版社, 2005.

[19] 张清吾. 金文最 [M]. 北京：中华书局, 1990.

[20] 正统道藏 [M]. 台北：新文丰出版社, 1988.

[21] 周德清. 中原音韵 [M]. 北京：中华书局, 1978.

[22] 朱平楚. 西厢记诸宫调注释 [M]. 兰州：甘肃人民出版社, 1982.

[23] 庄仲芳. 金文雅 [M]. 苏州：江苏官书局, 1891（清光绪十七年）.

[24] 鲍明炜. 初唐诗文的韵系 [M] // 音韵学研究第二辑. 北京：中华书局, 1986.

[25] 鲍明炜. 鲍明炜语言学文集 [M]. 南京：南京大学出版社, 2010.

[26] 常瀛生. 北京土话中的满语 [M]. 北京：燕山出版社，1993.

[27] 崔彦.《全金诗》韵部研究 [M]. 大连：大连出版社，2011.

[28] 丁邦新. 魏晋音韵研究 [M]. 北京：中华书局，2008.

[29] 丁治民. 金末道士侯善渊诗词用韵与晋南方言 [J]. 古汉语研究，2002（3）：17-22.

[30] 丁治民. 麻遮分韵时代考：兼论《中原音韵》的语音基础 [J]. 语言研究，2013（2）：26-32.

[31] 高文达. 近代汉语词典 [M]. 北京：知识出版社，1992.

[32] 汉语大字典编辑委员会. 汉语大字典（第一卷）[M]. 武汉：湖北辞书出版社，成都：四川辞书出版社，1988.

[33] 侯精一. 现代晋语的研究 [M]. 北京：商务印书馆，2008.

[34] 霍文艳. 敦煌曲子词用韵研究 [D]. 南京：南京师范大学，2008.

[35] 忌浮. 金代汉语语言学述评 [J]. 社会科学战线，1987（1）：333-345.

[36] 李春燕.《董解元西厢记》用韵考 [J]. 天津师范大学学报（社会科学版），2008（2）：72-76.

[37] 李蕊. 全元曲用韵研究 [D]. 武汉：华中科技大学，2009.

[38] 李思敬. 汉语儿音史 [M]. 北京：商务印书馆，1986.

[39] 李艺. 金代词人群体研究 [M]. 北京：首都师范大学出版社，2008.

[40] 刘达科. 金代科举对文学的影响 [J]. 江苏大学学报（社会科学版），2007（2）：50-55.

[41] 刘明今. 辽金元文学史案 [M]. 上海：上海古籍出版社，2004.

[42] 刘晓南，张令吾. 宋辽金用韵研究 [M]. 香港：香港文化教育出版社有限公司，2002.

[43] 刘晓南. 宋代四川语音研究 [M]. 北京：北京大学出版社，2012.

[44] 刘晓南. 宋代闽音考 [M]. 长沙：岳麓书社，1999.

[45] 鲁国尧. 鲁国尧语言学论文集 [M]. 南京：江苏教育出版社，2003.

[46] 罗常培，周祖谟. 魏晋南北朝韵部演变研究 [M]. 北京：中华书局，2007.

[47] 罗常培. 唐五代西北方音 [M]. 北京：商务印书馆，2012.

[48] 吕叔湘. 近代汉语指代词 [M]. 上海：学林出版社，1985.

[49] 宁忌浮. 校订五音集韵 [M]. 北京：中华书局，1992.

[50] 宁继福.《增修互注礼部韵略》研究 [J]. 社会科学战线，1996（2）：260-270.

[51] 钱毅. 宋代江浙诗韵研究 [D]. 扬州：扬州大学，2008.

[52] 钱曾怡. 莱州方言志 [M]. 济南：齐鲁书社，2005.

[53] 钱曾怡. 汉语官话方言研究 [M]. 济南：齐鲁书社，2010.

[54] 乔全生. 晋方言语音史研究 [M]. 北京：中华书局，2008.

[55] 任崇岳. 中原移民简史 [M]. 郑洲：河南人民出版社，2006.

[56] 沈文雪. 试论金朝重北轻南政策与中原文化北移关系 [J]. 文教资料，2009（9）：76-77.

[57] 宋佳. 浅析兰银官话语音的主要特点 [J]. 北方文学，2011（12）：98.

[58] 孙锡信. 近代汉语语气词 [M]. 北京：语文出版社，1999.

[59] 唐作藩. 《校订五音集韵》序 [J]. 古汉语研究，1992（1）：1-4.

[60] 陶贞安. 敦煌歌辞用韵研究 [D]. 桂林：广西师范大学，2004.

[61] 王军虎. 晋陕甘方言的"支微入鱼"现象和唐五代西北方音 [J]. 中国语文，2004（3）：267-271.

[62] 王力. 汉语史稿 [M]. 北京：科学出版社，1957.

[63] 魏慧斌. 宋词用韵研究 [M]. 西安：陕西人民教育出版社，2009.

[64] 魏嵩山. 中国历史地名大辞典 [M]. 广州：广东教育出版社，1995.

[65] 吴国富. 全真教与元曲 [M]. 南昌：江西人民出版社，2005.

[66] 武晔卿. 宋元南戏曲韵考辨 [D]. 南京：南京大学，2011.

[67] 徐嘉瑞. 金元戏曲方言考 [M]. 北京：商务出版社，1957.

[68] 杨耐思. 中原音韵音系 [M]. 北京：社会科学出版社，1981.

[69] 尹大仓. 邯郸方言的语音特点及其形成 [J]. 河北师范大学学报（哲学社会科学版），1995（2）：55-61.

[70] 臧克和. 中古汉字流变 [M]. 上海：华东师范大学出版社，2008.

[71] 周祖谟. 周祖谟自选集 [M]. 北京：首都师范大学出版社，2008.

[72] 周祖谟. 魏晋南北朝韵部之演变 [M]. 台北：东大图书公司，1996.

[73] 周大璞. 《敦煌变文》用韵考 [J]. 武汉大学学报（哲学社会科学版），1979（3）：55-58.

[74] 周大璞. 《敦煌变文》用韵考（续一）[J]. 武汉大学学报（哲学社会科学版），1979（4）：27-35.

[75] 周大璞. 《敦煌变文》用韵考（续完）[J]. 武汉大学学报（哲学社会科学版），1979（5）：36-41.

[76] 朱丹. 敦煌诗歌用韵研究 [D]. 南京：南京师范大学，2008.

附录
《全金元词》（金词部分）勘误

  《全金元词》是唐圭璋先生继《全宋词》之后，依《全宋词》的体例编纂的又一力作，有金一代的词作可以说几已收罗殆尽，给学者们研究词乐、词律以及词曲的演变带来极大的方便。但是由于这些词的版本很多是刻本，而且同一个词牌的变体也很多，所以笔者在考察《全金元词》（金词部分）词韵的时候发现了很多异常押韵，这些异常押韵有些来源于文字录入的错误，有些是因与词谱有背离而导致词的断句即韵脚字的判断有误，如果不校正这些错误势必对金代用韵体系的判定带来一些影响，所以这里依据《四库全书》或者别的版本对文字做了一些校勘，依据《钦定词谱》[①]里的词律对断句做了一些校勘，现不揣浅陋，献疑于方家。

一 异常押韵分析与韵脚字的校勘

（一）蔡松年《浣溪沙》

  月下仙衣立玉山。雾云窗户未曾 开 。沈香诗思夜犹寒。
  闲却春风千丈秀，只携玉蕊一枝还。夜香初到锦班残。

  按：这首词押的是《广韵》山摄的寒、山、删韵，而其中的"开"字是蟹摄咍韵，明显不谐。《四印斋所刻词》[②]里面的《萧闲老人明秀集》收录了此词，不过里面写作了"閞"字。《萧闲老人明秀集》是刻本，刻本难免会有许多的异体字，这个字就是"关"的异体字，初看起来和"开"有点相似，所以编纂者在录入的时候把它写成了"开"。在《四库全书》的《明秀集》里面收录的该词，就是"关"字，"关"字山摄删韵，音韵和谐。而且寒夜关窗也更与文意相符。

（二）元好问《清平乐》

  小桥流水。一径修篁里。走马章台人未老。只爱明窗净几。
  杏花白白红红。花时日日狂风。不是碧壶香供。真成恼破春工。

[①] 《钦定词谱》，中国书店出版社，1983。
[②] 王鹏运辑《四印斋所刻词》，上海古籍出版社，2012。

按：这首词不是一韵到底，而是中间换韵，前半阕押的是止摄的仄声韵，而其中"老"字是效摄晧韵，音韵不谐。查检词谱（《钦定词谱》，下同）发现《清平乐》是双调词，词的上下两阕常常是对称的，可是这里并不对称。翻查《续修四库全书·集部·词类》①里面的《遗山新乐府》卷四，发现原词的上阕应该是这样的："小桥流水。一径修篁里。走马章台人老矣。只爱明窗净几。""矣"是《广韵》止摄止韵，押韵和谐。这里"矣"作为句尾语气助词出现，表达一种对年华流逝的感慨，符合文意。

（三）元好问《玉楼春》

烟炉不断腾金兽。香雾入帘波形皱。秋堂锦席艳群仙，不惜醉□□舞袖。

繁弦脆管春风□。娇媚如花轻似 絮 。劝君须尽眼前欢，酌酒十分千百 岁 。

按：这首词上下两阕换韵，上阕用的是流摄的仄声韵"兽、皱、袖"，下阕的韵脚字缺一个，但不管这个韵脚字缺或不缺，"絮"和"岁"押韵都不和谐。查检《续修四库全书·集部·词类》里面的《遗山新乐府》卷五，发现这首词下阕的录入错误很多，原词应该是："繁弦脆管春风手。娇媚如花轻似 柳 。劝君须尽眼前欢，酌酒十分千百 寿 。""手、柳、寿"三个字都属于流摄的仄声字，押韵便没有问题。而且"寿"表长寿之意，更符合及时行乐的文意。

（四）王喆《卜操作数》

算词中话。上甘津洒。养灵烟火养莲，意马。爱俱齐舍。

内丹无价。在山边挂。有屯蒙玉线缝，野马。月同 安 。

按：这首词是假摄的马、祃韵与蟹摄的卦韵通押，最后用"安"字，音韵不谐。"安"，《广韵》山摄寒韵。查检词谱发现《清平乐》也是双调词，词的上下两阕对称，可是这里也不对称。查检《王重阳集》②发现在"安"的后面还有一个"下"字，"下"，是《广韵》假摄祃韵，音韵和谐。而且"爱俱齐舍"与"月同安下"对仗，也与文意无违。

（五）王喆《捣练子》

用刀圭，剖昏迷。合和一处怎生携。哩啰绫，哩啰绫。

人头落，现虹霓。白莲花朵出青 莲 。哩啰绫，哩啰绫。

---

① 永瑢、纪昀等编纂《续修四库全书》，上海古籍出版社，2002年。
② 白如祥编校《王重阳集》，齐鲁书社，2005年。

按：这首词的韵脚字中"莲"与"迷、携、霓"不谐。"莲"为山摄仙韵，而"迷、携、霓"为蟹摄齐韵。查检《道藏·教化集》① 发现这里应该是"泥"字，"泥"蟹摄齐韵，押韵和谐，而且从意思上来讲，淤泥（青泥）里面长出白莲花，语义通顺。

(六) 王嚞《神光灿》

　　金关叩户，玉锁扃门，闲里不做修持。杳默昏冥，谁会舞弄婴儿。睡到擒猿捉马，醒来后，复采琼枝。每依时。这功夫白日，只许心知。

　　自在逍遥做就，唯舒展红霞，光彩敷披。罩定灵明，方见本有真葱。一粒神丹结正，三重焰，紧紧相随。过瑶池。透青宵，顶上无为。

按：这首词，韵脚字一共10个，"葱"与"持、儿、枝、时、知、披、随、池、为"押韵不谐。"葱"是通摄东韵，而"持、儿、枝、时、知、披、随、池、为"为止摄之韵和支韵。查检《道藏·教化集》，发现"葱"的位置是"慈"字，"慈"，《广韵》止摄之韵，押韵和谐。而且"慈"表心性，符合全真教派保存"真性"的教义。

(七) 马钰《满庭芳·恐人退道预诫之》

　　人人学道，因何退怠。都缘心不宁耐。富贵修行，或遇艰难阻阨。贫者受人供养，自骄矜，必然败坏。或好贿便，自招自揽，非常灾害。

　　或有炼心不尽，起攀缘爱念，决定破戒。若悟韶光迅速，生死事大。常怀慎终如始，处无为、清静无赛。功行满，与九玄七祖，共超三界。

按：这首词押的是蟹摄的仄声韵，而"阨"是梗摄麦韵，押韵不谐。查检《正统道藏》② 太平部，发现这里作"隘"。"隘"，《广韵》蟹摄卦韵，押韵和谐。而且"艰难阻隘"四个字是同义词，符合文义。

(八) 马钰《黄鹤洞中仙·继重阳韵》

　　一个本来容，妙手应难尽。风貌清严神采英，无意马。永永安闲也。

　　浮利与浮名，心上何曾挂。黄鹤洞中仙子成，乘云马。出入常游冶。

按：这首词押的是假摄马韵，而"尽"是臻摄轸韵，音韵不谐。这首词是马钰和王嚞的词，第260页找到了王嚞的原词：

　　一匹好骅骝，精彩浑如画。却被银鞍缚了身，着绊马。怎得逍遥也。

　　不若骋颠狂，掣断缰无挂。摆尾摇头厩枥远，做野马。自在成游冶。

在同样的位置，王嚞的词用的是"画"，"画"是蟹摄卦韵，在金元词韵里面已经

---

① 张守初、张宇清等《道藏》，文物出版社、上海书店、天津古籍出版社，1988。
② 张宇初、张宇清等，邵以正督校《正统道藏》，台湾新文丰出版社，1988。

（九）马钰《黄鹤洞中仙》

拯救扶风活。逗引扶风耍。故遣扶风颠更狂。扶风马。家累扶风舍。

业火扶风洒。云鹤扶风跨。这个扶风灵更灵，扶风马。真称扶风也。

按：这首也是马钰的词，这首词押的是假摄马韵，而"狂"属《广韵》宕摄阳韵，"活"属山摄末韵，明显不谐。查检《马钰集》①，发现在180页上录有重阳的原词："卜算词频话。莫放猿儿耍。疾速先须调姹婴，全道马。好把家缘舍。 一个真惺洒。云路堪同跨。自在逍遥永厮随，害风马。管取玲珑也。"在"活"的位置写的是"话"，"话"，《广韵》蟹摄夬韵，在金元词韵中已经归入了假摄马韵，而"狂"，依据词律不入韵。

（十）马钰《忆王孙》

麻衣纸袄度冬寒。暖阁红炉永不堪。认正些儿理端的。气神安。结就无为九转丹。

按：这首词一共有5个韵脚字，其中"寒、安、丹"属于山摄寒韵，"堪"是咸摄覃韵，山摄和咸摄的通押很常见，可是"的"是梗摄锡韵，与山咸摄通押音韵不谐。查检《道藏》和《马钰集》，发现两书里面该词的"端的"都作"的端"，"端"，《广韵》山摄桓韵，押韵和谐。"端的"多见于早期白话，意为真的、真实，到底、究竟等，这里为真实意，《道藏》里面"端的"作"的端"是为了押韵的需要。

（十一）谭处端《望蓬莱》

听咨告，少事要君知。万事苦求终害己，得便宜是落便宜。伶俐不如痴。

真修炼，心外莫行特。只据眼前为见在，自然烦恼不相随。步步入无为。

按：这首词押的是止摄支韵，而"特"为《广韵》曾摄德韵，音韵不谐。查检《道藏·水云集》和《谭处端集》②都作"持"，"持"，《广韵》止摄之韵，与其他韵脚字押韵和谐。"行持"本为佛教语，谓精勤修行，持守佛法戒律，符合道家修炼心性的道义，用在这里与文意相符。

（十二）谭处端《满路花》

上无三瓦舍，下没一犁田。水云真活计、且随缘。街前展手，化个有缘

---

① 赵卫东辑校《马钰集》，齐鲁书社，2005。
② 白如祥编校《谭处端、刘处玄、王处一、郝大通、孙不二集》，齐鲁书社，2005。

前。独步归来晚，万里晴空，卧听虎啸啼猿。

趣闲闲、真乐无边。一派滚灵泉。鼎中真火降、永凝铅。虎龙蟠绕，真秀结根源。默默无为坐，独守孤峰，一轮明月流 灭 。

按：这首词押的是《广韵》山摄的先、仙、元韵，而"灭"是山摄薛韵，音韵不谐，查检《道藏·水云集》和《谭处端集》都作"天"，"天"山摄先韵，音韵和谐。"流天"形容月光漫溢的样子，与"明月"的意象相符。

(十三) 丘处机《忍辱仙人》

一泽天恩齐庆贺。群生地着无饥饿。愁态眉间都蹙破。还真个。盈街堆亩收田课。

酝酒邀宾时唱和。排筵看时重堆 桘 。醉饱腥膻心不挫。骄矜过。却忧福里潜生祸。

按：这首词一共 10 个韵脚字，其中"贺、饿、破、个、课、和、挫、过、祸"属于果摄的厌声韵，而"桘"为《广韵》止摄支韵，音韵不谐。查检《集韵》，"桘"还有另外一个音，都果切，果摄果韵，木丛生貌，音韵虽然和谐了，但是意思有些不妥。查检《道藏·磻溪集》和《丘处机集》[①] 作"稞"，"稞"，《广韵》徒果切，果摄果韵，禾积也，表示美酒佳肴很多，陈列于前的样子。

(十四) 侯善渊《声声慢》

公邻烟水，我弊嵩峰。天涯杳隔难通。悟理非遥，目前不二清风。宝月孤高洞鉴，印千潭、普照玄洞。无彼我、混华山仙景，一体真空。

如此知心志友，更何须贡马，驿路尘红。念某形疲，不须远远相躬。稽首同流勿罪，施宽慈、意莫忡 悦 。开青眼、用神光体入，不动之衷。

按：这首词一共有 9 个韵脚，其中"峰、通、风、洞、空、红、躬、衷"属于通摄，是通摄的东、冬、钟韵通押，而"悦"是山摄薛韵，音韵不谐。查检韵谱，发现这里是韵脚字的位置。查检《道藏·上清太玄集》，发现这里作"忡"。忡，《广韵》敕中切，通摄东韵。"忡忡"忧虑不安意，施行宽厚仁慈，不要忧虑不安，与文意相符。

(十五) 王吉昌《南乡子·水火交互既济》

坎内一阳停，本性澄清照物形。真火炎炎功足显，叮咛。既济氤氲缂宝瓶。

神用奋威灵，气证升沉聚戊 癸 。日耀飞腾烹药鼎，兰馨。造化功成入杳冥。

---

① 赵卫东辑校《丘处机集》，齐鲁书社，2005。

按：这首词押的是梗摄的青韵，中间夹一"癸"字，音韵不谐。"癸"，《广韵》止摄止韵。"戊癸"乃运气术语，指凡逢戊癸为火运。《素问·天元纪大论》："戊癸之岁，火运统之。"道家修炼也讲究运气，这里用"戊癸"文意说得通，但是音韵不谐。查检《正统道藏》洞真部方法类，发现"癸"字处作"丁"，"丁"，《广韵》梗摄青韵，音韵和谐。"戊丁"意为文武全才，说"气证升沉"汇聚成文武全才，文意也似无不通。

二 据词律分析与校勘用韵位置

王力给词下了这样的定义：词是一种律化的、长短句的、固定字数的诗①。这就是说词的句子是有长有短的，但同时它的字数又是固定的，押韵位置也是固定的。词有词牌，同一种词牌还有很多变体，不过不管是正体还是变体每一首词的押韵位置都是相对固定的，我们据此可以判断特殊的韵脚字是异常通押，还是在断句方面出现了错误。我们根据《钦定词谱》对一些特殊通押进行了校勘，校正了里面的一些错误。

(一) 高士谈《玉楼春》

少年人物江山秀。流落天涯今白首。形容憔悴不如初，文采风流仍似旧。

百花元是仙家酒。千岁灵根能益寿。都将万事付天公。且伴老人开笑口。

按：这首词押的是流摄的仄声韵"秀、首、旧、酒、寿、口"，这里夹一通摄韵"公"字有些不谐，查检《钦定词谱》发现这里断句有误。《玉楼春》的词谱和它的几种变体把这里都标作了"句"，也就是这里不是韵脚字的所在，这里应是编者断句有误。

(二) 李俊民《清平乐戏赠》

城南归路，信马随车去。家在白云楼下住。帘幕深沉庭户。

不论天上人闲。到头此债须还。一枕行云梦觉。小楼却似巫山。

按：这首词上下两阕换韵，上阕用的是遇摄的仄声韵，下阕用的是山摄的平声韵，其中一个"觉"字，音韵不谐。"觉"，不论是宕摄觉韵还是效摄效韵都音韵不谐，查检《钦定词谱》，发现这里应该有7个韵脚字，上阕4个，下阕3个，所以"路"的后面应该是韵，而"觉"的后面应该是句，即"觉"字不入韵。

---

① 王力《汉语诗律学》，528 页。

(三) 李俊明《鹊桥仙·刘君祥寿癸卯二月十五日》

岁方值卯，斗方指卯，卯月月圆时候。大家来把卯时杯。共与个、卯金为寿。

一杯寿酒，一杯贵酒，更有一杯富酒。一杯留得贺添丁，见积善之家有后。

按：这首词押的是流摄的仄声韵，其中一个"杯"字是《广韵》蟹摄灰韵，音韵不谐。查检韵谱发现"杯"字后面应该是句，即"杯"字不入韵。

(四) 王喆《黄莺儿》

堪嗟浮世如何度。酒色缠绵财气。沉埋人人，都缘四般留住。因上上起荣华，节节生迷误。总夸伶俐，惺惺各斗，机关皆结贪妒。

今古几个便回头，肯与神为主。任从猿马，每每调和无由，得知宗祖。唯转转入枯崖，越越投深土。大限直待临头，难免三涂苦。

按：这首词押的是遇摄的仄声韵，而"气"字是《广韵》止摄未韵，音韵不谐。查检《钦定词谱》，发现这里断句有误。正确的断句应该是："酒色缠绵，财气沉埋，人人都缘，四般留住。"这样押韵便没有问题。

(五) 王喆《蓦山溪·于公索神龟词》

洪波浩浪，澄湛源流邃。此处隐神龟，敢吸尽西江大水。任眠任睡，喘息几曾闻。能服气，会吞霞，自在长游戏。

异光殊彩。迸出真祥瑞。火焰正炎炎，便走在当中取利。任烧任烙，旋旋聚清凉。能曳尾，会摇头，独上白莲蕊。

按：这首词押的是止摄的仄声韵，而"彩"字是蟹摄海韵，音韵不谐。查检《钦定词谱》，发现这里应该是句的位置而不是韵的位置。正确的断句应该是："异光殊彩，迸出真祥瑞。"

(六) 王喆《南乡子·又于公索幻化》

幻化色身绕。电脚余光水面泡。忽有忽无遄速甚，如飚。过隙白驹旋旋飘。

何不悟虚嚣。早早回头养玉苗。苗上金丹光泼泼。彰昭。透过云衢入碧霄。

按：这首词押的是《广韵》的效摄宵韵，而"泼"字是山摄的末韵，音韵不谐。

查检《钦定词谱》,发现这里应该是句的位置而不是韵的位置,所以这一句应该变为:"苗上金丹光泼泼,彰昭。"而且这是一首双调词,双调词常常是对称的,上半阕在同样的位置用的是句而不是韵,那么这里也应该是句,即"泼"字不入韵。

(七)王喆《玉炉三涧雪》(藏头)

引卧于宁海,将宜甫为凭。交霞友做云朋，朗分明为证。

定便除色欲,神玄牝清澄。升火降两相吞。内敢言游泳。(拆起永字)

按:查检词谱,这首词一共有 6 个韵脚字,"朋"字应该是韵脚字。"凭、证、澄、吞、泳"属于曾梗摄与臻摄的通押,-m、-n、-y 三韵尾的通押是很多西北方言的特点。"朋"属于曾摄登韵,音韵和谐。

(八)马钰《满庭芳·寄鄠县晏公及道众》

山侗马钰,闲吟闲咏。不是夸强逞俊。谓见人居火院,受苦不忍。时时诗词劝化,启丹诚、阐开玄径。常哭告,望人人回首,个个听信。

割断情缰欲索,归物外、无萦无系。无病自在,清闲快乐,修完性命。一朝功成行满,有金童、持韶邀请。如此事,奈人人不肯,折了伊甚。

按:这首词是深摄、臻摄和梗摄的通押,而"系"字是蟹摄霁韵,音韵不谐。查检《钦定词谱》发现此处断句有误,此处应作如下处理:"归物外、无萦无系无病。自在清闲快乐,修完性命。"在《正统道藏·丹阳神光灿》里正是做的这样的断句。而且"病""命"均属梗摄映韵,音韵和谐。

(九)马钰《满庭芳》

师如子产,我似嘉鱼。儿孙有若校人。放者慈悲烹者,何其不仁。恩仇须当别辨,弃怨亲、参从师真。修大道,免轮回生灭,跳出迷津。

便把凡心裂另,常清静、自然结就良因。坎虎离龙嬉戏,无价之珍。瑞云重重笼罩,现胎仙、丈六金身。神光灿,向蓬莱赏玩长春。

按:这首词押的是臻摄的真文韵,而"鱼"字是遇摄鱼韵,音韵不谐。查检词谱,发现在这个位置是句,不是韵,所以"鱼"字是不入韵的。

(十)马钰《黄鹤洞中仙·继重阳韵》

火院须当远。尘事难为染。因遇风仙弃冤亲,做个投真马,得得超彼岸。

既达逍遥岸。炼气如素练。专下功夫分假真,做个惺惺马。悟道何愁晚。

按:这首词押的是山摄的仄声韵,中间夹杂一个假摄的"马"字,音韵不谐。查检《钦定词谱》，发现这里应该是句的位置而不是韵的位置。正确的断句应该是："做个惺惺马，悟道何愁晚。"马钰的这首词是和王喆的，在 255 页找到了王重阳的原词，在这个位置是句：

  正被离家远。衰草寒烟染。水隔孤村三两家，你不牵他上马，独立沙汀岸。

  叫得船离岸。举棹波如练。渔叟停船问行人，你不牵他上马，月照江心岸。

(十一) 马钰《无梦令·继重阳韵，咏围棋，藏头》

  视手谈欢乐。子观之迷错。木运玄机。个却为戏谑。作。言作。怎解搜这着。

按：这首词用的是入声韵，而"机"是止摄微韵，音韵不谐。查检《钦定词谱》，发现这里应该是句的位置而不是韵的位置。在 256 页找到了王重阳的原词，在这个位置是句：

  下围棋取乐。闲白乌交错。者好关机，度输赢忧谑。作。言作。看这番一着。

(十二) 马钰《清心镜·戒捏怪》

  做风狂，脱家累。脱了家缘，要清心地。休捏怪、诈做好人，莫谩神说鬼。

  寒与暑，须当避。志道休耻，恶衣恶食。遵国法、莫犯天条。称修仙活计。

按：在金元时期，有些入声已经开始慢慢丢掉了入声韵尾与阴声韵通押，这首词便是止、蟹摄与曾摄职韵的通押，职韵丢掉了入声韵尾，只剩下了主元音"i"。而"条"是效摄萧韵，主元音是 ao，音韵不谐。而且《清心镜》是双调词，在上阕同样的位置是句，那么在"条"的后面也应该是句，即"条"字不入韵。

(十三) 马钰《清心镜·赠韦先生拆韦字起》

  □公清，□火戏虚。寂寂虎随龙憩。□莲绽、胜似群花，□缘行周济。

  悟回头，真自喜。□诀无为清净，自然通秘。□自得、休别追求，□人免不讳。

按：这首词是《广韵》止摄和蟹摄的通押，而"虚"字是遇摄鱼韵，音韵不谐。

查检《钦定词谱》，发现这首词是藏头词，而且，断句有误。查检《正统道藏·太平部·洞玄金玉集》发现该书作了如下的断句。

□公清，□火戏。□虚寂寂，虎随龙憩。□莲绽、胜似群花，□缘行周济。

悟回头，真自喜。□诀无为清净，自然通秘。□自得、休别追求，□人免不讳。

(十四) 丘处机《瑶台月·劝酒》

浮名浮利。叹今古、悠悠颠倒人泥。茫茫宇宙，多少含灵愚智。尽劳生、终日贪图，竞抵死、奔波沉滞。观乌兔，嗟身世。百年寿，一春寐。虚费。争如满酌，流霞送醉。

助四大聊壮神气。辨万化休论富贵。时时访，山谷道人游戏。效猖狂、物外高吟。庆滑辣、杯中美味。开怀抱，忘愁击。解其纷，挫其锐。遥致。青松皓鹤，绵绵度岁。

按：这首词是止、蟹摄通押，而"吟"字属于深摄侵韵，与其他韵脚字音韵不谐。查检词谱，发现这首词在断句方面存在问题，根据词谱应该断句如下："助四大、聊壮神气。辨万化、休论富贵。时时访山谷，道人游戏。效猖狂、物外高吟，庆滑辣、杯中美味。开怀抱，忘愁击。解其纷，挫其锐。遥致。青松皓鹤，绵绵度岁。""气、贵、戏、味、击、锐、致、岁"通押属于入声锡韵与止、蟹摄的通押，主元音相同或相近，音韵和谐。

(十五) 侯善渊《诉衷情》

古今多少利名人。弃命斗争功。英豪尽归何处，都总落沉空。

争如我，洞庭中。遣家童。金觥轻泛，醉卧当轩，一枕清风。

按：这首词押的是通摄的东韵，而其中的"人"字是《广韵》臻摄的真韵，音韵不谐。查检《钦定词谱》发现差别很大。而查检《全宋词》陆游的《诉衷情》发现断句如下："当年万里觅封侯，匹马戍梁州。关河梦断何处，尘暗旧貂裘。　胡未灭，鬓先秋，泪空流。此生谁料，心在天山，身老沧洲。"

据此我们判断侯善渊词的这个位置也应该是句，而不是韵。而"洞庭中"后应是句而不是韵。

(十六) 侯善渊《酹江月》

浮生似梦，奈光阴百岁，都能几许。富贵荣华时暂过，刚甚厮牵厮系。

259

总为儿孙，娇妻女婿，生死难为替。回头省也，警然不染尘翳。

逍遥物外无拘，风邻月伴，便是余生计，石上溪边猿送果，酒满十方吟缀。醉卧烟霞，今宵还醒，意欲归何致。玉霄宫里，月中攀折仙桂。

按：查检《钦定词谱》，发现这个词牌应该有 8 个韵脚字，而且在"计"这个位置应该是韵，而不是句。查检《正统道藏·上清太玄集》这个位置是用韵的。"系、替、翳、计、缀、致、桂"是止蟹摄的通押，而"许"字是遇摄语韵，那么这里便属于特殊通押。

(十七) 刘志渊《南乡子》

七返降真阴。主换为宾力不禁。神妙峥嵘三界外，俄临。彻地通天耀古今。

当体虑沉沉。鹤驭清风一片心。自北自南无挂碍。时饮。真乐真欢恣啸吟。

按：这首词押的是深摄的侵韵，但"碍"字是《广韵》蟹摄的代韵，音韵不谐。查检词谱，《南乡子》是双调，上阕这个位置是句，那么这里也应该是句，"碍"字不入韵。

三 笔者认为有误的韵例

(一) 王喆《瑞鹧鸪》

修行莫炼外容红。只要当中起赤心。从此能生木上火，自然养就水中金。

瑶芳宝树同相守，玉叶琼枝共厮侵。休去他方寻伴侣，个中真个是知音。

按：这首词押的是深摄的侵韵，而"红"字是《广韵》通摄的东韵，音韵不谐。但查检词谱这里应该是韵的位置，而且查检了《道藏》的几个版本和《王重阳集》都是"红"字，或属特殊通押，暂且存疑。

(二) 马钰《清心镜·得遇》

遇风仙，论长便。弃掉妻男，不宜再面。向物外、坦荡逍遥，离众生识见。

大丈夫，志勇猛。肯为酒色，气财荏苒。仗慧刀、割断攀缘，修胎仙出现。

按：《清心镜》是双调词，上阕同样的位置是韵，这里也应该是韵。但是这首词押的是山摄的仄声韵，而"猛"是《广韵》梗摄的梗韵，音韵不谐。笔者认为此处的"猛"字应该为"敢"，咸摄敢韵，音韵和谐。

（三）王丹桂《踏云行·杨德远求词》

道本无言，强求强索。与凭诗曲强分解。元初模样体真常，随机应物无纤碍。

出入纵横，往来自在。目前一段光明快。君还言不敢承当，不移一脚超三界。

按：这首词押的是蟹摄的仄声韵，但"索"字是入声韵，在金代北方通语音系中也没有派入皆来部，音韵不谐。但查检《道藏》，里面也是用的"索"字，笔者认为有误，但没有依据，暂且存疑。

（四）王丹桂《行香子·忆师傅，训号白云子，名丹桂，字昌龄》

幼悟离尘。炼汞烹银。把壶中、造化区分。虎龙调处，滋助阳初。把亘来容，元来面，本来身。

云水为邻。风月常亲。妙玄通、方称全真。忆师慈训，稍异常人。便字昌龄，名丹桂，号白云。

按：这首词押的是臻摄的真文韵，但里面的"初"字是《广韵》的遇摄鱼韵，音韵不谐。查检韵谱，这里应该是韵，而且这是一首双调词，下阕的这个位置入韵，那么上阕的这个位置也应该入韵。但查检《道藏》发现这里也是"初"字，不知何故，暂且存疑。

（五）侯善渊《洞天春》

剖判初分，一变潜龙，混开二仪。见日精月髓，凝铅结汞，阴阳返复，虎跃龙飞。否泰相交，屯蒙复卦，易象还元出坎离。纯精粹，焕童蒙弈羽，莹化珵微。

大哉至道真奇。又谁肯、将心复旧间。镇地鳌、托出苍穹巨，际峒山横秀，孤月澄辉。海净天空，飞尘不到，爽气神清绝妙机。通真路，换凡躯婢妁，顺风而归。

按：这首词押的是止摄的支微韵，但"间"是《广韵》的遇摄鱼韵，音韵不谐。且查检词谱，上面只有一种正体，双调48个字，没有变体。查检《正统道藏》也是"间"字，是否有误，暂且存疑。或许属于止遇二摄的通押，那么便属于特殊押韵。

（六）侯善渊《益寿美金花》

灵源虚静。物换流阳如宝镜。满目清光，寂寞无为用在常。

261

本乎一性。返照真空终复始。性命俱全。炼就阳神得自然。

按：《益寿美金花》是侯善渊自创的词牌，并不见别的词人使用。查检词谱也不见这个词牌。查检《正统道藏》，也是这个字。《全金元词》共收录侯善渊这个词牌的词39首，比较之后发现这个词牌是两句一换韵，那么"性"和"始"应该是押韵的，但"性"是梗摄劲韵，"始"是止摄止韵，音韵不谐，或许有误，或许是阴阳通转，暂且存疑。

（七）刘志渊《水调歌头》

人道无生趣，日就月相和。高奔用显乌飞，离外宿灵柯。秀孕药珠嘉瑞，光射银蟾皎洁，显现月中娥。相会瑶池宴，时复醉金波。

两同宫，七返火，九成金。长生体就，一真安住傲无何。聚散冥冥谁约，出入惺惺由我，玄妙苦无多。大都方寸用，法界总包罗。

按：这首词押的是果摄的歌、戈韵，而"金"是深摄的侵韵，音韵不谐。查检词谱，这里应该是韵。但是查检《道藏》和《正统道藏》都是"金"字，笔者认为这里有误，暂且存疑。

四 结语

总之，词由于词牌众多和一种词牌变体众多，导致押韵的复杂和押韵位置的难以判断。因此做词的韵系研究，校勘是非常必要的，如果不做校勘，会给韵脚字的判断、特殊押韵的判断乃至韵系的判断带来很多误差。上面就是笔者对《全金元词》（金词部分）自己认为错误的韵脚字做的校勘，这些错误有的是文字录入的错误，有的是违背词律产生的押韵位置判断的错误，笔者根据自己的判断做了校正，或许有不尽完善之处，也请有学之士不吝指正。